中国农村小额贷款法律制度研究

王莹莹 著

长安经济法学文库 18

本书得到西北政法大学校级青年学术创新团队基金项目『地方不良资产管理法律问题研究』以及陕西省社会科学基金项目『我国商事信用联合奖惩及预警制度研究』（2020E012）的支持。

法律出版社
LAW PRESS · CHINA
北京

图书在版编目(CIP)数据

中国农村小额贷款法律制度研究 / 王莹莹著. -- 北京：法律出版社，2020(2024.2 重印)
ISBN 978-7-5197-5125-8

Ⅰ. ①中… Ⅱ. ①王… Ⅲ. ①农业信贷-信贷管理-法律-研究-中国 Ⅳ. ①D922.282.4

中国版本图书馆 CIP 数据核字(2020)第 220505 号

中国农村小额贷款法律制度研究
ZHONGGUO NONGCUN XIAOE DAIKUAN FALÜ ZHIDU YANJIU

王莹莹 著

策划编辑 沈小英
责任编辑 毛镜澄
装帧设计 贾丹丹

出版发行 法律出版社
编辑统筹 法治与经济出版分社
责任校对 王 丰
责任印制 吕亚莉
经　　销 新华书店

开本 710 毫米×1000 毫米 1/16
印张 13 **字数** 257 千
版本 2020 年 12 月第 1 版
印次 2024 年 2 月第 2 次印刷
印刷 北京虎彩文化传播有限公司

地址：北京市丰台区莲花池西里 7 号(100073)
网址：www.lawpress.com.cn
投稿邮箱：info@lawpress.com.cn
举报盗版邮箱：jbwq@lawpress.com.cn

销售电话：010-83938349
客服电话：010-83938350
咨询电话：010-63939796

书号：ISBN 978-7-5197-5125-8
定价：68.00 元
凡购买本社图书，如有印装错误，我社负责退换。电话：010-83938349

序

2015年12月31日，国务院印发《推进普惠金融发展规划(2016～2020年)》，从国家层面确定了发展普惠金融的战略意义和规划安排。近年来，我国普惠金融进入快速发展轨道，为实现脱贫攻坚提供了有力、有效的金融支撑。普惠金融是在平等、商业利益可持续原则的基础上，以可负担的成本为社会各阶层和群体提供全方位、有价值的金融服务。因而普惠金融是普遍惠及社会各类群体的金融，它特别强调为贫困地区、民族地区、偏远地区以及困难群众提供金融服务。普惠金融重视消除贫困、实现社会公平，对于脱贫攻坚具有特殊重要意义。金融精准扶贫是从金融的角度为脱贫攻坚提供全方位的金融支撑，以脱贫为目标，要求统筹协调宏观政策、财政政策、金融政策、产业政策等，在商业利益可持续的基础上创新信贷产品和服务方式，以较低成本实现金融资源的合理配置。

普惠金融是金融精准扶贫的工具，金融精准扶贫是普惠金融的目的，二者密切关联实现金融体系对农村经济的“输血”支持。但由于普惠金融在我国发展时间较短，普惠金融在与金融精准扶贫相关联的过程中还存在一些不足：一是普惠金融体系尚不健全。受金融发展水平、重视程度、推广时间等因素的影响，现阶段普惠金融体系尚不够健全，由此带动的金融扶贫资源供给不足的情况仍然较突出。二是普惠金融依托的信用体系尚未全面建立，导致银行提供服务的成本高、风险大、内在动力不足，再加上农村法治意识不强、执法效率较低，金融债权维护较困难。三是普惠金融的小贷产品业务发展与监管尚不能协调发展，缺乏差异化的金融服务和差异化监管。

农村小额贷款是普惠金融与金融精准扶贫的连接工具，通过农村小额贷款制度建立多层次、广覆盖、可持续的金融服务，实现金融资源的合理分配，支持农村的产业发展。如何加大金融服务的可获得性，突破普惠金融与金融精准扶贫之间连接的障碍？增加信贷供给是直接而有效的途径。农村小额贷款服务的对象是农户与涉农企业，农村小额贷款制度需在商业利益可持续的基础上，通过市场化运作，产品、服务方式的创新，实现金融资源的有效配置。农村小额贷款对促进农民收入增加，扩大农村消费市场和渠道，实现真正意义上的金融普惠都有重要作用。

本书致力解决我国当前从脱贫攻坚向乡村振兴的转化过程中农村小额贷款制度在可持续发展中面临的问题。本书研究建立在对陕西南部农村扶贫小额贷款制度实施情况的实证研究基础上，通过法律视角，透析小额贷款的法律关系的构成要素，发现产生问题的制度性原因，并针对问题逐一展开对策性研究。值得一提的是，本书的研究未局限在小额贷款制度本身寻求解决问题的对策，还对小额贷款所依托的农村信用体系和农户破产制度进行建构，并在整个研究中充分融合现代互联网、大数据、区块链技术的法律化，探索农村小额贷款产品的权利义务分配、不良资产处置、信用评级、债权司法救济等多方面的金融创新。这些研究体现出了本书观察和理解我国农村小额贷款制度的实施现状与问题的法律视角，从法律视角得到的解决同一问题的不同对策，与经济学、金融学的视角发生了思想的碰撞，这些碰撞又会进一步引起更多不同领域专家的关注和深入讨论，引发更深刻的思辨和研究，从而推动理论与实务界的理性思考，推动我国农村小额贷款制度的立法完善与行业治理的改进，从而推动我国农村小额贷款更好地服务乡村振兴。

是为序。

张力

2020 年金秋于长安

目　录

引　言

我国当前正在实现由脱贫攻坚到乡村振兴。2019 年 12 月 19 日召开的全国扶贫开发工作会议指出,2019 年减少建档立卡贫困人口 1000 万人以上,340 个左右贫困县脱贫“摘帽”,易地扶贫搬迁建设任务基本完成;深度贫困地区脱贫攻坚取得重大进展,“三区三州”建档立卡贫困人口由 2018 年的 172 万人减少到当年年底的 43 万人,贫困发生率由 8.2% 下降到 2%;已解决全国共排查出的 500 万人未解决的“两不愁、三保障”突出问题。① 党和国家为解决农村的贫困问题付出了巨大努力,其中,以农村扶贫小额贷款制度为代表的金融扶贫制度在这一进程中发挥了巨大作用。随着脱贫攻坚工作的推进,广大贫困地区原本深度贫困的经济社会面貌发生了根本性变化。目前,绝对贫困已被基本消除,但相对贫困会长期存在,脱贫攻坚与乡村振兴如何有效衔接,如何从政策推动的“外生性”扶贫转变为农户自发的“内生性”脱贫,这都将是我国农村在未来很长一段时期内需要解决的主要问题。其中,大力发展金融体系在减贫与乡村振兴中的资金支撑作用,积极统筹政府财政资金并整合、引导社会资金进入农村金融资金体系,确保资金投入与提高脱贫质量,巩固脱贫成果,实现农村金融与乡村振兴相匹配是确保脱贫与乡村振兴的关键一环。农村小额贷款制度作为农户获得资金的主要工具,

---

① 参见《2019 全国扶贫开发工作成绩单亮相:1000 余万人脱贫,340 个县摘帽》,载新华网,http://www.xinhuanet.com/politics/2019-12/21/c_1125372395.htm,最后访问日期:2020 年 10 月 4 日。

在这一过程中仍然会发挥不可或缺的重要作用。但也要看到,农村小额贷款制度在实施过程中还存在贷款发放流程有瑕疵、对于不能按期还款问题的应对措施不足、扶贫中的产业发展缺乏市场化的预测、风险补偿金制度有待进一步完善、扶贫小额信贷的司法救济机制不完善等问题,①存在在脱贫攻坚之后政府财政支持减弱,是否还能持续性良性发展的问题。

一、问题的提出

全世界的商业银行都是"嫌贫爱富"的,商业银行逐利的商业逻辑在某种程度上成为金融弱势群体融资难以突破的固有障碍。金融弱势群体贷款难问题由来已久,这个弱势群体既包括中小企业,也包括低收入人群。对于前者的贷款难问题,理论界曾建议四大国有银行内设中小企业信贷部。从实际情况来看,这一做法未能解决中小企业贷款难的问题,后来成立的各中小股份制银行对中小企业贷款业务的开展也是兴趣索然。银行为什么会"嫌贫爱富"?这是由商业银行作为营利法人的定位决定的,它首先是一个企业,必然会追求自身利润的最大化;同时银行作为存款机构,还必须重点考虑存款人的资金安全,从这个角度来说,在同等条件下,选择具有资产担保的主体进行放贷,是银行作为经济人的理性使然。因此,存在一个矛盾:一方面,本性使然,银行天然具有"嫌贫爱富"的特点;另一方面,社会公众和政府希望金融弱势群体能够从银行获得贷款以实现自身生存和发展。如何解决这个矛盾?改变银行作为企业法人的逐利本性显然是不可行的,关键是要找到一条让银行借贷给弱势群体既能保本又能获得一定利润的可行路径。理论界曾有观点认为,针对农民的小额贷款难的问题应大力发展村镇银行,认为定位于服务农村金融领域的村镇银行一定会借贷给农民。事实上,农村金融机构,包括以农信社为代表的农村合作金融组织的大量资金却流向了城市。经济学推断人的行为永远要从约束条件下利益最大化那方面看,银行无论自身规模大小、放贷与否或是放贷给谁,考虑的都是给定约束下自身利益的最大化。若贷款给弱势群体的利润比贷款给大企业高或者相同,收贷也安全,银行在获得自身生存发展保障的同时也能相应地兼顾一部分社会责任,大部分银行很难找到不这样去做的理由。对农村小额贷款制度产生和发展的研究必须建立在妥善地解决上述矛盾的理论基础上进行。这里有两个方面的问题:一是如何让金融机构发放农

---

① 参见王莹莹、王天昱、陈奕丞、樊永霞、杨亚芬、杜玉娟、郭富杰、焦彬等:《陕西省商洛市山阳县、柞水县扶贫小额贷款的使用情况调研报告》,陕西省地方金融监督管理局委托研究课题,2019年8~11月。

村小额贷款的成本降至最低。相比大型企业，农户贷款额度小，但从银行的视角审视之，贷款100万元与贷款10万元的审贷手续完全一样，成本也差不多，故银行往往倾向做大贷款业务而不愿做小贷款业务。二是农户可抵押资产不多，部分贫困农户甚至没有资产可抵押，致使银行往往因为担保风险不可控从而在内部合规风控管理制度流程上就否定了这种放贷的可能性。农村小额贷款想要突破弱势群体融资的固有困境，必须通过严密合规的制度设计，既要让小额贷款的成本收益率不能太过低于大额贷款，也要通过各种担保或者其他相应的风险分担手段让金融机构贷款的风险降至一个可控、可接受的合理区间。

上述问题的提出其实还有一个前提背景，即为什么需要专门为低收入群体设立小额贷款制度？根本原因在于金融公平正义的要求，即人们享有获得贷款等金融服务从而更好地实现自身生存和发展的权利，这里的小额贷款已经不仅限于经济工具和商业交易的范畴，在某种程度上已成为人们生存发展所需要的基本权利。自20世纪90年代中期，我国开始探索扶贫公益小额信贷和农村信用社开展的小额贷款，直到之后小额贷款公司的井喷式发展，理论界对小额贷款的认识也逐渐从无到有，从经济学、管理学、社会学、金融学、哲学等多角度进行了深入的研究和讨论，这些研究成果推动了我国农村小额贷款理论与实务的发展。在此基础上，我们将从法律的视角对农村小额贷款制度展开更进一步的研究，在法律规范层面弥补实践中的不足，从而推动我国农村小额贷款制度的体系化发展，助力我国农村小额贷款行业转为市场化的发展。

二、研究对象的界定

本书研究的小额贷款针对低收入人群，是以个人或企业为核心对象的综合消费贷款，是对具有扶贫公益性质的金融借贷的创新。与一般贷款相比，小额贷款的单笔规模比较小，按照国际一般共识，单笔贷款规模不大于人均GDP 2倍的，可算作小额贷款范畴。① 我国小额贷款的金额一般为1万元以上、20万元以下，包括小额担保贷款与小额信用贷款。

农村小额贷款在用途上是指用于农业生产及农民生活、涉及“三农”的小额贷款。农村小额贷款根据其供给主体的不同区分为非营利组织提供的扶贫公益小额贷款和由营利性金融机构提供的商业性小额贷款，后者也可以是具有扶贫性质的小额贷款，本书主要探讨的是商业性小额贷款。

---

① 参见《小额信贷在中国》丛书编委会编写：《小额信贷在中国——农村信贷配给与小额信贷体系建设》，中国财政经济出版社2013年版，第2页。

国内关于农村小额贷款的研究论著多以“农村小额信贷”为题，从规范意义上来说，“信贷”并非一个法学术语。就法律性质而言，对于农村借贷这一经济现象的法律表达应当为借款或贷款，结合农村借款大都金额较小的特点，我们常常加上定语，即农村小额借款或农村小额贷款。根据借款人是否提供担保又区分为农村小额担保贷款与农村小额信用贷款。由于小额信贷与农村小额信用贷款容易混淆，本书使用“农村小额贷款”这一术语表达。

二、学说综述

（一）国内相关研究学术史梳理及研究动态

1. 金融扶贫与小额贷款的关系

随着乡村振兴战略的提出，农村金融方面的法律制度越发引起社会关注。金融扶贫与服务乡村振兴在理论逻辑上具有一致性，脱贫攻坚与乡村振兴阶段的金融供给需要实现有效衔接（周孟亮，2020 年）。小额贷款不仅帮助解决民众或农村地区中小型企业的资金周转难题，同时也促进国家扶贫工作，有力地支持农村经济发展（黄艳，2019 年）。小额贷款市场是我国普惠金融的重要渠道，农村经济对小额贷款有迫切的需要（杨扬，2018 年）。左平良在《农村金融调节的正当性及其法治保障》中认为，农民基本金融权利具有人权属性，国家相应地负有保护农民基本金融权利实现的调节义务。

2. 关于农村小额贷款的基本理论

周昌发在《中国农村金融生态法制建设研究》中认为，可以通过变革农村金融立法、建立严格的农村金融监管法律制度、加强农村信用法制环境建设和加大农村金融司法保障制度这 4 个途径来加强农村金融生态法制环境建设。小额贷款，是指专门向低收入阶层提供小额度的持续性的信贷服务活动（胡佳，2012 年）。它是信贷机构基于农户的信用，在核定的额度和期限内向农户发放的不需抵押、担保的贷款，主要解决农户贷款缺乏抵押担保的问题（刘康维，2018 年）。农村小额贷款涉及贷款主体的选择，贷款资金的来源，贷款的申请、发放、管理及清收，不良贷款的处置，风险补偿金制度，信用担保或抵押的选择，政府和基层组织的责任划分以及小额信贷的追偿等一系列问题（周浩，2019 年；姚志华、刘俊媛，2019 年；朱路锋，2019 年）。

3. 关于农村小额贷款的具体制度研究

我国农村小额贷款有关立法肯定了小额信贷机构创新金融模式，但却缺乏对小额信贷机构法律地位、监管机构职责区分等重要内容的规定（刘娟伶，2017 年）。各省区根据自己的情况制定适合本地特色的监管法律，改变现有相关制度法律位阶低的情况(戚业敏,2018年;刘丁,2015年)。对照尤努斯模式,我国应该采用符合农村小额贷款特点的监管模式,营造标准规范的企业运行机制,建立有效的农户信用评级制度,以提高农村小额信贷的效率(谢丽华、谢伟杰,2014年)。农村小额贷款不良资产的比重过大会严重影响农村地区金融生态环境建设和脱贫攻坚的推进及完成。肖雯、何灵在《土地经营权抵押贷款不良资产管理探讨》中提出,土地经营权抵押对于盘活农村金融不良资产,提高农村土地资源效率,促进农村经济、金融转型升级具有重要意义。

(二)国外相关研究学术史梳理及研究动态

1. 关于小额贷款基本理论的研究

自20世纪70年代以来,发展理论家认为,非政府小额贷款机构(Microfinance Institutions, MFIs)是通过资助微型企业活动实现可持续发展的主要实践者。农村小额贷款机构的进入决定了农村金融市场的跨时空发展。

2. 关于农村小额贷款制度与贫困问题的研究

孟加拉国学者穆罕默德·尤努斯(Muhammad Yunus)基于资产贫困概念提出了以小额贷款理论和社会企业理论为核心的资产建设反贫困理论,并指出银行针对农村小额贷款特性建立的"弹性贷款"坏账预提机制可以有效控制不良贷款的产生,丰富了资产建设反贫困理论。维特川沃(S. C. Vetrivel)和常德拉(S. Chandra Kumarmangalam)在《小微金融机构在农村发展中的作用》(2010年)①中认为,即使在没有正式抵押贷款的情况下也可以增加对穷人的信贷,因为这些借贷的不良率并不高。

归纳而言,已有研究显示,农村小额贷款制度是农村金融法治的重要内容。但理论界从法律视角研究农村小额贷款制度的还比较少,对基于农村小额贷款特性的制度供给和差别监管的研究还不充分,也未成体系,特别是根据农村小额贷款不良资产的特性进行的预防、处置制度的创新研究以及支撑农村小额贷款的农村信用体系的研究也都比较欠缺。

四、研究思路和方法

与以往关于农村小额贷款的研究有所不同,本书是从法学视角、在规范层面研究农村小额贷款引起的各种法律关系,以及这些法律关系的规制及相关配套法律制度的完善、构建与创新;通过对农村小额贷款的实践和理论研究,总结我国农

---

① *Role of Micnofinance Institutions in Rural Development*, International Journal of Information Technology and knowledge Management, July-December 2010, Vol. 2, No. 2, p. 435 - 441.

村小额贷款制度发展的经验和教训,从法律制度层面解决当前面临的发展困境,推动农村小额贷款的立法完善,并对进一步构建信用体系基础上的农村金融体系给出构想,以更好地服务脱贫攻坚和乡村振兴。

本书对农村小额贷款制度的实证研究采用了社会调查法、比较研究法、大数据统计法等,通过对陕西南部农村地区代表性乡镇农村小额贷款制度的实施情况开展调研,采用纸质问卷与电子问卷结合、集中座谈调研与实地走访问询相结合的调查方法,对商洛市山阳、柞水2县6乡镇中的14个村庄实地走访,进行了充分的社会调查,[①]以众多一手资料为基础,形成了本书关于我国农村小额贷款制度实证研究的基础。

本书对农村小额贷款制度的研究采用了规范解释学方法,从农村小额贷款形成的不同类型法律关系的主体、客体和内容层面进行分析论证,逐一解构平等主体间的借款合同关系、附随的担保合同关系和监督管理关系,然后在解构的基础上结合前文实证研究对解构中发现的问题进行制度性重构。

五、内容结构

全书包括我国农村小额贷款制度的实践与理论研究两大部分,共六章。第一章重点界定农村小额贷款的相关概念和制度发展;第二章分析我国农村小额贷款制度的实践现状及存在的问题;第三章从法律视角对我国农村小额贷款制度进行规范性解构和重构;第四章研究了农村小额贷款不良资产的处置问题;第五章、第六章分别从农村信用体系建设和小额贷款借款人市场退出机制两个方面论证了农村小额贷款制度发展必需的配套制度的完善。

---

① 调研地点具体包括山阳县(三镇八村):高坝店镇(井岗村、双寨村)、法官镇(姚湾社区、法官庙村)、色河铺镇(赵家垣村、峪口村、陆家湾村、桦栗沟村);柞水县(三镇六村):盘营镇(秦丰村、朱家湾村)、下梁镇(老庵寺村、西川村)、杏坪镇(油房村、杏坪社区)。

第一章 农村小额贷款的基本理论和制度发展

第一节 农村小额贷款的内涵

一、农村小额贷款的内涵

（一）小额贷款的内涵

广义的小额贷款业务范围也称小额信贷业务，不仅包括贷款，还包括贴现、承兑、保函等。贷款只是信贷业务的一种，是指从贷款人取得现金借款。在实践中贷款有提供担保的和不提供担保的贷款，之所以广义上被称为“信贷”，是因为无论提供担保与否，这都是一种信用活动，借贷双方都要以“信用”作为基础，其特点是以收回为条件的付出。狭义的小额贷款单指小额贷款业务，本书探讨的是狭义的小额贷款。

小额贷款是以个人或企业为核心的综合消费贷款，贷款的金额一般为1万元以上、20万元以下。① 办理过程一般需要担保，其主要满足的贷款对象是“三农”与中小企业。而信用贷款是指以借款人的信誉发放的贷款，借款人不需要提供担保，但其适用对象主要是经市场监督管理机关核准登记的企（事）业法人、其他经济组织、个体工商户，并不涉及“三农”。农村小额贷款是小额贷款与信用贷款的结合，即不需要提供担保的小额贷款。

---

① 参见《小额信贷在中国》丛书编委会编写：《小额信贷在中国——农村信贷配给与小额信贷体系建设》，中国财政经济出版社2013年版，第3页。

（二）农村小额贷款的内涵

农村的含义有狭义与广义之分，狭义上的农村，是指具有特定的自然景观和社会经济条件，以从事农业生产为主的劳动者聚居的地方，是不同于城市、城镇而从事农业的农民聚居地；[①]广义上的农村是与城乡一体化建设相关的概念统筹，包括传统和发展意义上大概念的农村，包括县城镇、建制镇、集市镇、乡和村。[②]

本书农村小额贷款中涉及的农村，是指广义上的农村，是一个涉及农村、农民、农业等全方位的概念，在主体上，为拥有农业户口的人口与农业、乡镇企业；在用途上，用于农业生产及农民生活，涉及"三农"的小额贷款，均应当属于农村小额贷款的范畴。农村小额贷款在普通信用贷款无须担保的基础上，具有小额贷款的低额度以及放款对象上面对"三农"的独特优势，是农民、农村、农业对金融需求的产物，也是保障农民贷款权的基本途径。

二、农村小额贷款的特征

（一）贷款个体的信贷额度低，周期短

作为信用贷款，农户个人或以户为单位贷款的额度普遍在 1 万 ~ 20 万元，由于农户的个体生产基于其所拥有的土地，土地的规模限制了农户发展的规模，其用于生产的规模有限，所需购买的生产资料自然也有限。

（二）贷款风险来源集中且抗风险能力差

法律大多限制将农地用于担保，农业设备的价值又较低，以致农民或者农村小微企业拥有的可抵押担保的财产非常少，故而农民无法提供金融机构能够接受的担保物。因此，若贷款常用于生产经营以外的用途，易导致风险源多以及较大可能的预期违约，再加之农民村落间居住较集中，且同一地域内往往进行同一种或几种作物种植或养殖，易受行业风险及自然灾害的影响，传导速度快，一旦出现风险源，易导致大面积违约。

（三）贷款的用途多元化

农民进行小额贷款除进行农业生产外，还有相当部分的贷款会被用于贴补家庭日常生活，支付子女教育费用、用于家人的医疗费用以及投资经营等。改革开放前，农村小额贷款多用于生活，随着改革的深入推进，农村经济的发展，农村小

---

① 参见《天天在讲三农，农村农民终于知道，什么是三农了?》，载一点资讯网，http://www.yidianzixun.com/article/0KQ6uKnw，最后访问日期：2020 年 9 月 29 日。

② 参见张文静、田雨普：《农村体育研究中"农村"含义的辨析》，载《体育文化导刊》2005 年第 10 期。

额贷款更多地用于农业生产经营。

第二节　农村小额贷款权的法律性质

农村小额贷款权是一种金融权，关乎金融弱势群体正当、合理的现实金融需求，关乎个体如何实现生存和发展的问题，从一定意义上讲，金融权关乎人的基本权利，是一种生存权和发展权。小额贷款权的提出离不开普惠金融的语境，其作为一种尚无明文规定的应然权利，与普惠金融具有理念上的一致性。小额贷款的价值基础源于克服贫困的需要，源于金融公平正义的追求，源于人的自由与全面发展的需要。

一、金融权的法律属性

"权利是市场存在和发展的前提，金融市场中金融权利是民间金融的动力来源。"①在以金融市场为表征的货币经济中，货币交换行为并不是孤立地由特定交易双方的行为带来的，而是越精心策划的交易，越受到与交易有利害关系各方的行为制约。②

当前，虽未有立法对金融权进行明确定义，但近年来，我国充分发挥以调整增量利益再平衡为目的的宏观调控法律手段，调控金融资源倾斜"三农"，在《农业保险条例》《关于全面做好扶贫开发金融服务工作的指导意见》《推进普惠金融发展规划（2016～2020年）》《关于金融助推脱贫攻坚的实施意见》《关于促进扶贫小额贷款健康发展的通知》等政策法规中，明确提出了农村金融应当回归服务"三农"，促进农村金融资源不断完善，以保障农村贫困人口的融资权益。③

（一）金融权的内涵

在相关的国际条约和国际习惯中，尚未提出金融权的明确概念，但在部分国际组织文件中已经有了具有类似含义的表述。如2011年经济合作与发展组织（OECD）牵头起草了《金融消费者保护的高级原则》，对政府提出了保障基本金融服务的要求，指出让社会公众普遍获得免费或低价的基本金融服务应当成为各国

---

① 邱润根：《金融权利视角下民间金融的法律规制》，载《法学论坛》2015年第2期。

② 参见[德]马克斯·韦伯：《论经济与社会中的法律》，张乃根译，中国大百科全书出版社1998年版，第193页。

③ 参见于忠龙、张家华：《农村金融回归本源的法治化分析》，载《金融发展评论》2018年第9期。

政府的政策目标之一。[1] 虽然该文件不具有约束力,但也足以表明,国际社会已经对此予以重视,并在一定范围内产生了影响。早在2005年,联合国就在"国际小额信贷年"活动中即提出了"普惠金融体系"(Inclusive Financial System)的概念,并归纳了普惠金融的特征,[2]其中,也提到"家庭和企业可以用合理的价格获得各种金融服务"。虽然国际社会已基本就此达成共识,但要使金融权作为一项国际人权被正式提出,还有待具有国际法效力的国际法渊源的确认。

同样,国内目前也还没有相关立法明确金融权的概念,对金融权的探讨集中在理论界。关于金融权的概念,有学者提出,"金融权是指每一个人以可承担的成本享受公平合理的金融服务的权利"。[3] 还有学者认为,"民间金融体现的是百姓对其金融权利自由行使"。[4] 但更多学者还是将金融权的权利主体限定在农民范围内,例如,"农民金融发展权是农村居民作为社会成员在金融发展领域以获得金融发展机会和分享金融发展成果为目的利益的权利";[5]又如,"农民金融权是现代金融和现代农业发展的产物,是一种在现代市场经济的发展中逐步形成的、新型的、主体特定的人权";[6]再如,"农民金融权是农民权利在金融领域的体现"[7]等诸多表述。

在金融权发展历程上,以国内的立法体例,作为基本权利,若要得到确立,应该经历从公民私权利到公民宪法基本权利的转变。从公平角度来看,"农民的金融权实质是社会弱势群体的生存权和经济权利的一种表现形式"。[8] 从利益角度来看,金融权利是且应当是金融利益,属于"应然"范畴的利益,是"一种无差别的综合性权利,一种关乎农民生存与发展的人权"。[9] 而农民金融权是一项归属于特定主体的、以维护农民金融利益为终极目标的权利,它结合了消极自由与积极自由,是一种追求金融实质平等的权利。[10]

---

① 参见孙大琦、袁静文:《国际金融消费者保护的改革进展与趋势》,载《西安交通大学学报(社会科学版)》2012年第5期。

② 参见焦瑾璞:《构建普惠金融体系的重要性》,载《中国金融》2010年第10期。

③ 杨东、文诚公:《论互联网金融背景下金融权的生成》,载《中国人民大学学报》2015年第4期。

④ 邱润根:《金融权利视角下民间金融的法律规制》,载《法学论坛》2015年第2期。

⑤ 廖丹:《论农民金融发展权的制度构建》,载《中南林业科技大学学报(社会科学版)》2014年第3期。

⑥ 李乐平:《农民金融权:主体、本质属性及权能》,载《广西社会科学》2013年第1期。

⑦ 邱宝金:《农民的金融权利实现》,载《甘肃金融》2011年第5期。

⑧ 祁敬宇:《关于农民金融权利问题的思考》,载《商业时代》2011年第28期。

⑨ 张燕、杜国宏、吴正刚:《农民金融权:一个农村民间金融理论研究的新视角》,载《农村经济》2010年第9期。

⑩ 参见李乐平:《农民金融权:主体、本质属性及权能》,载《广西社会科学》2013年第1期。

根据权利内容，金融权可以包括平等获得金融贷款的权利、获得农业保险的权利以及金融合作的权利。[①] 根据金融服务的类别，金融权分为贷款权、保险权、信托权、租赁权、结算权五大类。[②]

从权能出发，金融权应包括合作金融权、民间借贷权、政策性金融权、商业性金融权和参加保险权。[③] 从权利的实现价值来看，又可分为金融发展的平等权利、自由进行合作金融的权利、获得国家金融资源供给的权利。[④] 还有学者从农村金融发展的角度在更广泛意义上解释农民金融权，"农村金融回归本源是农村金融权的需要，农村金融权包括农民金融权、农村金融机构剩余权、农村金融监管权、农村区域发展权，满足农村金融权需求，对有效推进农村金融回归本源至关重要"。[⑤]

相较一般金融权，农民金融权的实现存在很多先天的和后天的障碍，先天障碍主要源于农民自身的经济状况、受教育程度以及农业自身风险高等多种因素的限制，致使其在获得金融服务时会被金融机构"嫌贫爱富"的逐利本性所抛弃；后天障碍主要包括涉农金融机构发展不充分，农村地区民间金融发展不规范，贷款权利还不能得到有效保障和救济，涉农担保风险分担力不强、农村信用体系脆弱，信托、租赁、结算权利需要进一步扩展以及数字金融创新在农村金融发展迟缓等。

（二）金融权的法律属性

1. 金融权具备人的基本权利属性

穆罕默德·尤努斯认为，金融权是一项人权。[⑥] 从现实情况来看，如前所述，金融的本质决定了商业银行具有"嫌贫爱富"的逐利特征，这使金融权是一种并不是所有社会群体都可以享受到的权利。农民等社会弱势群体实质上难以接触到正规的金融资源，而既得利益者却可以便捷地享受这些金融资源，在此基础上，更甚者，可以通过金融完成对社会弱势群体的剥削，进一步加剧这种实质上的金融不平等，也将社会弱势群体隔离于金融的大门之外，使其失去了在市场经济中享有均等的机会和平等地参与市场竞争的可能性，也就因此丧失了生存发展的权利，处于社会弱势群体的不利地位会直接导致其成为金融弱势群体。从这个意义

---

① 参见祁敬宇：《关于农民金融权利问题的思考》，载《商业时代》2011 年第 28 期。

② 参见邱宝金：《农民的金融权利实现》，载《甘肃金融》2011 年第 5 期。

③ 参见李乐平：《农民金融权：主体、本质属性及权能》，载《广西社会科学》2013 年第 1 期。

④ 参见张燕、杜国宏、吴正刚：《农民金融权：一个农村民间金融理论研究的新视角》，载《农村经济》2010 年第 9 期。

⑤ 于忠龙、张家华：《农村金融回归本源的法治化分析》，载《金融发展评论》2018 年第 9 期。

⑥ 参见[孟]穆罕默德·尤努斯：《穷人的银行家》，吴士宏译，生活·读书·新知三联书店 2015 年版，第 218、227 页。

上说,金融权应当是一种关乎个体实现生存和发展的人权。

我国《宪法》第33条规定了"国家尊重和保障人权",人权作为一个人所享有的基本权利可分为应然的人权、实证法中的人权与现实中的人权3类。① 应然的人权,是指道德意义上的人权,它的范围和内容最广泛。应然的人权往往是法律上人权的道德根据和理性说明。金融权在现阶段便是一种应然的人权。从社会和金融公平正义的角度来说,出于满足自身生存和发展的现实需要,金融弱势群体理应享有与其他社会群体平等的金融权,这是一种价值判断。应然的人权只有通过成文的法律确立下来,转化为现实中的人权,才能保障金融权的实际享有,才能唤醒公民意识并主张享有和行使。这3种权利范围的差别越小,说明一国的人权状况越好,所以国家有义务采取措施、提供条件保障金融权的行使。②

2. 金融权是生存与发展权

剑桥大学印度教授阿麻泰·K. 森(Amartya K. Sen)曾提出,一个人免于饥饿的权利依赖:(1)政治体系,即政府能否提供明确的产权保护;(2)经济体系,即微观上是否有充分竞争的市场秩序,宏观上能否维持稳定的经济环境;(3)社会体系,包括家庭内部的分工、传统观念中对交换权利和互惠权利的规定等,这些都会影响权利的分配,并决定不同的群体在面对饥饿和饥荒时的不同命运(如妇女的社会地位往往决定了她们在饥荒中的处境尤为悲惨)。③ 金融权属于上述第二类经济体系的权利,但其与人的生存权息息相关,只有将金融权利通过法律转化为现实中的人权,金融权利才能真正得到保障与落实。每个群体生存权的内容都不一样,生存权作为一项基本人权,其含义与范围都很广。就农民的生存权而言,生命权、受教育权、财产权和社会保障权是其实现生存权的基础,也是生存权的具体内容。如果医疗费用、子女教育费用、养老费用等现实难题得不到及时解决,农民的生命权、受教育权、财产权和社会保障权就无法得以保障。在此种不利情况下,他们当然希望能获得资金的支持以渡过难关,以此来解决医疗、子女入学等问题。现实情况是,我国农村正规金融机构贷款手续复杂且审核严格,农民的金融需求往往不能得到及时、充分的满足。至于民间金融,虽然在短时间内和在一定程度上可以暂时缓解农民的资金需求,但与农民的金融需求相去甚远。总之,农民的

---

① 参见张燕、杜国宏、吴正刚:《农民金融权:一个农村民间金融理论研究的新视角》,载《农村经济》2010年第9期。

② 参见张燕、吴正刚、杨依凡:《论农民金融权益的法律保障与实现》,载《郑州航空工业管理学院学报》2009年第2期。

③ 参见郑智航:《论免于贫困的权利在中国的实现——以中国的反贫困政策为中心的分析》,载《法商研究》2013年第2期。

生存权因金融权的不能完全实现而无从保障。特别是在农民、城镇贫困人口和小微涉农企业等金融弱势群体中，金融权的缺失在一定程度上影响了生存的质量和后续发展的可能性。

马克思、恩格斯指出，生存权与发展权是最基本的人权，是享受其他人权的前提，①生存权与发展权是两个紧密联系的基本权利，也是人类社会不断向前发展的基础和动因。生存权与发展权在一定程度上也可以说是对人的生存状况进行评价的横纵两个视角。"随着社会不断发展，农业生产方式发生了巨大变革，产生了新的生产要素——资本。农业生产规模扩大、农业生产技术创新、农业产品营销都离不开资本要素。新的社会发展时期产生了新的权利主张，于是金融发展权就成为人们满足自身发展的又一重要权利形式。"有的学者将金融权直接界定为"金融发展权"，②事实上也是强调金融权与"发展"的紧密联系。农民金融发展权的产生与发展以人权理论的不断发展为思想基础。"农民金融发展权的产生与发展是以金融资源分配不平等为条件"，③在这个意义上，金融权与发展权实质上近似于金融权与生存权之间的关系。

马克思认为，"人们奋斗所争取的一切，都同他们的利益有关"。④ 所谓利益，从哲学的主客体二元对立出发，就是独立于主体世界的客观存在，是能够使社会主体的需要获得某种满足的生活资源，而这种资源满足的程度是以客观规律、社会环境和社会制度所认可的范围为限度的。⑤ 随着市场经济的不断发展，金融活动日益兴旺，逐步成为市场经济活动的重要内容，在这样的条件下，金融利益作为一种独立的利益形式应运而生。人类多种多样的需要是经济利益的自然基础，人类满足多种多样的需要，要通过各种各样的经济活动来实现。金融活动也一样，它是人们为了实现金融利益而进行的金融产品和服务的交易活动，追求经济利益

---

① "我们首先应该确立一切人类生存的第一个前提也就是一切历史的第一个前提，这个前提就是：人们为了能'创造历史'，必须能够生活，但是为了生活，首先就需要衣、食、住以及其他东西。"参见[德]马克思、恩格斯：《德意志意识形态》，载《马克思恩格斯全集》（第3卷），人民出版社1974年版，第31页。

② 参见谭正航、尹珊珊：《论民族地区金融发展权及其法律保障机制的构建》，载《北方民族大学学报（哲学社会科学版）》2012年第2期。

③ 廖丹：《论农民金融发展权的制度构建》，载《中南林业科技大学学报（社会科学版）》2014年第3期。

④ [德]马克思：《第六届莱茵省议会的辩论（第一篇论文）》（1842年4月，又名《关于出版自由和公布等级会议记录的辩论》），载《马克思恩格斯全集》（第1卷），人民出版社1974年版，第82页。

⑤ 参见李长健、伍文辉：《基于农民权益保护的社区发展权理论研究》，载《法律科学》2006年第6期。

是金融活动的必要前提和终极目标。金融利益是金融发展的前提和动因。① 经济权利是公民权中的一项重要的权利,金融是经济的核心,因此能否获得经济权利在很大程度上取决于能否得到平等的金融支持,因而不能平等享受金融权的社会弱势群体从情理与法理视角理应获得国家的金融支持与帮助。

二、小额贷款权是普惠金融权

人权从其发展过程来看,可以分为应有权利、法定权利和实有权利 3 种形态。② 以小额贷款权为代表的金融权仍处于应有权利的阶段,这使小额贷款权的提出离不开普惠金融的语境。普惠金融在 2005 年由联合国提出,指以可负担的成本为有金融服务需求的社会各阶层和群体提供适当、有效的金融服务,小微企业、农民、城镇低收入人群是重点服务对象。普惠金融在中国的发展主要分为 4 个阶段:第一阶段为 20 世纪 90 年代后半期,始于 1993 年中国社会科学院农村发展研究所引入尤努斯创立的孟加拉乡村银行小额贷款模式,当时在河北易县建立了扶贫经济合作社,这是我国第一次实行小额贷款模式。第二阶段从 20 世纪末持续到 2005 年,1999 年中国人民银行出台了《农村信用社农户小额信用贷款管理暂行办法》(已失效),提出采取“一次核定、随用随贷、余额控制、周转使用”的管理办法,开展基于农户信誉,无须担保或抵押的贷款,并建立农户贷款档案,农村小额贷款得以全面发展,普惠金融进入发展性微型金融阶段。第三阶段自 2005 年中央一号文件明确提出“有条件的地方,可以探索建立更加贴近农民和农村需要,由自然人或企业发起的小额贷款组织”起,此后的五六年,小额贷款公司等各类小额贷款组织和村镇银行迅速兴起。第四阶段自 2011 年至今,随着互联网金融的快速发展,新型互联网金融产品为广大群众提供了互联网支付、互联网借贷以及互联网理财等丰富多样的金融服务,普惠金融发展进入创新性互联网金融阶段。③

(一)小额贷款与普惠金融理念上的一致性

小额贷款权是一种在应然上为金融弱势群体所享有的金融利益。以农民这一主体为例,农民获得贷款的金融权是“一种农民在进行金融活动过程中获得贷款供给与救济的权利,实质上是一种理应归属农民主体的金融利益,一种无差别的综合性权利,一种关乎农民生存与发展的人权,其内容包括农民金融发展的平

---

① 参见张元红:《当代农村金融发展的理论与实践》,江西人民出版社 2002 年版,第 16 页。

② 李步云:《论人权的三种存在形态》,载《法学研究》1991 年第 4 期。

③ 参见杜晓山、刘文璞主编:《从小额信贷到普惠金融:中国小额信贷发展二十五周年回顾与展望纪念文集》,中国社会科学出版社 2018 年版,第 2 页。

等权利、农民自由进行合作金融的权利与农民有获得国家金融资源供给的权利”。[①] 保护农民金融权对于平等地实现农民的生存权和发展权具有重要意义。就贷款权而言,农民贷款权的主体是广大的农民,农民群体的金融利益要想得到充分的实现和保障,赋予农民平等的贷款权利是必然的。

由于农业的长周期性或者薄利性与农户财产的难以抵押性,与城镇居民相比,农民群体的金融利益更容易受到不公正对待。农民金融利益得不到适度增长,就谈不上提高民间金融主体的积极性和创造性。长此以往,将会导致民间金融活动的停滞和衰减,进而危及整个农村金融体系的发展,最终影响农村社会的稳定、繁荣和进步。金融活动是以金融利益为中心的,金融利益是农村金融最基础的、本源性的内核,保护农民小额贷款权就是维护农村民间金融的健康发展,也是实现农民生存发展权的最好表征之一。

从本质上来说,小额贷款是将组织制度创新和金融创新的借贷活动与扶贫到户(或扶持到户)项目有机地结合成一体。[②] 这使小额贷款与普惠金融紧密联系在一起,具体地说,小额贷款满足普惠金融中“普”和“惠”的要求。因而各种模式的小额贷款均包括两个基本层次的含义:第一,为大量低收入(包括贫困)人口提供金融服务;第二,保证小额贷款机构自身的生存与发展。这两个既相互联系又相互矛盾的方面,构成了小额贷款的完整要素。

(二)“普”:所有群体在需要的时候能平等地获得金融服务

普惠金融,首先要满足“普”的要求。“普”一词具体到普惠金融背景下,即指所有群体在需要的时候均能平等获得金融服务。这里强调 3 个要素:“所有群体”、“有需要时”与“平等获得”。“所有群体”是指社会中的任何群体,更进一步地说是任何个人。“有需要时”强调金融服务的价值属性,从经济因素考虑,有需求才会产生供给,而对于个人来说,有需求的才是有价值的。“平等获得”这一概念可以分为两个层面:一是平等,即法律面前的平等,金融权作为一项人的基本权利,其必然带有平等属性,否则“权利”一词仅为空谈,无论是广义上的人权还是生存权、发展权都必然要求平等。二是获得,即强调普惠金融的可获得性。除平等外,还要能获得,能落到实处,才能将形式上的平等变为实质上的平等。研究显示,农户的户主年龄、家庭劳动力人数、长期在外打工人数、资产总值、社会评价和行为信用记录等对于小额贷款的获得具有影响。因此,拓展农信社小额贷款业务

---

① 张燕、杜国宏、吴正刚:《农民金融权:一个农村民间金融理论研究的新视角》,载《农村经济》2010 年第 9 期。

② 参见杜晓山、孙同全:《中国公益性小额信贷政策法规与组织制度发展研究》,载《农村金融研究》2019 年第 12 期。

范围、实现农户贷款方式多样化、完善农村信用评价体系、提高农户信用意识、促进小额贷款不良资产处置是提高小额贷款可获得性和推动农村区域发展的重要方式。①

小额贷款与普惠金融中的"普"的契合体现在:首先,从小额贷款提供的服务内容来看,广义的小额贷款,即小额信贷,是指专为低收入家庭提供的一种金融服务,包括贷款、储蓄、保险和汇款服务。尽管信贷本身不能创造经济潜力,但它能够释放这种潜力,能够使穷人更好地利用自己的人力资本和生产资本盈利和增加财富。② 其次,从小额贷款服务的对象特征来看,小额贷款在金融行业定位于满足那些从未或很少得到正规金融服务的家庭和企业的金融需求。因此,小额贷款的主要目标客户是低收入家庭。小额贷款的英文表述从"microcredit"到"microfinance"的变化,就反映出金融界的关注点已经从过去主要强调贷款发放转变到现在开始同时注意低收入家庭对广泛的金融服务的需要。③ 也就是说,小额贷款要服务于传统银行和金融机构过去不愿或难以服务的弱势群体和低端客户。世界银行"扶贫协商小组"(Consultative Group to Assist the Poor, CGAP)认为,小额贷款服务的客户群体应是除去最贫困的赤贫户外的各类贫困户和刚刚跨过贫困线的低收入以及中等收入群体。小额贷款诸多业务中的贷款业务是有额度界限的,单笔贷款额度应在本国/本地区 GDP/GNI 的 2.5 倍以下。④ 对于像中国这样的区域发展差异较大的发展中国家,各地区应有不同的具体额度。⑤ 最后,从小额贷款制度的价值取向上来看,小额贷款是帮助贫困人口的有效工具,适合世界上所有文化和经济状况的贫困人群。小额贷款作为一种金融制度,诸多成功的实践经验证明了商业化运作方式能确保其具有很好的成本效益和可持续性,是比慈善事业更好的解决贫困问题的方法。它给了穷人一个机会,使他们可以用自己的双手掌握命运,通过自己的努力摆脱贫困。此外,小额贷款为穷人提供了一个成

---

① 参见罗雨柯、符刚:《农户小额信贷可获得性的影响因素实证分析——基于四川省兴文县农信社的调查数据》,载《农村经济》2015 年第 9 期。

② 参见世界银行扶贫协商小组(CGAP):《小额贷款的适用性——减缓贫困的小额贷款、捐赠和其他非金融措施》,载《焦点》2005 年第 20 期。

③ 参见杜晓山、孙同全:《中国公益性小额信贷政策法规与组织制度发展研究》,载《农村金融研究》2019 年第 12 期。

④ 参见杜晓山:《我国小额贷款组织在普惠金融发展中的作用》,载人民日报中央厨房——点金工作室,original. hubpd. com/c/2019 - 08 - 13/865346. shtml。

⑤ 参见杜晓山:《从小额贷款到普惠金融的思考》,载杜晓山、刘文璞主编:《从小额贷款到普惠金额:中国小额贷款发展二十五周年回顾与展望纪念文集》,中国社会科学出版社 2018 年版,第 20 ~ 21 页。

为积极参与者的机会，使穷人参与到全球化的进程中来，从而确保他们机会的均等。①

（三）"惠"：融资成本是可负担的

普惠金融中，除"普"的要求外，还有"惠"的要求，具体来说，就是融资成本的可负担性。造成融资成本不可负担的原因有很多。贫困户本来经济状况就差，小额贷款必须以贫困户所能承受的成本发放才能真正地实现普惠金融，因而小额贷款很多为无息或低息贷款，比如，孟加拉国格莱珉银行推出的无抵押小额贷款模式。扶贫小额贷款虽然在破解贫困户生产发展"瓶颈"，激发贫困群众内生动力等方面都起到了重要促进作用，但要持续发展，还要把"惠"字落到实处。金融机构对农户要"惠"，政府对金融机构要"惠"。

要实现"惠"必须具备3个基本条件：一是贫困户有旺盛且持续的信贷需求；二是资金供给方的积极参与以及持续投入；三是政府扶持政策的稳定与连续。我国小额扶贫贷款是小额贷款作为普惠金融的"惠"的集中体现，具体是指由国内相关金融机构承担的一项政策性贷款业务，是我国扶贫开发中的重要组成部分。扶贫贷款业务的具体模式一般分为3种：一是直接发放给贫困农户的小额扶贫贷款；二是针对龙头企业的产业类扶贫贷款；三是发放用于基础设施项目建设类的扶贫贷款。就第一种小额扶贫贷款而言，业务模式主要为：发放对象是政府确认的建档立卡贫困户，贷款金额在5万元以内，期限在3年以内，免担保、免抵押，财政全额贴息的信用贷款。

综上，小额贷款是普惠金融的一种实现方式和载体，小额贷款加上小企业金融服务就构成了普惠金融的主要内容。普惠金融是小额贷款与微型金融的发展和延伸，小额贷款构成了普惠金融体系的重要元素。普惠金融体系实际上是在总结小额贷款和微型金融发展经验的基础上，将零散的小额贷款产品和服务方式发展成为金融整体发展一部分的"微型金融产业"的内涵和对外延的适度扩展，构建了一个系统性的小额贷款或微型金融及适度扩展服务对象的金融服务网络体系。②

---

① 参见［孟］穆罕默德·尤努斯：《乡村银行对"华尔街日报"的回应》，载《小额贷款文稿》2002年第1期。

② 参见杜晓山：《从小额贷款到普惠金融的思考》，载杜晓山、刘文璞主编：《从小额贷款到普惠金额：中国小额贷款发展二十五周年回顾与展望纪念文集》，中国社会科学出版社2018年版，第20～21页。

三、小额贷款权的价值基础

(一)小额贷款权源于克服贫困的需要

人类对贫困的研究自以社会保障视角研究的布思和朗特里开始,已经有100多年的历史了,至今学者对贫困的理解仍不尽相同,这体现在我们经常看到的出现在各种不同语境中的贫困,如物质贫困、收入贫困、精神贫困、机会贫困、权利贫困等。“贫困是弱势群体的主要特征,贫困现象存在和贯穿于古今中外。”①阿马蒂亚森认为,“贫困不仅仅相对的比别人穷,而且还基本得不到某些基本物质的福利机会,即不拥有某些最低限度的能力……贫困最终并不是收入问题,而是一个无法获得某些最低限度需要的能力问题”。② 世界银行2001年1月重新对贫困进行了严格定义,认为贫困主要是由3个特征构成:一是缺少机会参与经济活动;二是在一些关系自己命运的重要决策上没有发言权;三是容易受到经济以及其他冲击的影响,如疾病、粮食减产、宏观经济萧条等。“贫困其实是一种多维现象,它不仅体现在收入、教育上。”③贫困的根源并不在经济贫困本身,而是深藏在经济贫困背后的另一种贫困——权利贫困。权利贫困与贫困往往是相伴的,在弱势群体身上表现得更突出。弱势群体,“弱,不仅弱在经济上,也相应地延伸到政治上、文化上”。④

“权利”一词自诞生之时就有保护弱者的意图。只有在正义缺失的前提下,相对的弱势群体才会提出要求保护其某种权利的呐喊。⑤ 作为表达正义方便而精巧的工具,权利语言提供了一种表述实践理性要求的途径。很多权利是天然就有的,但权利概念绝不是和权利本身同时诞生的。它是在长期不公平、不平等的强弱斗争中,相对资源较少的弱者权利意识觉醒,不断呐喊抗争而产生的。换言之,只要自己认为是合理、正当的需求,就可以称为“权利”。因此,康德在谈及权利的定义时说,问一位法学家什么是权利就像问一位逻辑学家什么是真理那样会让他感到为难。⑥ 费因伯格认为,给权利下一个“正规的定义”是不可能的,应该把权利

① 沈立人:《中国弱势群体》,民主与建设出版社2005年版,第3页。

② 参见文建龙:《权利贫困论》,安徽人民出版社2010年版,第35页;李军:《中国城镇反贫困问题研究》,武汉大学2000年博士学位论文,第1~2页。

③ 沈立人:《中国弱势群体》,民主与建设出版社2005年版,第5~6页。

④ 沈立人:《中国弱势群体》,民主与建设出版社2005年版,第3、5~6、9~10页。

⑤ 参见杜朝运、卢雨薇:《论普惠金融中的正义张力》,载《贵州省党校学报》2019年第5期。

⑥ “他们的回答很可能是这样,且在回答中极力避免同义语的反复,而仅仅承认这样的事实,即指出某个国家在某个时期的法律认为唯一正确的东西是什么,而不正面解答问者提出来的那个普遍性的问题。”[德]康德:《法的形而上学原理》,沈叔平译,商务印书馆1991年版,第39页。

看作一个“简单的、不可定义、不可分析的原初概念”。[①] 权利意味着从事某种活动的积极自由，具体包括：(1)以交换为基础的权利，一个人有权将自己的商品与他人交换；(2)以生产为基础的权利，一个人有权将自己的资源或雇用来的要素用于生产；(3)以自身劳动力为基础的权利，一个人有权将自己的劳动力用于自己组织的生产或受雇于他人；(4)以继承或转让为基础的权利，一个人有权继承财产或接受赠予。[②] 前两种权利的失败是自然经济条件下致贫的根源，后两种权利的失败是市场经济条件下致贫的根源。

金融权是社会经济发展到某种具体形态下人们合理、正当的需求，它既是一种以交换为基础的权利，也是一种以转让为基础的权利。这种权利的缺失当然也会引起贫困。贫困是一个通过比较得来的概念，仅针对个体的评价无法得出贫困与否的结论，只有在与社会群体里其他成员的相互比较中才能给出贫困与否的评价。自然的地理环境与资源差异首先导致了资源基础的不均，比如，东部地区与中西部地区自然环境与地理因素的差异会天然地导致基础资源与交通资源的不均。农村地区与城市地区亦然，资源天然地向城市方向倾斜。这种情况在金融领域的体现更明显。由于金融资源的逐利性，金融资源的市场分配自然倒向城市地区。同时，在利己主义的助力下，资源配置不公、不均进一步扩大，相比之下贫困就产生了。可以说，贫困是自然资源天然不均与资本和人性之中的逐利性叠加后生成的。如果能做到绝对的公平和平等，同时对人天然的逐利性加以控制，贫困自然会消除。或者说，全然的公平则没有贫困。本质上，金融是在资产权益基础上，以获得这些金融权的未来收益为目的而进行的交易过程和交易关系的总和。金融作为一种进行价值流通的交易活动，并不专属于某类特定群体，有资本、有需求的任何人都有进行金融活动的权利。作为商业活动的一种形式，金融活动同样是以消费者。或者说，以人为本位进行的。即便对于逐利性的商业活动，也是以消费者的需求为出发点进行产品设计、营销、交换等活动的，所以金融活动从商业角度来看也并无例外。金融权与生命权、健康权一样，从不是某类特殊群体的特权。

过去几十年间，在正式金融市场与民间借贷市场共存的情况下，农民贷款难的问题仍然一直没有得以解决，这一问题引发了国内外学者的强烈关注。理论界依据权利理论分析，出于对弱势群体、阶层和民族等特殊群体普遍权利的深切关

---

① Joel Feinberg, *The Nature and Values of Rights*, Journal of Value Inquiry, Vol. 4, p. 234 – 244 (1970).

② 参见马新文：《阿玛蒂亚·森的权利贫困理论与方法述评》，载《国外社会科学》2008 年第 2 期。

注，他们主张要保障这一特殊群体之权利并使其获得基本资源以实现全面发展。诺齐克的《无政府、国家与乌托邦》前言第一句话便向世人宣告"个人有权利"。在他看来，一切人被事先赋予某些权利，这是不言自明的。从这一点出发，可以推导出一个与这些权利相容的政治秩序，为实现终极意义上的正义，这个秩序"应该有利于社会之最不利成员的最大利益"。① 上述理论的一个自然推论是：为促进社会公平，作为社会中的"最不利者"，如农民，应该被赋予一些基本权利，应该被给予某种"特殊关照"来提高其"行为能力"。正是基于"行为能力"、"最少受惠"和"公民权利"的逻辑，尤努斯把穷人的小额贷款权视为一种基本人权："贷款不仅是商业交易，而且如同普通食物那样是一种天赋权利。"②通过赋予金融权，使包括农民在内的所有穷人都能拥有根据其需要取得基本的金融资源，以参与经济发展的机会从而实现应有的生活品质的权利。基于这种理念，联合国和世界银行"扶贫协商小组"在2005年宣传"小额贷款年"时便提出，要通过建立"普惠性金融体系"来保障包括农民在内的穷人的基本贷款权利。

随着"包容性增长"理念的提出，中国也有人将小额贷款权或信贷公平视为金融监管效率的重要部分。③ 21世纪的经济是全球化、金融化、互联网化的经济，充满着新业态、新机遇与新挑战，贫困人口金融权，特别是小额贷款权的充分保障对于解决贫困问题变得更重要，也更加需要创新制度。目前正在全面推进的商业化改革之路亦是如此。我国农村金融改革进程之所以多次出现目标漂移，④从长远来看，也许效率优先的商业化之路可能未必符合农村贫困地区的实际金融需求。农村金融本身以服务"三农"为宗旨，商业金融的效率优先与完全市场化原则未必适合，必须以最大限度地提高农民群体福祉为价值判断标准，通过制度倾斜合理地调配金融资源，保障农户贷款的可获得性，是合理分配金融资源与克服贫困的

---

① ［美］约翰·罗尔斯：《正义论》，何怀宏等译，中国社会科学出版社2017年版，第70页。

② ［孟］穆罕默德·尤努斯：《穷人的银行家》，吴士宏译，生活·读书·新知三联书店2015年版，第218页、第227页。

③ 参见陈菲、姜旭朝：《中国银行监管效率改进趋势研究》，载《中南财经政法大学学报》2009年第1期。

④ 2005年商业性小额信贷开始试点，政府希望通过"政策引导"+"资金优势"+"专业能力和信息优势"的思路发展能够与新农村建设相匹配的专业化金融机构。此后，小额贷款公司数量急剧增加，但公益性小额信贷机构数量则逐渐减少。虽然小额贷款公司已经成为小额信贷领域的主导力量，但其经营已严重偏离服务"三农"的目标，平均几十万元额度的贷款远远超过国际上业内认可的1000美元的水平。即我国小额信贷商业化推广后在快速发展同时产生了"目标漂移"现象。小额贷款公司逐利性动机太强，倾向选择中小企业，贷款被中小企业大量吸收，"三农"由于对资金缺乏有效需求而被小额贷款公司忽视，这是造成"目标漂移"现象的重要原因。参见丁山：《我国小额信贷"目标漂移"问题研究》，载《金融经济》2013年第18期。

需要。

（二）小额贷款权源于金融公平正义的追求

在当代社会中，普惠金融以小微企业、农民、城镇低收入人群、贫困人群等为重点服务对象，这类人群作为资源资金相对缺乏的“弱者”，也是正义的呐喊者、需求者和追求者。普惠金融的要求是可持续的均衡发展，强调对部分人群实施政策的倾斜。这不是对贫困地区、贫困人群做公益和救助，而是在正义的制度下对公平的追求。小额贷款权作为普惠金融权，就是立足机会平等要求和商业可持续原则，以有金融服务需求的社会阶层和群体为对象开展的。

公平是什么？不加任何约束的自由发展看似公平，但其实是放任、虚无的，所谓绝对公平。通过调配不均资源和控制之政策以使每个人都有意识、有机会实现利益从而使各方面得以均衡发展才是真正的公平。罗尔斯指出，正义是社会制度的首要美德，正义的主题是社会的基本结构。而他所言的社会的基本结构，则是“社会主要制度分配基本权利和义务，决定由社会合作产生的利益之划分的方式”。正义的基本制度必须尽可能统合正当与善，也必须尽量弥合人与人之间的偶然性差异对人命运的任意影响，包括平等的自由原则以及公平的机会平等原则和差别原则。① 其中，差别原则作为一个综合性的正义原则，其真正精妙之处在于它处理偶然性的方式，即将偶然性视为社会共有的财产，使这些偶然因素以及其产生的社会与经济利益能够为那些社会最少受惠者谋求好处。正如罗尔斯所言，差别原则“实际上代表这样一种同意：即把天赋的分布看作是在某种意义上的一种共同资产，可以共享这种由天赋分布的互补性带来的较大社会与经济利益”。不少批评者无法接受罗尔斯把偶然性看作“共同财产”的观念，认为它动摇了自由主义财产私有的根基。罗尔斯所主张对偶然性的“共有”，并不意图在起点处剥夺个人对偶然性的合理而充分的占有，而是更侧重终点处利益的“分享”。也就是说，他并不是要去人为地消灭现实中各种偶然性（他认为这样做既无必要也不可能），而是聚焦对现实中各种偶然性的社会利用，即如何将这些偶然性所带来的价值或利益为整个社会谋求福利，以补偿偶然性本身所带来的人与人的不平等。由此可见，差别原则不仅表达了对社会弱势群体深切的道德关怀，即它希望人们将自身的偶然性占有服务于弱势群体的福利最大化，更重要的是，彰显了在一个社会合作体系下的人与人之间的互惠观点。其中的道理很简单，由于在一个文明社会中，每个人都无法保障自己所拥有的偶然性优势是永远的，因而其要想在自己身处不利时能够得到足够的社会帮助，就应当将其处于有利地位时的有利条件，

① 参见［美］约翰·罗尔斯：《正义论》，何怀宏等译，中国社会科学出版社2017年版，第40页。

以有利于最小受惠者的方式予以使用。

然而,人的命运除受上述偶然性因素的影响外,并非仅仅是一系列个人选择的结果,也会受到既有社会制度的深刻影响。正是因为,一定的制度环境是个人作出选择的一个重要的约束条件,因而假如一个现实的社会制度将人与人之间的偶然性差异固化,那么在这种制度下对个人选择进行相应的补偿是不违背正义的。在此,让我们假定存在这样一个社会,在这一社会中,人与人之间存在基于自然天赋和社会出身的差异性(存在境遇或初始禀赋方面的差异性)且这些差异性没有得到有效的社会调节(社会制度放任人们在初始禀赋方面存在的差异)。这样的一个社会,相较罗尔斯所力图证明的,人们的各种偶然性差异得到了有效的社会调节的正义社会,对生活在底层的人们的个人选择将意味着什么样的根本不同?在这样的社会中,那些处于社会底层的人们的个人选择,不仅会受到初始的偶然性占有劣势的不利影响,还会受到初始的偶然性占有劣势的固化及其放大效应所带来的不利影响,因为他们初始的偶然性占有的劣势在缺少社会制度的干预条件下,必然具有固化甚至扩大的趋势。而这两种因素的共同作用如果不能得到及时而有效的社会干预,最终会导致处于社会底层的人们选择空间的不断收窄,直至丧失任何可供选择的机会。因此,按照罗尔斯的制度正义观,对于上述社会中的社会底层来讲,社会的补偿不应仅限于他们的非个人选择的各种偶然性劣势,还应加上他们因这些偶然性劣势固化及其放大效应所带来的个人选择机会不断收紧的损失。当然,罗尔斯的制度正义观从总体上来说是“钝于禀赋”,即聚焦人们偶然性差异的社会调节,因而它并不要求补偿所有个人基于选择造成的不利后果,而是特别强调,对于哪些个人选择应当得到社会的补偿需要作出审慎的判断。例如,一个赌徒在赌场上输尽了万贯家财并负债累累,由此从社会的上层跌入社会底层,这种因个人选择造成的结果,制度不应当也没有义务对其进行补偿。但假如一个人的不当选择,是迫于生计而不得不作出的选择,就需要制度进行必要补偿。罗尔斯基于公平的机会平等原则和差别原则所彰显的制度正义观的一个核心内容是,如何处理诸如基因、天赋、出身等偶然性对人命运的任意影响。在罗尔斯看来,由于人们的自然和社会的偶然性差异从道德的观点来看具有任意性,因而一个正义的制度必须对人与人之间的基于偶然性占有的不平等进行平衡和补偿。①

小额贷款权对正义的追求符合罗尔斯的正义论。贷款权要实现的就是通过机会平等原则,即推行普惠金融,让每个贫困户和农户都有获得信贷的权利,平等

① 参见[美]约翰·罗尔斯:《正义论》,何怀宏等译,中国社会科学出版社2017年版,第40~52页。

地进行金融活动的机会，以此减少自然差异导致的不公，在这个过程中要推行差别原则，比如，通过农村小额贷款制度给最少受惠者的最大利益，通过制度适当倾斜达到正义目的。

（三）小额贷款权源于人的自由与全面发展的需要

马克思把人的全面自由发展确立为社会发展的最高目标。而人的全面发展首先是人的社会关系的全面发展，是指人与人之间社会关系的高度丰富和实质化。这个社会关系包括经济关系、政治关系、道德关系、交往关系、家庭关系等。其次是人的活动及其能力的全面发展，是指将人的能力最大限度地发挥出来，这个能力包括体力和智力、自然力和社会力、个体能力和集体能力、现实能力与潜在能力以及知、情、意等，这不仅是一个人的权利，也是人之为人的使命。最后是人的个性的全面发展，是指个人关系和个人能力的普遍性和全面性，它不再受到压抑，不再只是局限在少数人或某些阶层身上，每个人的物质生活和精神生活不断得到提高，个人素质不断完善。马克思并不认为个人的自由而全面的发展是一个轻而易举的过程，他指出，要实现这一目标的道路是艰难而漫长的，要将个人命运融入联合体，在联合体中去争取最大的自由，并通过联合体的努力，为实现这种自由和全面发展的条件作生产力的准备。①

作为金融权的小额贷款权是一种消极自由与积极自由相结合的权利，是一种旨在维护特定主体，即贫穷的人的金融权益的权利，也是将扶贫政策转化为“授人以渔”的有效工具。农户通过小额贷款开展农业生产经营，这既是农户经济的需要，更是其实现自由与全面发展的需要。

第三节　小额贷款权的法律特征及构成要素

如上节所述，小额贷款权是一种金融权，金融权源于金融需求，是人们普遍享有的获得金融服务的权利。信贷公平原则倡导贷款权以及贷款权利体系的构建。对于贷款权的权利性质尚无定论，有学者认为，贷款权是属于经济法性质的经济权利；②也有学者认为，贷款权是具有发展权属性的融资权利。③ 同时，也有不少学者借用米尔恩的观点，将贷款权分为获取信贷服务的行动权和享受政府信贷资源

---

① 参见［德］恩格斯：《家庭、国家和私有制的起源》，载《马克思恩格斯全集》（第21卷），人民出版社1972年版，第29～31页。

② 参见左平良：《贫困农户信贷权及其实现的经济法分析》，载《政治与法律》2010年第11期。

③ 参见冯果、李安安：《民生金融法的语境、范畴与制度》，载《政治与法律》2012年第8期。

的接受权。[①] 还有学者提出,贷款权的内涵需要考虑贷款权既有个人权利属性,又有集体权益属性的特征。[②] "金融权内涵与形态的广泛性决定了贷款权内涵与外延的丰富性。"[③]

一、贷款权的法律特征

(一)贷款权是一种相对权也是一种绝对权

"权利包含了利益、主张、资格、力量与自由五个要素。"[④]就小额贷款权而言,首先,它是受到法律保护的利益,可以向不特定的金融机构主张权利,具有绝对性,任何机构及他人不得侵害农户的小额贷款权;其次,这种利益需要借款主体,即农户、贫困城镇居民或者小微企业通过提出借款申请来主张,同时权利的行使也需要不特定的金融机构通过与其签订借款合同来实现其贷款权,此时又具有相对性。借款主体要有资格提出借款要求并具有借款能力,才可以自由地按照个人意志去行使或放弃该项权利,不受外来的干预或胁迫。如果某人被强迫去借贷或放弃借贷,那么就不是享有贷款权,而是履行义务。[⑤] 因此,贷款权既是一种相对权,也是一种绝对权,也有学者认为它是一种综合性的权利,这种权利不仅是单一的利益导向性权利,它的内涵也带有复杂与综合的特色。[⑥]

(二)贷款权是一种实然权利与应然权利的结合

实然权利是权利主体实际上真正能够享有或是获得的权利,应然权利是权利主体应该享有的或是应该获得的预备性权利,前者的权利指向立足现实,而后者的权利导向将来,一个是实实在在的存在之权,另一个是翘首以待的权利。权利的实现程度、法律制度的完善都是由一定的物质与历史条件决定的,阶段性的表征使权利的实现具有局限性,不同的社会、经济、文化发展阶段,其权利的形态与实施程度是不同的。贷款权也不例外,它也会受到物质条件与历史阶段性的影响,其范围与实现也迥异。当前,我国社会、经济、文化发展程度决定了现阶段贷

---

① 参见胡鑫:《农民金融权实现的财政路径探究——兼论金融公平与财政正义的融合》,载《财税法论丛》2015 年第 2 期。

② 参见何志鹏:《人权的来源与基础探究》,载《法制与社会发展》2006 年第 3 期。

③ 赵展芳:《普惠金融视野下金融资源配置的困境及反思——以政府与市场的边界为分析视角》,载《牡丹江大学学报》2019 年第 9 期。

④ 夏勇:《中国民权哲学》,生活 · 读书 · 新知三联书店 2004 年版,第 308 ~ 311 页。

⑤ 参见余少祥:《弱者的权利:社会弱势群体保护的法理研究》,社会科学文献出版社 2008 年版,第 308 页。

⑥ 参见张燕、杜国宏、吴正刚:《农民金融权:一个农村民间金融理论研究的新视角》,载《农村经济》2010 年第 9 期。

款权的内涵与实现的程度、水平,这是一种实然权利。随着社会、经济的不断发展,其权利内容一定会不断更新与完善,权利实现的程度也会不断加深,这是农村民间金融发展的必由之路,从这个意义上来说,贷款权是一种应然权利。①

(三)贷款权是一种行动权利与接受权利的结合

英国学者米尔恩根据权利涉及的对象把权利分成行动权和接受权。② 行动权,是指有资格做某事或以某种方式采取行动,如选举权。接受权,是指有资格被分配到某物或被以某种方式对待,如被选举权。③ 比如,农民贷款权内容非常丰富,它包括农民群体自由从事民间金融活动的权利,这种权利是受到法律保护的,具体是指农民有进行合作金融的权利,农民的金融活动应该得到平等的待遇。这是现代法治国家文明的体现,也是生存权与发展权平等性的最好展现。农民贷款权是一种农民群体自主、自由意志引导下的从事正常信贷活动的选择行动,是一种典型的行动权利。另外,农民贷款权内涵中的一项重要内容是,农民有从国家和社会获得金融资源供给的权利,这也是农民主体区别于其他社会金融活动主体最明显的权利表征。因此,贷款权也是一种接受国家金融资源供给的权利,是典型的接受权利。

长期以来,我国农村资金不断外流,农民享受不到应有的金融发展权利。农民不能通过金融的功能实现对农村各种资源的整合,获取家庭农业生产之外的农业产业化、规模化、市场化和非农化的收益。从这个角度来看,现在我国农村出现的问题,实际上是"垄断金融资本"和"私人工商业资本"对农民利益进行剥夺的结果。不保护农民的金融权利,不仅农村金融会非农化,农村产业化也会非农化,农民的生产自主权、经营自主权和就业自由权就得不到充分的保障。由于农民和其他社会群体的差别较大,在市场竞争中,每个人都是追求自己利益最大化的"经济人",而优胜劣汰使农民和其他社会群体的差别拉得更大,这一切都严重阻碍了农民的发展。保护农民的金融发展权利,使他们能不断地由弱变强,才能让他们更好地参与到竞争中来,这才是正义的应有之义。格莱珉银行创立者穆罕默德·尤努斯认为,如同人们在衣食住行上享有的权利一样,金融权利也是一种人权,也是一种人的基本生存权利。农民的贷款权利便是一种应有的人权,从社会公平正义的角度来说,农民理应获得与其他社会群体平等的金融权利以满足自身发展的需要。但是应有的人权需要转化为法律上的人权,只有法律才能保障农民贷款权的

---

① 参见张燕、杜国宏、吴正刚:《农民金融权:一个农村民间金融理论研究的新视角》,载《农村经济》2010年第9期。

② See A. J. M. Milne, *Human Rights and Human Diversity*, The Macmillan Press Ltd., 1986, Chapter 6.

③ 参见吴宁:《社会弱势群体权利保护的法理》,科学出版社2008年版,第62页。

实际享有,也就是从法律上的人权转化为现实中的人权,只有这样,贷款权才能被农民意识到并享有和行使。这3种权利范围的差别越小,说明一国的人权状况越好。国家有义务采取措施、提供条件保障农民贷款权的行使,因为这项权利关乎农民群体的生存与发展。

二、小额贷款权的构成要素

(一)小额贷款权的主体

权利与义务相伴而生,当增加某一方权利的同时,相应的另一方显然就被施加了义务。换言之,一方主体的某项权利必然需要特定主体履行一定的义务来保障其实现及救济。基于此,笔者认为,小额贷款权的主体包括小额贷款权的行使主体与小额贷款权的义务主体。

1. 小额贷款权的行使主体

小额贷款权的行使主体包括民事主体和商事主体,从而对应人的基本权利中的生存权与发展权。传统的贷款权理论实际上限定在民事主体的贷款权语境下,进而具化为农民贷款权,目前学界对金融权的研究也大多将其主体限定在单一的农民身份上。[①] 应当认识到,小额贷款权主体应当进行扩充,事实上也包括部分贫困城镇居民、以融资困难的小微企业为代表的私营企业,他们同样也是金融服务弱势群体,理应具备获得相应金融服务保障的权利。在从金融抑制、金融排除向金融深化、金融普惠转变的背景下,金融权成为一项关涉人的生存和发展的权利,这体现了具有包容性的普惠金融的内涵和要求。本书研究的小额贷款权的主体虽是农户,但基本制度亦适用于广义上的小额贷款主体。

(1)小额贷款权行使的民事主体:自然人

"在市场经济中,权利的预设是市场存在的前提",[②]小额贷款就是行使小额贷款权的重要表现,对于自然人来说,具有人的基本权利属性的小额贷款权侧重生存与发展权,这是因为,以贫困农户和城镇低收入居民为代表的自然人主体是基于满足最基本的生存需要和改善自身经济能力的发展而提出的对小额贷款的需求。这部分贫困人口对小额贷款的需求更侧重实现自身的脱贫、脱困,而并非完全地追求以"营利"为目的的利润增加。

---

① 参见邱宝金:《农民的金融权利实现》,载《甘肃金融》2011年第5期;张燕、杜国宏、吴正刚:《农民金融权:一个农村民间金融理论研究的新视角》,载《农村经济》2010年第9期;李乐平:《农民金融权:主体、本质属性及权能》,载《广西社会科学》2013年第1期;廖丹:《论农民金融发展权的制度构建》,载《中南林业科技大学学报》(社会科学版)2014年第3期。

② 邱润根:《金融权利视角下民间金融的法律规制》,载《法学论坛》2015年第2期。

(2)小额贷款权行使的商事主体:中小企业、合伙企业和个人独资企业

这部分商事主体虽然属于《民法典》中营利法人的中小企业,抑或是同样以营利为目的的属于非法人组织的合伙企业和个人独资企业,但难以通过正规融资渠道获得融资,同样是金融弱势群体。不难发现,中小企业、合伙企业和个人独资企业在实质上缺失的是作为企业应当享有的获得公平融资权利(这当然属于价值判断),这部分处于金融弱势地位的商事企业,渴望通过正规金融渠道获取融资从而正常开展商事活动、获取商业利益,他们对小额贷款的需求更侧重通过营利实现自身资产的增加,从而不断发展壮大。

2.保障小额贷款权实现的义务主体

保障贷款权实现的义务主体立足于保障贷款权的实现以及在贷款权受到侵害时进行救济这两个场景,前者属于事前保护的范畴,后者属于事后救济的范畴。由此,笔者认为,可以将保障贷款权实现的义务主体分为贷款权的供给主体和贷款权的监管主体两个层面。

(1)小额贷款权的供给主体

贷款权的供给主体即金融机构。根据金融机构业务性质和功能的不同,可以将贷款权的供给主体分为商业金融机构、政策性金融机构以及民间借贷机构。

其一,商业性金融机构作为保障贷款权实现的义务主体,其合法性源于企业的社会责任。虽然企业社会责任被明确地写进了法律,①但在这种语境下,企业社会责任应当理解为一种道德性和宣誓性的倡导义务,要求金融机构在从事经营活动时遵守社会公德、商业道德和诚实守信,特别是要接受政府和社会公众的监督。由此,政府和社会公众可以呼吁金融机构留意现实中对贷款权的需求,并在经营和业务中予以相应考量。我们不能在法律上苛求金融机构必须贷款给特定主体并规定相应的法律责任,这并不符合金融机构作为营利法人的商业经营逻辑,但"遵守道德确实可以成为企业责任的诉求之一"。② 具体而言,负有这种道德义务的商业金融机构包括商业银行、村镇银行、农村信用合作社等合作性金融机构。

其二,政策性金融机构作为保障贷款权实现的义务主体是适格的,顾名思义,政策性金融机构的"政策性"就直接体现为政府保障金融弱势群体生存权、发展权

① 2018年《公司法》第5条第1款规定:"公司从事经营活动,必须遵守法律、行政法规,遵守社会公德、商业道德,诚实守信,接受政府和社会公众的监督,承担社会责任。"《民法典》第86条规定:"营利法人从事经营活动,应当遵守商业道德,维护交易安全,接受政府和社会的监督,承担社会责任。"

② 施天涛:《〈公司法〉第5条的理想与现实:公司社会责任何以实施?》,载《清华法学》2019年第5期。

和金融平等权的特殊制度安排。政策性金融机构需要通过金融手段来实现其政策属性,不以利润最大化为经营目标,而是通过特殊的投融资机制,将政府和社会资金引导到重点部门、行业和企业。就农村政策性金融机构而言,其基本职能定位于为农业提供中长期低利贷款,以贯彻和配合国家农业扶持和保护政策,其资金多源于政府拨款、发行以政府为担保的债券、吸收特定存款和向国内外市场借款,贷款和投资多用于支持农业生产经营者的资金需要、改善农业结构、兴建农业基础设施、支持农产品价格、稳定和提高农民收入等。[①] 基于以上职能定位,政策性金融机构应当在农村进行小额贷款资金投放,间接地吸引商业性金融机构在农村小额贷款业务中发挥其首倡性、引导性的功能,从而对政策扶植项目的投资形成一种放大效应,达到以较少的资金推动更多的资金投入需要扶植领域和项目的目的。

其三,与其说民间借贷机构是保障贷款权实现的义务主体,倒不如说这是一种现实状况。[②] 所谓"民间借贷"或是"民间信贷",是指不通过业已存在的金融机构,而在民间进行的货币或非货币的借贷活动。民间信用是比较原始的直接信用形式,但却是被正规金融排除在外的金融弱势群体获取资金行之有效的现实方法。正如有学者指出,民间金融体现了百姓对其金融权利的自由行使,金融权利本质上是一种民事权利,而民事权利在市场中的行使是按照"法无禁止即自由"的法理精神进行的,在金融抑制的金融政策大背景下,民间金融活动的大量存在是金融弱势群体的一种现实选择。[③]

(2)小额贷款权的监管主体

贷款权的监管主体,一是从较抽象的经济法学理论上看,国家、政府应当作为贷款权的监管主体,通过制定扶贫政策来解决市场失灵的问题。金融弱势群体的贷款权缺失在经济法学理论上,可以理解为一种"市场缺陷"的表现,即"市场机制具有唯利性(逐利性),因为它是一种非理性的调节",[④]小额信贷的金融业务领域民间投资不愿进入,市场机制就不能发挥其调节作用,从而造成所谓的市场失灵。此外,关于经济与资源配置,部分人倾向自由市场的经济,部分人倾向政府管控。事实上,自由市场能够提供给消费者更满意的商品或服务,有足够的信息预测经济形势,应对需求变化。但用政府支持的福利项目来缓解经济不平等的现象是必

---

① 参见李伟民主编:《金融大辞典·三》,黑龙江人民出版社2002年版,第1658页。

② 参见刘树成主编、中国社会科学院经济研究所编:《现代经济辞典》,凤凰出版社2005年版,第703页。

③ 参见邱润根:《金融权利视角下民间金融的法律规制》,载《法学论坛》2015年第2期。

④ 漆多俊:《经济法基础理论》(第4版),法律出版社2008年版,第12页。

要的。[①] 二是贷款权的监管主体在当下的具体履责机构为原银保监会和中央以及地方金融监管局,虽然以上监管机构的职能主要定位于维护金融市场的正常交易秩序,特别是防范化解金融风险,但在保障贷款权的事后救济上,监管机构应当也可有所作为。如有学者就指出,通过对现行《贷款通则》进行修订,引入贷款申诉制度,即允许企业在公平融资权受到侵害时向监管主体,如银行业协会或原银保监会申诉,由后者对借款银行的行为予以纠正或给予惩戒,这可以使企业公平融资权不再停留在政策宣示和道德义务的层面上,而是能够转化为缓解企业融资困境的有力政策工具。[②] 基于此种考量,笔者认为,在此种意义上,监管机构的作为可以成为贷款权救济的法律实现的现实路径。

(二)小额贷款权的内容

关于贷款权的内容,基于学界对金融权的理解不同而不同。有学者认为,金融权利本质上是一种民事权利,可表现为设立金融市场主体的权利、从事金融活动的权利以及寻求司法保护的权利 3 种形态。[③] 也有学者认为,金融法应当特别关注信贷权和企业公平融资权的赋予问题,从而更好地使金融法实现收入分配正义的内在功能和制度目的。[④] 由于长期以来,农民都作为被金融服务忽视的最少受惠者,很多学者将“金融权”前加上定语“农民”:如有学者认为,农民的金融权利分为狭义的农民金融权利和广义的农民金融权利,前者仅指农民的贷款权利,后者根据实践中金融服务的类别,包括贷款权、保险权、信托权、租赁权和结算权等。还有学者认为,以小额贷款权为代表的金融权仍处于应然权利状态。农民金融权的内容应该包括农民金融发展的平等权利、农民自由进行合作金融的权利与获取国家金融资源供给的权利 3 个方面。[⑤] 还有学者认为,金融权包括农民合作金融、农民民间借贷权、农民政策性金融权、农民商业性金融权和农民农业保险权。[⑥]

---

① See Grudem, Wayne, *The Government's Role in Market Regulation and Economic Inequality*, Christian Lawyer, Vol. 7, Issue 3, p. 30(Winter 2011).

② 参见李安安:《逻辑与进路:金融法如何实现收入分配正义》,载《法商研究》2019 年第 4 期。

③ 参见邱润根:《金融权利视角下民间金融的法律规制》,载《法学论坛》2015 年第 2 期。

④ 参见李安安:《逻辑与进路:金融法如何实现收入分配正义》,载《法商研究》2019 年第 4 期。

⑤ 张燕、杜国宏、吴正刚:《农民金融权:一个农村民间金融理论研究的新视角》,载《农村经济》2010 年第 9 期。

⑥ 参见李乐平:《农民金融权:主体、本质属性及权能》,载《广西社会科学》2013 年第 1 期。

第四节　农村小额贷款是解决贫困问题的重要工具

一、贫困问题的现状

“心中为念农桑苦，耳里如闻饥冻声”，贫困始终制约世界各个国家的发展，为消除贫困，推动世界经济的发展，联合国和世界各扶贫组织对贫困国家提供了大量的发展援助，但是关于贫困的新问题仍然层出不穷。

（一）全球贫困问题依然严峻

根据联合国计划开发署（United Nations Development Programme, UNDP）发布的以“超越收入、超越平均、超越当下”为口号的《2019 年人类发展报告》显示，在人类进步的过程中，全球出现一些新问题，主要是不平等情势日益严峻。随着世界上越来越多的人摆脱贫困、饥饿和疾病，基本生活水平的差距正在缩小，人们在不久的将来，竞争所需的能力也在不断提高，新的差距已经出现，如高等教育和宽带接入等这些曾经一度被认为是奢侈品的机会现在成为竞争的关键。特别是在知识经济中，越来越多的年轻人接受教育，但是受困于没有向上攀爬的阶梯。

尽管低人类发展水平国家和极高人类发展水平国家的出生预期寿命差距已经显著缩短，但仍有 19 年。每个年龄段的预期寿命都有差距，70 岁时的预期寿命差距几乎为 5 年。低人类发展水平国家 42% 的成年人接受了初等教育，而极高人类发展水平国家的这一比例为 94%。各层次教育水平都存在差距，低人类发展水平国家仅有 3.2% 的成年人接受了高等教育，而极高人类发展水平国家的这一比例为 29%。在获得技术方面，发展中国家每 100 名居民的移动电话用户为 67 个，仅有极高人类发展水平国家的一半。在宽带接入方面，低人类发展水平国家每 100 名居民中使用服务用户少于 1 个，而极高人类发展水平国家为 28 个。最落后的包括仍然处在极端低收入贫困中的 6 亿人口，如果用多维贫困指数进行衡量，这一数字会进一步增加至 13 亿人。① 约 2620 万名儿童没有接受过初等或中等教育，540 万名儿童未能存活 5 年以上。尽管在获得免疫接种和廉价治疗方面有了改善，世界上最贫穷国家中的最贫困家庭的儿童死亡率仍然居高不下。最高的死亡率出现在低人类发展水平国家和中等人类发展水平国家，但一国之内也存在巨

---

① 参见 United Nations Development Programme, *Human Development Report 2019*（联合国开发计划署：2019 年人类发展报告），载 useIT 知识库，https://www.useit.com.cn/thread-25952-1-1.html，最后访问日期：2020 年 9 月 29 日。

大差距：一些中等收入国家中最贫困的20%人口的平均儿童死亡率可能与典型的低收入国家的水平相当。①

（二）亚洲贫困问题

根据世界银行最新的统计，按收入贫困指标衡量，亚洲国家减贫总体趋势向好。按照每人每天1.9美元的贫困线标准，博鳌亚洲论坛2019年发布的《亚洲减贫报告》的最新数据显示，亚洲国家目前的极端贫困发生率为1.85%，处于2%以下，总体消除了绝对贫困且趋势向好。根据现有贫困发生率与最新人口数据计算，现有极端贫困人口为8112万人左右。就人口数量而言，极端贫困人口主要集中在下等收入国家，占91.31%，其次是中上等收入国家，占5.01%。极端贫困人口超过千万人的国家有3个，分别是印度3890万人、印度尼西亚1183万人和孟加拉国1181万人；人口超过百万人的国家还有6个，分别是菲律宾438万人、中国344万人、巴基斯坦217万人、尼泊尔205万人、乌兹别克斯坦203万人和缅甸157万人。其他国家均在百万人以下（见表1－1）。②

表1－1　亚洲贫困人口分布情况（统计时间：2019）

编号	国家	多维度贫困人口（千人）	国家	每天3.2美元贫困人口（千人）
1	印度	373,735	印度	374,125
2	巴基斯坦	75,520	巴基斯坦	47,839
3	孟加拉国	68,663	孟加拉国	61,811
4	中国	54,437	中国	35,988
5	印度尼西亚	18,512	印度尼西亚	64,057
6	菲律宾	6081	菲律宾	25,440
7	缅甸	20,449	缅甸	9793

① 参见United Nations Development Programme, *Human Development Report 2019*（联合国开发计划署：2019年人类发展报告），载useIT知识库，https://www.useit.com.cn/thread－25952－1－1.html，最后访问日期：2020年9月29日。

② 参见United Nations Development Programme, *Human Development Report 2019*（联合国开发计划署：2019年人类发展报告），载useIT知识库，https://www.useit.com.cn/thread－25952－1－1.html，最后访问日期：2020年9月29日。

续表

编号	国家	多维度贫困人口（千人）	国家	每天3.2美元贫困人口(千人)
8	尼泊尔	9961	尼泊尔	2800
9	阿富汗	19,865	老挝	2800
10	也门	13,475	越南	4129

资料来源：联合国开发计划署《2019年人类发展报告》。

（三）中国扶贫成效及现状

党的十九大以来，围绕打赢脱贫攻坚战作出一系列部署和出台相应的措施，经过多年接续奋斗，我国农村贫困人口已经全部脱贫，绝对贫困得以消除，脱贫攻坚成果举世瞩目。截至2019年年底，农村贫困人口累计减少9500多万人，每年减贫1300万人以上，770个贫困县已经或拟“摘帽”退出，贫困发生率降至2%以下，创造了我国减贫史上最好成绩。2020年5575万名农村贫困人口实现脱贫，832个贫困县全部摘帽，绝对贫困现象历史性消除。[①] 2020年后，中国反贫困的基本定位是在防止返贫的基础上解决相对贫困，反贫困的主战场依然是农村。[②] 总体上我国农村的相对贫困现象目前仍然存在。

这种相对贫困现象表现为相对的多维贫困。“多维贫困”，是指人的贫困，但不仅是指收入贫困，还应该包括诸如可接入基础设施所提供的服务、获得的社会福利及保障等指标，以及对这些福利的主观感受的贫困。[③] 2005年我国东部经济发达地区的多维相对贫困指数在0.09左右，西部经济不发达地区多维相对贫困指数在0.5左右，2005～2019年，全国各省域多维相对贫困指数逐年下降，城镇地区多维相对贫困状况有了明显好转，具体数据可见表1－2：[④]

---

① 国家统计局：《2020年决战脱贫攻坚取得决定性胜利》，载腾讯网，https://new.qq.com/rain/a/20210120A07TSA00，最后访问日期：2021年3月19日。

② 高强、刘同山、沈贵银：《2020年后中国的减贫战略思路与政策转型》，载《中州学刊》2019年第5期。

③ 《2019国民经济和社会发展统计公报》，载国家统计局，http://www.stats.gov.cn/tjsj/zxfb/201902/t20190228_1651265.html，最后访问日期：2020年9月29日。

④ 张咏梅、张萌、赵金凯：《“后扶贫时代”中国多维相对贫困空间分布与影响因素研究》，载《统计与决策》2022年第9期。

表 1-2　2005~2019 年中国省域多维相对贫困指数

	省份	2005	2006	2007	2008	2009	2010	2011	2012	2013	2014	2015	2016	2017	2018	2019	均值
低贫地区	上海	0. 0950	0. 0959	0. 0794	0. 0731	0. 0666	0. 0598	0. 0541	0. 0517	0. 0538	0. 0490	0. 0528	0. 0422	0. 0372	0. 0291	0. 0315	0. 0581
	北京	0. 0901	0. 0875	0. 0857	0. 0810	0. 0735	0. 0666	0. 0605	0. 0555	0. 0500	0. 0470	0. 0482	0. 0406	0. 0354	0. 0308	0. 0334	0. 0591
	浙江	0. 1357	0. 1372	0. 1262	0. 1196	0. 1097	0. 0977	0. 0800	0. 0784	0. 0735	0. 0653	0. 0689	0. 0575	0. 0484	0. 0391	0. 0392	0. 0851
	天津	0. 1737	0. 1608	0. 1385	0. 1261	0. 1104	0. 0955	0. 0838	0. 0774	0. 0665	0. 0574	0. 0578	0. 0458	0. 0363	0. 0329	0. 0317	0. 0863
	广东	0. 1614	0. 1613	0. 1403	0. 1311	0. 1200	0. 1046	0. 0925	0. 0835	0. 0828	0. 0825	0. 0877	0. 0633	0. 0530	0. 0480	0. 0474	0. 0973
中贫地区	吉林	0. 2920	02780	0. 2385	02162	0. 1955	0. 1749	0. 1485	0. 1312	0. 1080	0. 0837	0. 0835	0. 0706	0. 0527	0. 0493	0. 0487	0. 1447
	黑龙江	0. 3057	03034	0. 2669	02347	0. 2087	0. 1879	0. 1588	0. 1486	0. 1188	0. 0902	0. 0852	0. 0712	0. 0520	0. 0491	0. 0486	0. 1553
	湖南	0. 2973	02888	0. 2579	02487	0. 2250	0. 1988	0. 1703	0. 1511	0. 1286	0. 0958	0. 0968	0. 0769	0. 0596	0. 0516	0. 0514	0. 1599
	湖北	0. 3208	03053	0. 2664	02574	0. 2330	0. 1967	0. 1653	0. 1485	0. 1270	0. 0973	0. 0922	0. 0735	0. 0566	0. 0487	0. 0481	0. 1624
高贫地区	广西	0. 3938	0. 4434	0. 3570	03056	0. 2757	02456	0. 2118	0. 1822	0. 1751	0. 1516	0. 0993	0. 1211	0. 0923	0. 0685	0. 0739	0. 2131
	甘肃	0. 4206	0. 4096	0. 3651	03582	0. 3264	02815	0. 2348	0. 1989	0. 1632	0. 1233	0. 1133	0. 0865	0. 0653	0. 0597	0. 0622	0. 2179
	云南	0. 4605	0. 4550	0. 4314	03954	0. 3428	02812	0. 2207	0. 1922	0. 1723	0. 1419	0. 1262	0. 1049	0. 0824	0. 0676	0. 0696	0. 2363
	贵州	0. 5330	03018	0. 4498	0. 4441	0. 3801	03030	0. 2614	02227	0. 1986	0. 1433	0. 1521	0. 1092	0. 0793	0. 0680	0. 0672	0. 2609
	西藏	0. 5209	0. 8579	0. 7132	0. 6789	0. 5949	03420	0. 5244	0. 4731	0. 2906	02555	0. 2820	0. 1880	0. 1622	0. 1206	0. 0957	0. 4200

从表1－2数据可见,我国多维相对贫困呈不平衡、不充分特征分布。具体体现在:一是由于我国地区发展不平衡,西部地区的相对贫困指数明显高于中东部地区。二是城镇与农村发展不平等,收入差距及福利差距较大。农村多维相对贫困指数始终高于城镇。城乡接合区多维贫困发生率高于主城区,也高于全部城镇区域。① 三是农村群体社会资源与发展机会缺乏,资源仍较多表现为由农村到城镇的单向流动,长尾处分布的深度贫困群体的问题在短期内无法解决,长期二元结构下农村贫困群体阶层固化的问题仍然突出。②

二、小额贷款制度是解决贫困问题的重要金融工具

(一)金融与扶贫的关系

金融发展与贫困之间的关系,目前国际上主要有3种不同的观点:第一种观点肯定金融对解决贫困问题的积极作用,噶勒(Galor)和泽拉(Zeira)认为,金融发展缩小了收入差距,收入分配作用于减缓贫困,起到了扶贫作用。通过构造一个两部门跨期模型进行分析得到的结论是,金融自由化、金融市场的竞争和开放使穷人也能够融资并进行人力资本投资,从而进入高收入的现代部门。而在不完全信贷市场,高收入人群可以用财产作为抵押获得金融机构的融资,低收入人群即使有良好的项目前景和饱满的创业激情,却苦于无法从正规的金融市场得到融资支持来实现创业梦想,金融发展却可以改变这一状况,使穷人拥有创业的机会。③ 第二种观点否定金融对解决贫困问题的积极作用,金(King)和勒维尼(Levine)认为,金融发展扩大了收入差距,不一定起到扶贫效果,甚至起到负作用。由于不完全金融市场本身存在过大的信息成本和交易成本,低收入家庭由于没有抵押物作为担保,无法为子女的教育融资,阻碍了其人力资本的积累从而影响了收入增多的可能。④ 第三种观点主张,两者是动态变化关系,格林伍德(Greenwood)和琼万诺维克(Jovanovic)认为,金融与贫困是倒"U"形的非线性关系,即先恶化后改善。早先阶段,低收入阶层由于没有能力支付进入成本而无法融入金融系统并从中受益,在财富分配中处于劣势,收入分配差距过大;当金融比较发达时,更多的人通

① 冯怡琳:《中国城镇多维贫困状况与影响因素研究》,载《调研世界》2019年第4期。

② 张咏梅、张萌、赵金凯:《"后扶贫时代"中国多维相对贫困空间分布与影响因素研究》,载《统计与决策》2022年第9期。

③ Oded Galor and Joseph Zeira, *Income Distribution and Macroeconomics*, Review of Economic Studies 60, p. 35－52(1993).

④ Robert G. King and Ross Levine, *Finance and Growth: Schumpeter Might be Right*, The Quarterly Journal of Economics, Vol. 108, No. 3, p. 717－737(Aug., 1993).

过财富积累达到门槛水平,通过金融服务获得更高收益,收入差距随之减小。①

当前,我国的金融行业正处于高速发展时期,金融规模大幅提高,金融机构逐渐优化,但收入差距逐步扩大引起了一系列问题,比如,消费需求减少、储蓄率过高、经济结构优化转型难。这些问题随着金融经济的发展表现得越来越突出,金融实质上影响民众收入分配,金融的发展关乎扶贫成效。理论界关于金融与贫困之间关系的认识以反思居多。如章奇认为,中国通过经济增长带动脱贫效果,实施"开发式扶贫战略",通过开办乡镇企业,让穷人就业来实现脱贫,但是经济的持续发展带来收入分配的不公,导致出现返贫现象,因此,扶贫不能仅仅依靠专门的扶贫政策,还必须使经济发展的结果向有利于穷人的方向倾斜。② 叶志强认为,金融发展显著地扩大了城乡收入差距,并和农村居民收入增长显著负相关,金融发展与城市居民收入增长之间不存在显著相关关系。③ 王征、鲁钊阳认为,农村金融发展的规模、结构和效率与城乡收入差距呈正相关,农村金融的发展扩大了城乡收入差距。④ 乔海曙、陈力认为,从中国的县域金融截面来看,金融深度分位数小于20%的地区,城乡收入差距显著扩大;金融深度分位数在20% ~70%的地区,两者相关性不显著;而金融深度分位数大于70%的地区,城乡收入差距显著缩小,金融发展与收入不平等之间呈倒"U"形的非线性关系。⑤

通过对国内外学者观点的梳理,笔者发现,虽然持续的经济增长对缓解贫困有积极作用,但仅仅依靠经济增长并不能完全解决收入差距不断扩大和贫困问题,应当更好地利用好金融杠杆、构建普惠金融体系,调控收入分配差距,打赢脱贫攻坚战。我国处于打好脱贫攻坚战的关键时期,2017 年中国人民银行等部门出台《关于金融支持深度贫困地区脱贫攻坚的意见》,确定新增金融资金应当优先满足深度贫困地区,力争在 2020 年之前深度贫困地区贷款增速每年高于所在省(区、市)的贷款平均增速。

(二)小额贷款是解决贫困问题最为有效的金融工具

从当前情况看,解决贫困问题需要更加有效的微观手段,包括提高扶贫基金

---

① Jeremy Greenwood and Boyan Jovanovic, *Financial Development, Growth, and the Distribution of Income*, The Journal of Political Economy, Vol. 98, No. 5, Part 1, p. 1076 - 1107 (Oct., 1990).

② 参见章奇:《全球扶贫中的中国视角》,载《世界知识》2004 年第 20 期。

③ 参见叶志强、陈习定、张顺明:《金融发展能减少城乡收入差距吗?——来自中国的证据》,载《金融研究》2011 年第 2 期。

④ 参见王征、鲁钊阳:《农村金融发展与城乡收入差距——基于我国省级动态面板数据模型的实证研究》,载《财贸经济》2011 年第 7 期。

⑤ 参见乔海曙、陈力:《金融发展与城乡收入差距"倒 U 型"关系再检验——基于中国县域截面数据的实证分析》,载《中国农村经济》2009 年第 7 期。

的指向性和促进穷人更多地参与扶贫计划。新的政策不仅需要解决收入型贫困问题,还要缓解涉及范围更广的人类贫困。一般的经济增长和大范围的地域性资源分配都难以解决绝对贫困问题,将瞄准措施与反贫困的宏观经济政策相结合,可能对缓解绝对贫困更有效。作为世界贸易组织的成员,中国难以再将农产品价格补贴作为减贫的主要工具,但是在世界贸易组织规则允许的范围内,可以实施一些计划或运用一些政策工具,其中,为农户提供承担得起的小额贷款是非常有效的微观手段。

"如何向广大的农村人口提供制度金融服务,是农村经济发展必须要解决的问题,也一直是各国政府面临的挑战。"[①]小额贷款的实践和发展为解决这一问题提供了全新思路。农村小额贷款是向农村提供制度金融服务的重要途径,既是农村脱贫攻坚所依靠的有效工具,也是乡村振兴的重要依靠。

第五节　农村小额贷款的制度变迁

一、小额贷款的主要模式

以反贫困、促发展为基本宗旨的小额贷款业务起源于20世纪70年代的孟加拉国,发起人是穆罕默德·尤努斯。1977年10月尤努斯创办孟加拉国农业银行格莱珉努("Grameen",意为乡村)试验分行,格莱珉小额贷款模式开始逐步形成。[②] 由尤努斯教授在1983年建立的孟加拉国乡村银行(GB模式),被誉为世界上规模最大、效益最好的扶贫项目和扶贫方法之一,在国际上受到广泛的推崇。[③]因孟加拉国式的小额贷款模式在反贫困、促发展中取得的卓越成效对该国的经济发展产生了较大的积极影响,各个国家和地区随后参考这一模式在本国家或地区开展了适宜当地经济发展的小额贷款模式。

(一)孟加拉国乡村银行(Grameen Bank,GB)模式

1976年格莱珉银行起源于一个小型的行动研究项目,项目由尤努斯教授在吉大港附近一个名叫琼布拉(Jobra)的村庄开展。该项目试图验证这样一个假设:如果穷人可以在适宜的时间与条件下获得金融资源,他们就可以在无须外界援助的

---

① 韩红:《中国农村小额贷款制度及管理》,中国社会科学出版社2010年版,第15页。

② 参见石俊志:《小额信贷发展模式的国际比较及其对我国的启示》,载《国际金融研究》2007年第10期。

③ 参见《中国农村小额贷款模式研究——以孟加拉格莱珉银行为例》,载豆丁网,http://www.docin.com/p-1959082894.html,最后访问日期:2020年9月29日。

情况下，自主开展营利性活动。[①] 1983年格莱珉银行通过政府注册。后来，在不断的探索中，逐渐形成孟加拉国乡村银行发展模式。孟加拉国乡村银行旨在帮助贫困者解决基本的生存问题，特点是专为解决贫困问题，是以福利主义为模式的乡村银行。

（二）印度尼西亚人民银行（PT Bank Rakyat Indonesia Tbk，BRI）模式

印度尼西亚人民银行1984年成立了小额贷款部（BRI—UD），是印度尼西亚唯一一家从事小额贷款业务的国有商业银行。印度尼西亚人民银行小额贷款部将小额贷款业务限制在"贫困线以上、信用状况合格、有潜力的个人或家庭小作坊作为目标客户，提供期限最长为2年或3年的贷款，而贷款只允许用作流动资金或购买固定资产"。[②] 后来，其因运营状况良好，逐渐成为印度尼西亚最大的小额贷款机构，是以制度主义模式为主的银行。

（三）玻利维亚阳光银行模式

玻利维亚阳光银行（Banco Sol）是民间非营利组织成功地转变为专门从事小额贷款业务的私人商业银行的典型。它虽只持有全国银行系统1%的资产，但却为这个系统1/3以上的借款客户提供服务。[③] 阳光银行的服务对象是贫困线以上的中低收入者，并非赤贫者。玻利维亚阳光银行模式已被拉丁美洲等其他国家予以效仿和借鉴。

除具有特色和运行良好的个别国家小额贷款银行模式外，其他国家在实践中也形成了具有本国特色的小额贷款模式。例如，19世纪爱尔兰贷款资金，向穷人吸收存款和发放贷款，借此满足穷人对贷款的需要；19世纪50年代开始引入德国的农村信用社模式，通过向贫困者发放贷款，来取得贫困者对信贷的信任。通过上述的介绍可以看出，小额贷款的模式起源于孟加拉国，并被世界各国所借鉴。

二、域外小额贷款制度的立法实践

（一）域外小额贷款制度的立法实践

1. 孟加拉国乡村银行模式的立法实践

穆罕默德·尤努斯教授在国际上被称为"小额贷款之父"，在多数金融机构或者小贷公司不愿意为贫困人口提供贷款时，他所创立的"乡村银行"已开始针对贫困农户、村镇企业、农村妇女提供贷款，孟加拉国乡村银行的贷款资金主要源于政

---

① 参见何剑伟、徐团团：《中国农村小额信贷发展研究》，中国经济出版社2015年版，第66页。

② 魏小丹：《国外成功的小额信贷模式的风险控制经验借鉴》，载《中小企业管理与科技（中旬刊）》2017年第7期。

③ 参见冯丹：《国外小额信贷模式的分析与借鉴》，载《产权导刊》2013年第6期。

府、国际组织以及农村储蓄,其贷款模式以小组为基础进行,不要求有担保或者提供抵押物,实现彼此之间的互相监督和承担责任,但是对于款项要求必须用于营利性质的各项活动。

孟加拉国的《拉杰沙希农业发展银行法案》(Rajshahi Agricultural Development Bank)、《农村储蓄银行法》(Rural Savings Bank)、《孟加拉国农村发展委员会条例》(Bangladesh Rural Development Board Ordinance)、《农业发展公司条例》(Agricultural Development Corporation Ordinance)等法律法规对于乡村银行的发展、运作模式、贷款范围、对象、期限、利率等方面作了规定,通过制度的形式确定孟加拉国乡村银行以民间非营利组织形式从事金融方面的活动,并且在税收方面为其提供充足的优惠政策。同时,为了支持乡村银行的良好稳定持续发展,该国政府还专门成立了小贷组织、政府小贷项目和国有商业银行小贷项目。

孟加拉国以理念的创新、制度的规范从多个方面,既保障乡村银行的生存发展,同时也保障了农村贫困人口、小型企业、农村妇女的生产生活需要。

2. 德国农村农业金融体系的立法实践

作为发达国家和近现代法律文化的诞生地之一,德国拥有完善和先进的法律法规体系,在农业和城乡发展方面,借助其完整的市场经济运作模式和法律法规政策支持,在制度化、规范化的引导之下已然形成完善的农村农业金融体系,对于我国构建农村普惠金融法制框架极具参考意义。事实上,从清末民初开始,我国的法制改革就同德国法制有密切联系,中国的法律制度主要是对大陆法系国家特别是德国的法制进行学习。

德国的农村金融体系主要体现为自上而下的农村合作银行体系,该体系分为3个层次:第一层次是将德意志中央银行作为德国金融合作组织的协调管理机关;第二层次是区域性的合作银行;第三层次是全国上下1000余家基层银行。①

德国《产业及经济合作社法》(1871年)给予德国农业经济银行中央再融资机构的体系地位,从而推动农村农业健康持续发展,银行主要向给予农村农业融资的银行提供再融资,由较低层级银行将贷款借贷给农村农业的企业。德国复兴借贷银行由专门的《复兴信贷银行法》(1948年)进行规范,该银行与德国农业经济银行都是德国具有典型性的开发性银行。德国《复兴信贷银行法》对该银行的职能与业务、政府相关的债务和债务担保事宜、直接融资的方式、银行执行委员会及监事会在银行所设立的中小企业顾问委员会等予以规定。该法确定了农村农户

① 参见文野:《国外农村合作金融发展模式借鉴》,载个人图书馆,http://www.360doc.com/content/16/0427/18/53347_554295273.shtml,最后访问日期:2020年9月29日。

和农村企业信贷契约关系构建和信贷业务发展运营的基础。德国《储蓄银行法》(1962年)以法律制度的形式设立了德国储蓄银行,从而向社会公众提供福利,同时也在关于德国储蓄银行的信贷风险监控和早期贷款风险识别方面给予了制度保障。德国政府通过《储蓄银行法》明确程序性的风险分析识别流程以及规定如何进行风险管理和转移。德国《储蓄银行法》以法律形式明确了普惠原则和信贷风险的防控保障措施,不仅提供了设立信贷契约关系的原则基础,也确立了银行对农村农户的扶助义务。①

同时,德国凭借具有体系层级性的金融机构框架和完备的法规制度保障农业农村经济健康持续发展,以合作银行的"自助原则""身份原则""民主原则"这3个原则为指导,通过《产业及经济合作社法》《储蓄银行法》《复兴信贷银行法》《银行法》《合作银行法》等法律规范和约束各银行和信用社的行为,并且在《土地管理法》中制定了农村土地的金融支持规定政策。这一通过制度化的形式将农村农业的金融发展支持构思规范下来的做法,使德国农业贷款从20世纪70年代到21世纪初不断上升。

3. 日本农村农户金融信贷模式的立法实践

日本在20世纪经济快速发展的过程中,农村、农业也出现了严重的发展问题。为了吸引农村人口存留、增强农村经济发展活力以及推动农村经济持续发展,日本提出了"造村运动",同时创设了各种法律法规政策制度以保障农村经济的恢复和发展。

日本于1952年颁布的《土地法》以及1962年对该法的修订版本中确定了农民对于耕地的所有权以及出租买卖事宜,明确其农村信贷契约关系的担保抵押基础。日本关于农村和农业发展的基本法律包括《农业基本法》《农业合作法》等以扩大农业规模和农民收入为核心,明确其信贷契约关系的建立原则和发展方向的一系列法律。《农业协同组合法》《农林渔业金融公库法》《中小企业金融公库法》等法律法规从创新农村农户融资方式和融资渠道的角度出发,以为日本农村的农业、林业、渔业提供大力支持和解决农村贫困人群、贫困家庭的生活生产问题为核心,由日本农业协会主要负责,通过日本农业协会信用体系,以优惠于普通商业银行的利率吸取存款,同时国内政府发放的政策性贷款也会通过日本农业协会进行落实。②

日本的"造村运动"以及农村小额贷款金融制度,都取得了不错的成果,在开

---

① 参见谌英:《国外农村合作金融发展模式及立法研究》,载《世界农业》2016年第7期;施同兵:《德国合作银行体制模式及对我国的启示》,载《世界经济文汇》1996年第4期。

② 参见周永锋、张晓宁、李天峰、齐晓雪:《国外农村合作金融发展对我国的启示》,载《西部金融》2021年第9期;李明贤、周蓉:《我国农村合作经济组织开展资金互助业务探讨——基于国外农村合作金融组织成功发展经验的启示》,载《当代经济管理》2015年第6期。

拓农业市场和促进农村经济快速发展的同时，使农民收入甚至超过了城市居民的收入，切实消除了城乡地域差距。

4. 印度尼西亚小额贷款机构商业化模式的立法实践

印度尼西亚人民银行是印度尼西亚五大国有商业银行之一，主要职责是为广大农村提供金融服务。印度尼西亚人民银行小额贷款部是正规金融机构从事小额贷款的代表，也是印度尼西亚国内唯一开展小额贷款业务的商业银行。该银行历经数十年的发展，已经无须利用外部贷款，完全使用自身吸纳的储蓄存款作为运作相关信贷服务的资本，并自负盈亏。该国政府于1983年颁布相关法令允诺商业银行可自行设置利率标准。印度尼西亚人民银行的存款利率是根据存款量来决定的，即数量越大，利率越高。同时印度尼西亚政府和中央银行采取了一系列措施来促进小额贷款机构向商业化经营转变，在法律上明确小额贷款机构可以吸收公众存款作为其经营的资金来源，鼓励小额贷款机构运用自有资金，进行自主经营。该银行实行利率市场化，授权小额贷款机构自主制订利率水平，这样小额贷款机构就可以通过较高的利率来覆盖其经营成本。①

5. 印度以促进农村金融为主的立法实践

印度《储备银行法》《银行国有化法》《农村信用合作社法》《地区农村银行法》《国家农业和农村发展银行法》等法律中，都作出了促进农村金融的规定。一方面增加农村金融网点，《银行国有化法》规定，商业银行必须在农村地区设立一定数量的分支机构；《地区农村银行法》规定，农村银行营业机构要设立在农村信贷服务薄弱的地区；《储备银行法》规定，商业银行在城市开设一家分支机构，必须同时在边远地区开设2~3家分支机构。另一方面，增加农村贷款，《银行国有化法》规定，一定比例贷款的须用于支持农业和农村的发展；中央银行规定了优先发展贷款制度等。②

（二）域外农村小额贷款制度的发展

尽管域外农村金融制度都因其自身发展情况尤其是农业发展情况、金融业的市场化状况等不同而在具体规定上有所差异，但因为农村金融本身的特性使然，发达地区的农村小额贷款制度的立法体现出以下几个特点。

1. 有专门针对农村小额贷款的立法或者系统化立法

专门针对农村小额贷款的有美国1916年制定的《联邦农场贷款法》等；法国

---

① 参见袁达松、徐晓颖：《论我国农村小额贷款的立法问题》，载《金融服务法评论》2012年第1期。

② 参见全国人大农业与农村委员会法案室、调研室编著：《农村金融法律制度研究》，中国法制出版社2018年版，第465页。

在19世纪从金融机构的角度制定《土地银行法》;日本在1900年就出台了《农业协同组合法》《农业渔业金融公库法》《日本中小企业金融公库法》等多项法律,并且确定由日本的农业协会主要负责信用体系,同时,日本的法律规定其政府发放的政策性贷款会通过农业协会落实,放贷主体明确。① 系统化立法的,如英国是在土地立法中包含了农村金融问题;②德国的小额贷款由诸多法律法规进行规范保障,如《产业经济合作社》《储蓄银行法》《复兴信贷银行法》《德国银行法》《德国合作银行法》等,其中《储蓄银行法》更注重公众福利和储蓄银行的风险监控和识别,每一项法律都有其针对性的管控内容,分工鲜明,是保障德国农村金融体系的法律基础。孟加拉国从1961~2014年的50余年时间,一直不断完善小额贷款制度,针对乡村银行的发展、运作、范围、对象、期限和利率都有详细规定,同时给予乡村银行明确的法律地位,即以民间非营利组织的形式从事金融活动。

2. 建设多层级农村金融结构

综观各主要国家的农村金融制度,虽然在模式上有所区别,如美国是集中大农业的模式,日本是农业协会模式,法国重视政策主导,但农村金融结构都综合采用政策性金融和合作金融、商业金融。如即使是商业金融最发达,重视自由化的美国,在经济危机后也非常重视构建政策性金融和合作金融;日本和法国也都构建了系统的政策性和合作金融制度。区别性首先体现为分别立法。如美国有《联邦农场信贷法》(1916年)和《联邦信用社法》(1965年),分别根据两个法案建立了政策性银行体系和信用合作社体系。英国也有专门的信用合作社法案。日本则针对农业协会出台了大量的配套法规。农业保险方面,考察的各个国家也有专门的立法,区别于一般的商业保险予以规定。区别性还体现在根据农村需求采取不同的金融策略。此外,在市场准入和金融监管、信用体系等方面,各国对于政策金融、合作金融和商业金融都会有所区别。③

3. 明确政府对小额贷款的引导、扶持与政府介入的有限性

农村金融高风险、低收益的特点以及信用形式在农村金融与商业活动间的差异,使商业金融一般不愿意介入或者仅按照效益优先选择性地提供金融产品。农村金融市场供给不足,农村的金融需求就得不到满足。要促进农村金融繁荣、实现农村发展,政府就需要进行干预。在调控的手段上,政府多采取政策引导和财

---

① 参见全国人大农业与农村委员会法案室、调研室编著:《农村金融法律制度研究》,中国法制出版社2018年版,第468~471页。

② 英国农村金融立法始于19世纪末、20世纪初,颁布了《土地改良法》和《小农地法》。

③ 参见《国外农村金融立法的特点及其对我国的启示》,载农民日报网,http://www.agri.cn/zx/jjps/201908/t20190809_6481953.htm,最后访问日期:2020年9月29日。

政扶持的方式。如各国都通过政策性银行的方式提供低息贷款,弥补金融市场空白,对于合作金融都有财政和税收的鼓励政策。如美国为鼓励合作社银行的发展,在《联邦信用社法》中明确规定其为非营利性的合作互助组织,免征联邦所得税,且对其社员的收益也免征个人所得税;英国对信用社的利息收入免税;日本对农业协会有大量的财政资金支持。农业保险方面同样体现了较强的政府引导和扶持特点。

但政府的引导与扶持需尊重市场,保持有限性介入原则,小额贷款发展到一定阶段后,政府应适时退出。如美国的政策性农村金融建立前期都是由政府出资的,发展起来之后,政府资金退出,在农业保险方面,在经过政府的引导政策,商业保险机构能够提供农业保险产品后,政府随之退出。①

4. 鼓励引入合作制发展农村小额贷款

农村金融法律制度的合作性根源于农村合作金融的内生性和有效性。首先,合作制能克服信息不对称所带来的监管成本以及信用风险。其次,合作制更符合农村社会的形态。合作金融组织与其成员之间既是借贷关系,又是风险共担、利益共享的合作关系。基于此,体现在农村金融法治化的国际实践中,各国都把合作制作为农村金融法律制度的基础,在制度设计上注重导引合作机制,激励并促进农村合作金融的有效发展。

三、我国农村小额贷款制度的发展

我国农村小额贷款制度从 1993 年开始发展至今经历了 4 个发展阶段。不同发展阶段小额贷款制度因政策、经济等因素的影响,各具特色。在不断的尝试和创新中,农村小额贷款制度与我国的经济发展逐渐适宜,取得了一定的成效,也为助力脱贫攻坚目标的实现作出了贡献。

(一)农村小额贷款制度初期阶段(1993 年 12 月至 1996 年 10 月):扶贫小额贷款

在这个阶段,小额贷款作为一种扶贫理念和独特的信贷技术逐渐传入我国,主要在国际资金(附有优惠条款的软贷款或者捐款资金)和技术援助下,由国内的非(半)政府组织(Non-Governmental Organizations, NGO)操作运行。② 这一阶段,农村小额贷款参考孟加拉国乡村银行的发展模式,探索孟加拉国乡村银行模式在

---

① 参见全国人大农业与农村委员会法案室、调研室编著:《农村金融法律制度研究》,中国法制出版社 2018 年版,第 468 ~471 页。

② 参见杨世信、骆浩泰:《我国小额贷款的制度变迁研究》,载《企业科技与发展》2011 年第 11 期。

我国发展的可行性，主要考量孟加拉国乡村银行传统模式下的“团体联保贷款”模式和个人贷款模式。随着1993年12月，中国社科院扶贫社成立，标志小额贷款扶贫进入新阶段。① 另一个有代表性的非（半）政府组织小额贷款项目，由联合国计划开发署（United Nations Development Programme，UNDP）援助，并由我国商务部国际经济技术交流中心（China Center for International Economic Exchanges，CICETE）项目办公室从1995年开始运行。②

在这一阶段，农村小额贷款的发展主要以非（半）政府组织操作运行，资金来源主要依靠国际捐助和软贷款，并无政府资金介入。管理运营模式主要采用孟加拉国乡村银行发展模式。运行管理主要依靠民间非营利组织和民间机构运作。在国家层面，此时并没有国家政策性文件和相关法律文件的支撑。这一阶段是农村小额贷款发展的初期阶段，凭借民间非营利组织小额贷款项目的发展，农村小额贷款和扶贫理念逐渐进入大众视野，为创新扶贫救助积累了宝贵经验。

（二）农村小额贷款制度全面推广阶段（1996年10月至2000年）：政策性小额贷款的推展

随着国家扶贫政策的演进，农村小额贷款制度进入全面推广阶段，政策性小额贷款扶贫项目在一些有非（半）政府组织小额贷款经验的地区发展起来（如四川、山西、广西）。这一阶段农村小额贷款以政府主导为主。资金来源主要是政府财政资金和扶贫贴息贷款，政府指定银行（中国农业发展银行、中国农业银行）向农户、小企业发放免息、贴息贷款。因非（半）政府组织小额贷款发展项目取得的显著效果，国家开始注重农村小额贷款的发展，将小额贷款作为实现“八大脱贫攻坚的目标”的一种金融工具，从资金、人力、财力方面给予了强力保障。这一阶段最明显的标志是，政府正式介入农村小额贷款活动中，辅之政府财政资金的支持，并对开展的政策性项目予以支撑。

（三）农村小额贷款制度化建设阶段（2000～2005年）：农村金融机构进入小额贷款领域

这一阶段，国家主流金融机构积极参与助推小额贷款进入制度化建设阶段。国家开始注重农村小额贷款的制度化建设，出台了一系列政策性法规和纲要性文件。农村金融机构在这一阶段开始发挥重要作用，中国农村合作金融机构（农村信用合作社、农村商业银行和农村合作银行）在中国人民银行支农再贷款的支持

---

① 参见何剑伟、徐团团：《中国农村小额信贷发展研究》，中国经济出版社2015年版，第75页。

② 参见杨世信、骆浩泰：《我国小额贷款的制度变迁研究》，载《企业科技与发展》2011年第11期。

下,进入小额贷款领域,开放小额信用贷款和农户联保贷款。值得注意的是,21世纪以来,作为我国农村金融机构网点覆盖面最广的农村信用社,开始在全国范围内全面推进落实小额贷款业务。短短几年间,共有3万多家农村信用社开办了农户小额信用贷款,约占整个信用社系统的3/4,有约1/4的农民群众获得了贷款服务。① 农村信用社在我国农村的普及性和对农户的便捷性,使农村信用社在信贷活动中起到了"主力军"作用。

农村信用社在贷款前会进行信用评级。第一,关于农户小额信用贷款,以农户信誉为保证,使用一户一份的农户贷款证,按照"一次核定,随用随贷,余额控制,周转使用"②的管理办法进行,贷款期限为1年。第二,在改进完善孟加拉国乡村银行传统模式的基础上实行农户联保贷款制度,按照"多户联保、按期分款、分期付款"的原则发放贷款。政府正规金融机构的介入、发放贷款模式的创新、信用评价的设立,使农村小额贷款制度得到更好的推广与发展。

(四)农村小额贷款制度多元化发展阶段(2005年至今):商业小额贷款的出现

近年来,中国政策制定部门逐渐认识到小额贷款在解决农户和微小企业、中小企业贷款难的问题上可以发挥重要作用,在制订农村金融方案的过程中体现了开放农村金融市场以解决农村金融问题的思路。2004年、2005年、2006年连续3年,中央一号文件都强调要在有效防范金融风险的前提下,支持小额贷款的发展,③全面推动主体金融体系开展小额贷款业务,推动中国小额贷款发展到了一个新的阶段。这一阶段的思想,从以扶贫和社会发展为中心,过渡到既要扶贫并支持微型企业发展,又要实现小额贷款机构的可持续经营,从而持续地为穷人和微型企业提供金融服务的思路。④

在这一阶段,多元化的农村小额贷款发展主要体现为多元化金融机构和金融项目的出现,以及商业性小额贷款公司试点工作的运行,例如,山西平遥组建的小额信贷组织、四川广元的全力小额信贷公司、贵州铜仁的无担保小额贷款。这些小额贷款发展的特点是运用更多商业化、市场化、产业化和新服务的思维以及小额贷款机构的成立,推动农村小额贷款与农村金融、农村经济的接轨。农村小额贷款在政策引导下,得到了市场中多元化金融机构资金的支持,促进了农村小额贷款的商业化发展。

---

① 参见印永龙:《我国农村小额信贷发展研究》,载《宏观经济管理》2015年第12期。
② 何剑伟、徐团团:《中国农村小额信贷发展研究》,中国经济出版社2015年版,第92页。
③ 何剑伟、徐团团:《中国农村小额信贷发展研究》,中国经济出版社2015年版,第100页。
④ 何剑伟、徐团团:《中国农村小额信贷发展研究》,中国经济出版社2015年版,第100页。

第二章　我国农村小额贷款制度的实践、立法及困境

第一节　我国农村小额贷款制度的实践

一、陕西省南部扶贫小额信贷实施情况的个案调研

(一)商洛市山阳县、柞水县扶贫小额信贷的实施情况

我们在2019年7~8月对陕西省商洛市山阳县、柞水县六镇十四个村[山阳县:高坝店镇(井岗村、双寨村);法官镇(姚湾社区、法官庙村);色河铺镇(赵家垣村、峪口村、陆家湾村、桦栗沟村);柞水县:盘营镇(秦丰村、朱家湾村)、下梁镇(老庵寺村、西川村)、杏坪镇(油房村、杏坪社区)]的扶贫小额贷款制度实施情况进行了调研,①具体情况可从以下几个方面进行归纳。

1.贷款发放情况

经调查,贷款金额为3万~5万元的占比65.24%;贷款期限为3年的占比89.02%;贷款利息为3年贴息的占比95.63%;贷款申请用途主要为发展种植、养殖等特色产业的有161户,占比87.98%。放贷前未预测产业发展趋势即放贷的现象比较普遍。其中,山阳县在现存有贷款或曾有贷款调查对象中,建档立卡贫困户中共计163户,设立了产业的85户,占比72.65%;彻底不再经营的32户,

---

① 参见王莹莹、王天昱、陈奕丞、樊永霞、杨亚芬、杜玉娟、郭富杰、焦彬等:《陕西省商洛市山阳县、柞水县扶贫小额贷款的使用情况调研报告》,2019年10月。

占比 27.35%；在现存有贷款或曾有贷款产业失败前经营时间不到 1 年的 10 户，占比 11.76%；在现存有贷款或曾有贷款产业失败前经营时间不到 2 年的共 19 户，占比 22.35%；在现存有贷款或曾有贷款产业失败前经营时间不到 3 年的共 21 户，占比 24.71%；无数据的 3 户，占比 20.63%。无数据情况包含无法具体确定不再经营时间、不确定是否会重新经营等，产业失败比为 58.82%，主要原因在于所服务的产业大多过分依赖自然条件，受天气、环境影响极其明显。这也造成了农户在发展产业时选择的范围较小、考虑的因素较多、产业持续能力不足。

柞水县调查对象中进行过贷款的农户共计 237 户。其中有 196 户贷款金额为 5 万元，占比达 82.7%，有 193 户选择 3 年及以下的贷款期限，占比 82.27%，有 224 户选择贴息，占比达 94.51%。绝大多数的贫困户在贷款时会充分考虑贷款政策的限制，普遍会选择“顶格贷款”，即最高的贴息金额，最长的贴息贷款期限，即 3 年 5 万元的贷款贴息。贷款 5 万元以上的有 28 户，占比 11.82%，贷款期限为 3 年以上的有 42 户，占比 17.73%。超出 5 万元有利息的农户为 12 户，占比 5.06%；符合正常利率的为 1 户，占比 0.43%。贫困户中也有不少农户选择超出贷款贴息的金额以及期限进行贷款，此类贫困户往往脱贫在即，选择做生意或者在当地的产业效益较好，能负担一定的信贷成本，有扩大生产、提高收入的愿望。极少数贫困户的贷款金额在 4 万元以下，且贷款期限在 3 年以下，此类贫困户的产业规模较小，或者将贷款用在生产以外的途径，因此会根据自己的生产需要或实际用途以及还款能力进行贷款。

2. 贷款履行情况

山阳县贷款农户在贷款发放后有将资金分拆使用的情况，但经调查，贷款实际用途主要还是为了发展种植、养殖等特色产业，占比 88.52%，履行情况主要依靠村委会对贷款使用进行监督，87.43% 的调查对象表示贷款使用受到村委会的监督。村委会与银行对贷款使用的监督方式具有多样性，具体包括：采用电话回访方式的占比 15.3%，实地考察的占比 53.55%，产业指导的占比 21.86%，其他方式的占比 3.83%。

在对柞水县现存有贷款或曾有贷款的农户调查中，申请贷款时多数贫困户是为了获取农业种植、养殖的生产资料，部分为了家庭消费，极少数用于投资经营，同时，柞水县当地还存有一定户贷企用的情况。村委会对贷款使用进行监督的占比达 90% 以上，监督方式以电话回访、实地考察、产业指导为主。在现存有贷款或曾有贷款调查对象建档立卡贫困户中共计 161 户设立了产业，所投入产业的盈利周期中以 3 ~ 5 年为主，还在经营的有 166 户经营状况整体较好。

3. 贷款清偿情况

因山阳县贷款所投入产业存在产业失败与盈利周期较长的情况，1～3 年即可盈利回本的仅占比 17.18%，存在还款困难情况的贷款对象占比较高，为 56.1%。柞水县共计 161 户设立了产业，其中所投入产业的盈利周期为 1～3 年的有 56 户，占比 28.43%，还款困难的贷款对象占比为 53.3%。

经调查，贷款主体对于不清偿贷款的后果了解较少，大多数贷款农户仅了解银行催收此项后果，占比 42.62%；对其他清收手段，如起诉、可能被列入黑名单、影响后续贷款、影响子女、影响农业补贴等并不了解。在对山阳县有还贷困难的 92 户建档立卡贫困户调查统计后发现，还款困难原因中由于疾病导致不能按期清偿的有 25 户，占比 27.17%；因子女教育导致不能按期清偿的有 7 户，占比 7.61%；因农业经营失败导致不能按期清偿的有 43 户，占比 46.74%；因自然灾害导致不能按期清偿的有 3 户，占比 3.26%；因其他原因引起的有 57 户，占比 61.96%。可以看到，扶贫产业经营失败导致不能按期还款在其中占据了相当大的比例。到期不能偿还贷款农户中，准备申请展期的贷款农户主体占比达到 52.46%，大多数贷款农户都希望通过劳动、经营偿还这笔借款，具有主动还款意愿。

在柞水县农户小额贷款调查的 237 个对象中，有 91 户农户已经还款，有 36 户农户存在彻底不能还款的情况，还款困难的有 110 户，其中，经营失败和医疗负担仍是导致不能还款的主要原因。在调查的贫困户对象中，已经有 93 户农户办理过展期，有 105 户尚未办理过展期。绝大多数贷款贫困户对贷款有正确的认知，了解到期不能偿还贷款的一系列不良后果，并表示会采取私人借款、申请展期以及其他应对措施偿还借款。

4. 风险补偿金制度适用情况

风险补偿金制度是一种主要由政府利用财政专项扶贫资金中用于风险补偿的资金、社会捐赠资金、风险补偿金收益等对农村小额贷款机构的损失予以政策性补偿的做法。在我国农村金融市场发展尚不完备时适用风险补偿金制度无疑会进一步降低金融风险，调动金融机构发放小额贷款的积极性，为农村贷款人及农村产业提供更有力的信贷支持，推进财政与金融加大小额贷款投放力度的良性互动。然而，风险补偿金制度在我国农村小额信贷领域的适用面临的困境也亟待化解。如政府与银行双方对风险补偿金的性质认识、呆坏账认定标准尚存在分歧，另外，对风险补偿金的发放标准与发放程序、发放后的追索、争议解决方式亦缺少相关规范。

山阳县、柞水县风险补偿金政策的保密工作较完善，涉及的调查对象绝大多数对风险补偿金并不了解，即便部分农户听说过该政策，但对政策的实质内容并不了解。一些农村金融机构基层派出机构和村干部将风险补偿金称为代偿金，认为是政府替代农户向银行清偿债务，这是对风险补偿金性质的错误理解，这种错误理解会造成农户的错误认知，认为只要政府代偿了，债务就不用再还了，以致很多农户误以为自己的贷款会有政府负责代偿，因而失去清偿意愿与清偿动力。

（二）农村扶贫小额信贷制度实施中出现的问题

根据对陕西省商洛市农村小额贷款的实地调研，当前农村小额贷款制度实施中出现的问题主要有贷款发放流程存在瑕疵、不能按期还款的应对措施不到位、扶贫中的产业发展缺乏市场预测、风险补偿金制度不健全、扶贫小额信贷的司法救济机制不完善5个方面，具体分析如下。

1. 贷款发放流程存在不足

首先是放贷机构对贷款主体的审查缺少标准。经调查，农村小额贷款主体必须是建档立卡贫困户。调研结果显示，贷款不良率与学历、年龄存在一定的关联性，采用以上标准虽然在一定程度上可以保障扶贫小额信贷发放对象的精准性，但在审查对象上缺乏对贷款主体的还款能力、产业可行性考察的内部参照标准。

其次是放贷后的监督措施不够完善。在调研过程中发现，扶贫小额信贷的资金下发到贫困户之后，有关机构并未对贷款具体使用情况进行监督。关于贷款的使用监督基本上是在放贷时进行实地走访，考察产业的实际落实情况，而对于后续的贷款使用，在山阳县现有贷款或曾有贷款的调查对象中，村委会对贷款使用情况进行监督的有217户，占比91.56%；未监督的有20户，占比8.44%。柞水县现存有贷款或曾有贷款的调查对象中，村委会对贷款使用进行监督的有217户，占比91.56%；未监督的有20户，占比8.44%。山阳县用途改变率为9.78%，柞水县用途改变比率为3.7%，贷款用途变动较大。调研结果显示，扶贫小额信贷监督多集中于贷款发放过程中，但放贷后续监督措施不足。

2. 对于不能按期还款的应对措施不足

第一，应对措施种类较单一。最早一批扶贫小额信贷已届还款期，调研结果显示，不具有还款能力的贫困户占比较大，针对这一部分目前不具有还款能力的贷款户，当地的金融机构——主要是当地的农商行，采取的措施是进行延展，即延长还款期。但是仅仅依靠这一措施并不能完全将逾期的贷款妥善处理，展期到期后如何处理，将又是对农商行的一大考验。

第二，对还款有关规定的宣传有待加强。在放贷时，发放主体对借贷农户还款知识宣传不足，导致很多贷款主体缺少对偿还贷款的计划性安排，而对于还款不能的后果等还款知识宣传不足，最终会加剧还款不能的风险。

3. 扶贫中的产业发展缺乏市场化预测

商洛市山阳县、柞水县地处陕西省南部，秦岭南部，多山少地，多林地少耕地，这也造就了两县在扶贫产业选择上的特色。从扶贫产业来说，柞水县已经基本形成了具有地理标志的特色扶贫产业链，规模化、特色化已经形成，但山阳县目前并无针对自然地理环境形成的特色产业链，导致其出现产业持续性差、农户抗风险能力差、产业周期与贷款周期不匹配等问题。

4. 风险补偿金制度有待进一步完善

经调查，虽然风险补偿金均已经存于专用账户，但存款准备金的具体适用存有较大争议，仅有一些粗略的规定如扶贫小额信贷造成呆账坏账由银行承担30%的损失，政府用风险补偿金承担70%的损失。风险补偿金制度方面，以下问题最突出：风险补偿金性质不明确、追索主体不明确、追索所得分配不明确、无信用评级等追索后续措施。该制度的不完善进而引发了以下问题：首先，贷款主体知晓风险补偿金代偿产业贷款后逃避还款义务，不利于社会金融信用体系的建立，同时也造成了财政资金的浪费。其次，该制度的缺失或不完善可能造成法律风险，风险补偿金本质为财政资金的代偿机制，代偿之后原则上本债权消灭，如无明确约定，可能造成贷款农户主体抗辩向其追索贷款的偿还义务。

5. 扶贫小额信贷的司法救济机制有待完善

扶贫小额信贷对农村建档立卡贫困户实行无担保、无抵押、3年内免息，是帮助建档立卡贫困户实现脱贫的优惠政策，扶贫小额信贷在本质上仍属于贷款的范畴，不是扶贫专项资金，发挥对建档立卡贫困户再生产进行原始经济“输血”，使其真正脱贫的功能，扶贫小额信贷在到期后应当偿还，否则将影响金融经济的可持续运营。但是在山阳县和柞水县的六镇十四村的调研中，存在扶贫小额信贷到期未还款的情形，而当地的农村商业银行并没有启动司法救济途径，强制执行扶贫小额信贷农户并敦促其尽快还款。银行采用扶贫小额信贷司法手段救济的动力不足的原因主要是，诉讼成本高、耗时长，农村司法执行难度大等问题。

二、我国农村小额贷款业务发展现状及存在的问题

（一）我国农村小额贷款业务发展现状

“‘三农’问题一直是困扰我国经济实现持续增长和突破的绊脚石。”①首先，农民要改善生活水平、摆脱贫困，从事农业生产、种植、养殖业等都需要资金作为

---

① 温铁军、姜柏林：《重构“服务三农”的农村金融体系》，载《中国农村信用合作》2007年第10期。

保障。虽然单笔金额可能不大,现实情况却是存在严重的资金供求矛盾。其次,我国金融体制完善和提升,关键还是在于农村金融及其机构的发展。改变信用要素的缺失与农村金融市场的不完善,是解决制约我国农村金融发展困境的有效路径。但是,目前充当农村经济建设主要资金来源的财政资金的投入力度小、渠道单一,无法满足广大农村地区经济发展的资金需求。最后,对于我国农业来说,要提升我国农业发展水平,促进农业生产力质的飞跃,实现农民过上小康生活的目标,还是需要资金作为投入的核心。① 因此,对于"三农"问题来说,需要创新金融体系,弥补传统金融在农村开展业务的短板,以解决农村各层面出现的资金短缺。② 要想解决好"三农"资金缺乏问题,必须首先将农民的问题作为出发点和基础,这样才能一步步推动深层次问题的改善。小额贷款是一种服务于广大中低收入阶层的小规模金融服务形式,是解决农民问题最好的方法。小额贷款模式不仅是一种金融产品创新,更是一种使贫困农户脱贫的重要方式。它的出现除能满足广大农户的小额贷款需求、增加农民收入、减少城乡贫富差距外,还能借助小额贷款融通资金,弥补政府财政资金投入的不足,进一步促进乡镇企业顺利发展。同时,通过小额贷款改善广大农村地区信贷市场条件,补充正规金融机构在农村地区的金融"真空",继而解决整个农业发展的资金问题。

自20世纪90年代初期我国借鉴小额贷款制度,从最初的民间非营利组织的小额贷款,到我国政府开展的扶贫小额贷款,到以农村信用合作社为主的金融机构开展的农户小额贷款,再至2005年出现的农村小额贷款公司开办的小额贷款以及2007年年末进入市场的村镇银行、农村资金互助社、贷款公司的小额贷款,③经过几十年的发展,小额贷款已经成为我国农村地区金融供给的重要组成部分,在解决农民贷款难、帮助低收入人口改善生活、帮助微小企业不断成长等方面发挥了积极而重要的作用。

1. 多元化的农村小额贷款供给体系初步形成,但农村地区金融服务机构网点仍然不足

中国的农村小额贷款在发展之初,仅仅是非官方的民间非营利组织在我国金融领域的试验与探索,但在历经几十年的摸索后,农村小额贷款在我国已经取得

---

① 参见戴根有:《中国小额贷款的发展与展望》,载杜晓山等:《中国小额贷款发展10年》,社会科学出版社2005年版,第1页。

② 参见张燕、杜国宏、吴正刚:《关于农村民间金融法律规制的思考——以"软法"之治为视角》,载《金融理论与实践》2008年第8期。

③ 刘雪莲:《基于博弈论的中国农村小额信贷问题研究》,东北农业大学管理学2009年博士学位论文,第33~34页。

了长足发展。如今,随着政府、民间非营利组织、正规金融机构的农村小额贷款服务在全国领域内的广泛推行,各种新型的金融机构涉农金融服务主体也相继出现,进行农村小额贷款服务的机构数量也日益增加,我国多元化农村小额贷款供给体系也逐渐形成。其中,小额贷款主体主要包括银行业金融机构、新型金融机构、小额贷款公司、公益性小额贷款项目。我国农村小额贷款公司数量的不断增加、多元化农村小额贷款供给体系的初步形成,为农村的经济发展提供了坚实的金融基础。

农村小额贷款在我国的发展历时已久,但由于一些客观原因,其发展仍未跟上农村各信贷主体的迫切需求。我国农村地区地域广阔,尤其是边远落后山区,交通不便,经济发展水平相对落后,农村金融服务机构数量很少且相对分散,这在很大程度上限制了对人们信贷需求的满足和农业生产生活。我们应依据农村地区的特点,在农村和边远山区设置足够多能适应当地农村信贷需求的金融机构网点,并提供多样化金融服务。但在目前的市场经济条件下,金融机构为实现自身利润最大化而选择精简组织机构、减少管理成本。商业银行纷纷撤销农村和边远山区效益差的网点机构,农村信用社也不断调整网点布局,新设立的村镇银行和小额贷款公司仅停留在县城而未深入乡村,保险公司和证券机构更不可能到农村布点。贷款机构这样的举动就导致农村地区尤其是边远山区金融服务的较贫乏,生活在这些地区的借贷主体往往无法获得很好的金融服务,从而放弃其贷款需求。

2. 服务对象主要为农村低收入群体,但仍有一部分资金流向城市

我国农村小额贷款主要是"为农村低收入的群体提供小额贷款资金、免担保并且无须提供抵押、可以进行分期还款的一种贷款方式"。[①] 农村小额贷款的这种贷款方式和特点在一定程度上是对国家重视"三农"问题及扶贫政策的响应。农村小额贷款制度正视了农村发展的问题,满足了农村低收入弱势群体的资金和信贷需要,改善了农村资金融资难的局面,促进了农村经济及产业的发展。

随着经济发展和乡村振兴战略的实施,现阶段,农村经济发生了显著变化,产业不断升级,结构不断调整,生产经营方式不断转变,农业生产的组织化程度也日益增加。农村经济的各种变化直接导致我国农村小额贷款需求日益旺盛的局面,农户信贷需求、农村企业信贷需求和农村基础设施信贷需求都在一定程度上显现上升趋势。然而,农村小额贷款机构的服务对象虽然以农户为主,但由于款项用途监管不到位,仍然出现一部分资金随着农户进城务工或者经营商业而流向城市

---

① 赵孝贤:《乡村振兴背景下农村小额信贷发展路径》,载《广西质量监督导报》2019年第9期。

的现象。

3. 对小额贷款机构采取分类监管，但未形成针对农村小额贷款的具体监管指标

目前，我国农村小额贷款放贷机构主要有农村信用社、新型农村金融机构、只贷不存的小额贷款公司、公益性的发放小额贷款的国际国内资金支持的民间非营利组织或社会组织、商业银行，不同小额贷款机构的信贷模式、贷款产品与服务也各不相同，我国对不同类型的小额贷款进行分类监管，形成了多样化的监管模式，①但在分类监管之下，并未针对农村小额贷款形成具体的监管标准。如接受国际捐赠运作的小额贷款，其不吸收公众存款，信贷资金源于国际上的捐赠并以此来维持自身的日常运作，因而具有较高的稳定性，其本身蕴含的金融风险相对其他类型更小，对金融市场的影响力相应较弱，出于降低此类型小额贷款组织的运行成本，保持项目运作的灵活性的考虑，可以对此类小额贷款采取非审慎监管原则进行灵活监管。以国家扶贫方式存在的政策性小额贷款，是国家以金融工具为辅助实现财政扶贫目的，促进农村经济发展的典型模式。该小额贷款机构的主要资金来源是国家财政资金和扶贫贴息贷款，其运作机构为政府机构和以中国农业银行、农村信用社为代表的金融机构。对于这类政策性小额贷款，应当按政府相关的操作管理办法进行调节和管理。而对于正规金融机构开展的商业性小额贷款，我国银监会2007年就发布了《关于银行业金融机构大力发展农村小额贷款业务的指导意见》，这一法律文件随即成为统一指导正规金融机构发展小额贷款业务的规范性文件。2006年12月银监会发布《关于调整放宽农村地区银行业金融机构准入政策更好支持社会主义新农村建设的若干意见》（以下简称《农村金融机构建设意见》），2007年1月银监会发布《村镇银行管理暂行规定》（已失效）、《农村资金互助社管理暂行规定》、《贷款公司管理暂行规定》（已失效），2008年4月24日中国人民银行和银监会联合下发《关于村镇银行、贷款公司、农村资金互助社、小额贷款公司有关政策的通知》，2008年5月4日银监会和中国人民银行下发《关于小额贷款公司试点的指导意见》。这些规范性法律文件都是新型农村金融机构监管的规范基础，但在利率、贷款期限以及不良率的标准上始终未能区分农村小额贷款的特殊性，因此也未能设定特殊的监管指标，导致金融机构开展农村小额贷款的成本和风险相对一般贷款要高很多。

（二）我国农村小额贷款业务发展中存在的问题

我国农村小额贷款业务的可持续发展面临较多问题，包括来自信用、管理、利

---

① 参见刘毅军：《新制度经济学视野下的农村合作金融机构立法》，载《金融博览》2008年第12期。

率、市场等多方面的困难。

1. 诚信的信用环境尚未形成

目前,金融机构对于农村小额贷款发放后,农户有意"赖债"和"逃债"而形成的道德风险还没有很好的约束办法。一方面,农村信用社开展的小额信用贷款不需要抵押物,农户也没有值钱的抵押品,在法律和内部控制上没有行之有效的办法;另一方面,我国农村小额贷款金额小、数量多、分布广且大多地处偏僻地区,而相应机构工作人员相对较少,且行业业务经验还处于积累阶段,使借贷双方的信息不对称,形成了信用风险。我国符合申请条件的农民农户都可以进行小额信用贷款,但是在某些贫困地区,因农村村民长期缺少相关思想的贯彻,申领人员对于农村小额贷款资金的使用严重偏离预定用途。部分贫困农户只着眼资金的申请和领用,但是对于用途却难以保证,本应该用于保障农业产业发展的资金,却在被申请后挪为他用。农民农户无法意识到经济持续发展的重要性,资金仅仅在极短时间内用于改善日常生活,放贷目的难以实现或者难以完全实现,对于家庭长远经济条件和地区经济发展帮助有限,而国家又不断地进行资金补助和利息补贴,长此以往,无疑是对财政资源和时间成本的浪费,也不利于农村落后地区的长期发展。

2. 治理不规范

中国农村小额贷款制度从孟加拉国乡村银行模式发展而来,而孟加拉国乡村银行分期还款制度和小组中心会议制度是其两大基本原则。正是因为有效实施了这两大基本原则,孟加拉国乡村银行借款户还款率才高达98%以上。[①] 分期还款使贷款农户分散还款压力,减少贷款机构损失;小组中心会议制度使贷款农户之间互助、互督、互保。但是,中国农村小额贷款还款,采取到期一次性还清制;中国农业人口大多分散居住于贫困地区、交通条件恶劣,召开小组中心会议成本高,造成小组中心制度名存实亡,农村小额贷款拖欠率高。以我国农村信用社为例,农村信用社小额贷款的管理和操作风险,主要由人员、系统和流程等问题而引发。[②] 如在贷前审查时没有进行深入调查,并且经办人员不按章行事,由当地村干部代劳,在客户信用等级评定时,凭自己的主观意识随意评定,定量指标也缺乏业务档案统计,造成评价失真,不能及时发现问题和揭示风险。发放贷款过程审查不细致,甚至为了个人利益发放人情贷款,导致贷款决策失误。中国农村小额贷款回收率不高,重要原因之一是贷后管理不到位。长期以来,中国农村小额贷款

---

① 参见刘赢时:《孟加拉国乡村银行对我国发展农村小额信贷的启示》,载《经济视角(下)》2010年第6期。

② 参见左平良:《农村金融调节法制问题研究》,中南大学2014年博士学位论文,第87页。

“重放轻管”。小额贷款管理者为了完成政策性指标，十分重视小额贷款的发放，而小额贷款发放后，对贷后的管理重视不够，贷后管理跟不上，没有及时主动跟踪、检查小额贷款的使用情况，不能及时发现问题并制订改进措施。同时，缺乏对借款人的技术培训，资金使用效率低，农户小额贷款项目失败率高，导致贷款到期无法偿还。

3. 监管未能精细化区分

大部分中国农村小额贷款项目实行不浮或少浮的优惠利率政策，小额贷款利率和期限缺乏灵活性。小额贷款低利率政策，不能有效弥补小额贷款高运作成本与管理成本，使农村小额贷款在贷款前就已经暴露在利率风险之下。① 低利率政策也容易导致小额贷款资金被富裕农民和中小企业所占用，偏离了小额贷款扶贫目标轨道。② 小额贷款期限也影响借款者的还贷计划、小额贷款机构的收入、借款者的支出状况和使用贷款持续性。农村小额贷款期限一般为 1 年，而农业生产和经济产业结构调整周期一般较长，这样就导致小额贷款期限与生产周期脱节，影响了农村小额贷款资金使用、周转，进而降低了资金使用效率。③

4. 缺少有效的农户信用评级机制

现行的小额贷款评级，包括信用户、信用村、信用镇，在评级过程中主观性强。从现行的办法看，由信用社、当地政府部门组织人员评定，农户代表、村干部和信贷员之间并未形成监督制约机制。对客户的授信评定，没有中介组织的评估，只凭历年的信用和经营状况予以判断，这可能导致法律纠纷，从而引发法律风险。④

5. 风险分担机制未能充分发展

传统的种植业、养殖业对自然条件的依赖性极强，如降雨、日照、季节等因素。这些造成了农民抵抗自然灾害能力弱的局面，一旦农业受灾、减产，产品销售受阻或市场价格下滑，将直接导致农业生产的巨大损失、农民收入减少，继而减弱农户还贷能力。而农户贷款点多面广，一旦遇上这些风险，农户可能会造成违约风险。农村信用社无法收回发放的贷款，这就直接导致农户小额贷款呆坏账的产生。此外，农民的小额贷款主要用于发展农产品的生产，使农村信用合作社收回发放的小额贷款往往会受到粮食等农产品市场价格上下波动的影响。如果农产品市场

① 参见高超：《浅析我国小额信贷公司发展的外部问题及对策》，载《商情》2014 年第 12 期。

② 参见张晓山、何安耐：《关于农村金融体制改革的几点思考》，载《农业经济问题》2002 年第 9 期。

③ 参见高超：《浅析我国小额信贷公司发展的外部问题及对策》，载《商情》2014 年第 12 期。

④ 参见王吉恒、常歆：《农村小额贷款信用风险影响因素分析——基于中国农业银行的实证研究》，载《农业经济与管理》2017 年第 4 期。

价格走低，则农户收入就会较低，那么农户就出现了无力偿还贷款的风险；而农产品价格看涨时，有些贷款农户出现所谓“惜卖”现象，不急于出售农产品。这些都增加了农村信用社收贷工作的市场风险。这些高风险缺少有效的风险分担机制，比如，保险在农村的发展就十分缓慢，导致金融机构望而却步，农户小额贷款市场普遍存在低覆盖率的情况，难以满足农村经济发展的需要。我国农村小额贷款风险能否得到有效管理和化解，不仅关系小额贷款机构的生存和发展以及农户增收的扶持资金能否得到保障，而且关系农村信贷市场秩序稳定以及农户小额贷款今后的可持续发展。

第二节　我国农村小额贷款的立法现状

我国《宪法》中有关个体经济和农村合作经济的规定，为农村小额贷款提供了基本法律依据，但在法律层面，我国至今尚没有统一调整小额贷款关系的专门法律规范，有关小额贷款的法律规定散见于其他各部门法律文件中。在《民法典》总则编、物权编、合同编，《中国人民银行法》《银行业监督管理法》《商业银行法》《农业法》《公司法》中，都能找到对小额贷款进行调整的条款，但这些规定都相对原则性，不够明确具体。

目前，我国农村小额贷款主要由国家发布的行政法规、部门规章等其他规范性文件予以调整，规范性文件主要由国务院、中国人民银行、中国银行保险业监督管理委员会、财政部、国家税务总局等部门或机构出台，以推进农村金融发展、解决“三农”问题。在中央小额贷款相关规定的实施过程中，地方各地也都根据其地域特点、金融服务发展现状出台了地方性法规对小额贷款进行规范。

一、关于农村小额贷款契约关系的规范性文件

(一)法律层面对农村小额贷款关系的规制

我国《民法典》第 2 条规定其调整平等主体的自然人、法人和非法人组织之间的人身关系和财产关系；第 55 条明确农村集体经济组织的成员，依法取得农村土地承包经营权，从事家庭承包经营的，为农村承包经营户。《民法典》总则编以基本法的形式肯定了包括贫困农户在内的农村承包经营户的平等主体地位，作为平等的经营主体，这是贫困农户与金融机构或贷款机构得以缔结信贷契约关系的法律基础。

《民法典》合同编以平等、自由、公平及诚实信用原则界定了贫困农户与农村金融机构或贷款机构之间的信贷契约关系。合同编典型合同分编第九章至第二

十七章分别对买卖合同、赠与合同、借款合同、租赁合同、融资租赁合同、技术合同等进行了规定,但并未在该法律规范内专门对贷款合同加以阐述,故合同编仅从基本原则方面明确了信贷契约关系的平等、自由性质,而未能更深一步地对信贷合同或贷款合同进行详尽规范,所以信贷契约关系的设立、变更和终止还有赖具体规范性法律文件加以明确。

1992 年党的十四大明确提出,我国经济体制改革目标是建立社会主义市场经济体制;党的十四届三中全会通过《关于建立社会主义市场经济体制若干问题的决定》。为促进社会主义市场经济的发展,我国于 1995 年制定通过了《商业银行法》(2003 年、2015 年修正),其目标之一即为保护各个当事人的合法权益、提高信贷资产质量。该法律规定了商业银行的经营业务包括发放贷款和提供信用证服务和担保;在第 7 条中规定信贷业务中应当严格审查借款人的资信,实行担保,保障按期收回贷款;在第 35 条至第 38 条中分别规定了贷款业务的资格审查、担保事宜、书面合同相关要素和贷款利率确定方面的要求。从这些条款可以看出,《商业银行法》对于银行和客户的贷款业务进行了基本规定,明确了农户信贷契约关系的基础规则,但仅仅是予以农村小额贷款基本指导,难以直接解决各个村在精准帮扶之下的信贷展开问题。

《民法典》物权编担保物权分编在抵押、质押等方面都有较详细的规定,第十七章和第十八章分别对抵押和质押的财产、范围、合同、效力等进行阐释,以明确的规范确立了贫困农户与机构之间信贷契约关系的基础担保规则。《民法典》物权编担保物权分编和《商业银行法》的综合观览,在理论层面可共同规范贫困农户的贷款和担保问题,但因为其基本法律地位,对于乡村发展的切实问题皆从指导性角度出发,具有指导意义。

在农村小额贷款的活动中,放贷一方不仅包括商业银行和信用社,也包括经营小额贷款业务的有限责任公司和股份有限公司。《公司法》从规范公司的组织和行为、保护相关当事人的合法权益方面切入,对有限责任公司和股份有限公司的设立、结构、运营、变更等多个方面进行规定。该法律作为小额贷款公司的基础主体地位和经营内容的指导,明确企业法人一方与农村贫困户信贷契约关系方面的基本经营活动。

这些法律规范从不同的方面明确了农村贫困户和金融服务机构之间的信贷契约关系基础,包括对于平等、诚实信用等契约原则确定,对于信用和担保方面的规定作为契约关系的保障基础,且对契约双方主体进行了法律意义上的确定和规范。《民法典》《公司法》等法律层级较高,多从基础的契约角度出发,是对于农村小额贷款的建立和发展有概括指导性的原理和准则。

（二）各级政府规范性文件对农村小额贷款的规制

我国多个地方都出台了关于规范贫困农户与农村金融服务机构之间信贷契约关系的文件（见表2-1）。[①]

表2-1　我国部分地区关于规范贫困农户与农村金融服务机构之间信贷契约关系的文件

颁布时间	规范性文件	颁布主体	内容
2009年10月	《宁波市农村住房抵押贷款试点工作实施意见》（甬政办发〔2009〕248号）	宁波市人民政府	从贷款契约关系的抵押层面出发明确了抵押登记、管理、处置流转等规范要求
2017年9月	《乌兰察布市加强金融扶贫工作实施方案》（乌政办发〔2017〕42号）	乌兰察布市人民政府	作为契约贷款一方主体的贫困户和贫困群众的条件要求，规定贷款模式保障契约建立，以多个方式减低融资成本和加大金融机构的信贷投放来保障契约关系有效建立，在信用评定和违约方面加大了契约关系的违约防范和处理
2017年12月	《关于加强金融扶贫的实施意见》《银川市农村居民小额贷款评级授信实施办法》（银政办发〔2017〕222号）	银川市人民政府	明确了农村小额贷款的评级授信原则和评级授信指标，对双方信贷契约关系的信用基础给予实施意义上的确定
2018年7月	石家庄市人民政府办公厅《关于进一步完善扶贫小额信贷机制和县乡村金融服务网络的通知》（石政办函〔2018〕121号）	石家庄市人民政府	规定贷款对象和用途基本确定契约主体和契约内容，并且从县乡村金融服务网络、风险补偿机制、操作流程、风险管理等方面规定契约履行的基本要求

① 资料来源：北大法宝数据库。

续表

颁布时间	规范性文件	颁布主体	内容
2018年10月	周口市人民政府办公室《关于进一步做好金融扶贫工作的通知》(周政办〔2018〕86号)	周口市人民政府	指出金融机构的站位,推动贷款机构法律主体地位的确立,并且指出了落实契约关系的工作重点和政策核心,规定了贷前审查和贷后管理工作,明确各方契约义务和保障契约状态的良好维持
2018年12月	广西壮族自治区人民政府办公厅《关于印发广西金融领域扶贫信贷资金管理暂行办法的通知》(桂政办发〔2018〕162号)	广西壮族自治区人民政府	从契约主体之间的活动、契约内容的管理和保障、契约运行的金融体系建立、金融机构信贷资金来源、信贷契约关系建立和履行的平台等多个方面对契约的建立、运行以及保障加以规范性确定

2017年12月5日银川市人民政府办公厅印发《关于加强金融扶贫的实施意见》和《银川市农村居民小额贷款评级授信实施办法》。其中,《银川市农村居民小额贷款评级授信实施办法》明确了农村小额贷款的评级授信原则和评级授信指标,对双方信贷契约关系的信用基础给予实施意义上的确定。周口市人民政府办公室《关于进一步做好金融扶贫工作的通知》首先指出金融机构的站位,推动了贷款机构法律主体地位的确立,并且指出了落实契约关系的工作重点和政策核心,规定了贷前审查和贷后管理工作,明确了各方契约义务和保障了契约状态的良好维持。石家庄市人民政府办公厅《关于进一步完善扶贫小额贷款机制和县乡村金融服务网络的通知》通过规定贷款对象和用途基本确定契约主体和契约内容,并且从县乡村金融服务网络、风险补偿机制、操作流程、风险管理等方面规定了契约履行的基本要求。《乌兰察布市加强金融扶贫工作实施方案》中指明,作为契约贷款一方主体的贫困户和贫困群众的条件要求,规定贷款模式保障契约建立,以多个方式降低融资成本和加大金融机构的信贷投放来保障契约关系的有效建立,在信用评定和违约方面加大了契约关系的违约防范和处理。《宁波市农村住房抵押贷款试点工作实施意见》从贷款契约关系的抵押层面出发,明确了抵押登记、管理、处置流转等规范要求。广西壮族自治区人民政府办公厅《关于印发广西金融领域扶贫信贷资金管理暂行办法的通知》等文件从契约主体之间的活动、契约内容的管理和保障、契约运行的金融体系建立、金融机构信贷资金来源、信贷契约关系建立和履行的平台等多方面,对契约的建立、运行以及保障加以规范性确定。这些地方规范性文件主要确立了贫困户和金融机构在农村信贷法律关系中的契

约建立和运行。

二、关于农村小额贷款供给主体的规范性文件

（一）法律及国务院各部门的规范性文件

《农业法》第45条明确规定，金融机构应当增加农村现代投入为“三农”提供信贷支持，“国家建立健全农村金融体系，加强农村信用制度建设，加强农村金融监管。有关金融机构应当采取措施增加信贷投入，改善农村金融服务，对农民和农业生产经营组织的农业生产经营活动提供信贷支持。农村信用合作社应当坚持为农业、农民和农村经济发展服务的宗旨，优先为当地农民的生产经营活动提供信贷服务。国家通过贴息等措施，鼓励金融机构向农民和农业生产经营组织的农业生产经营活动提供贷款”。[①] 各部门也出台了很多对农业小额贷款的扶持规定或者政策，主要有国务院《关于金融体制改革的决定》、国务院《关于农村金融体制改革的决定》、《贷款通则》、原银监会和中国人民银行《关于小额贷款公司试点的指导意见》（2008年）、原银监会《农村金融机构建设意见》，中共中央、国务院2004年至2010年连续七个“中央一号”文件、《国家八七扶贫攻坚计划》、《中国农村扶贫开发纲要（2011—2020年）》、《中共中央关于推进农村改革发展若干重大问题的决定》、《农村信用社农户小额信用贷款管理暂行办法》（已失效）、《关于做好当前农村信用社支农工作的指导意见》、《关于加快推进农村金融产品和服务方式创新的意见》[②]以及其他一些推进农村金融发展、解决“三农”问题的文件等。

这些规范性文件主要明确了中央及各级地方政府在贫困农户信贷法律关系中的扶助义务，包括：增加对贫困农户的信贷投入义务、信贷贴息义务；对贫困妇女、残疾人等特定贫困农户的专项扶助贷款义务；帮助发展面向贫困农户的小额贷款和微型金融服务的义务等（见表2－2）。[③]

---

① 参见融之：《学习贯彻〈中华人民共和国农业法〉问答》，载《上海农村经济》2004年第3期。

② 参见闵杨、张家偶：《贫困农户小额信贷获取的决定因素分析》，载《安徽农业科学》2014年第23期。

③ 参见姚玉珠：《贫困农户信贷障碍与原因分析》，载《安徽农业大学学报（社会科学版）》2004年第3期。

表 2－2　我国对农业小额贷款的扶持规定

颁布时间	规范性文件	颁布主体	内容
1993 年 12 月	《关于金融体制改革的决定》（国发〔1993〕91 号）	国务院	积极稳妥地发展合作银行体系。合作银行体系主要包括两部分：城市合作银行和农村合作银行，其主要任务是为中小企业、农业和发展地区经济服务。有步骤地组建农村合作银行。根据农村商品经济发展的需要，在农村信用合作社联社的基础上，有步骤地组建农村合作银行。要制定《农村合作银行条例》，并先将农村信用社联社从中国农业银行中独立出来，办成基层信用社的联合组织
1994 年 4 月	《国家八七扶贫攻坚计划》（国发〔1994〕30 号）	国务院	以工代赈资金和"三西"专项建设资金在规定期限内保持不变。适当延长开发周期长的项目的扶贫信贷资金使用期限
1996 年 6 月	《贷款通则》中国人民银行令（1996 年 2 号）	中国人民银行	第 73 条　行政部门、企事业单位、股份合作经济组织、供销合作社、农村合作基金会和其他基金会擅自发放贷款的；企业之间擅自办理借贷或者变相借贷的，由中国人民银行对出借方按违规收入处以 1 倍以上至 5 倍以下罚款，并由中国人民银行予以取缔
1999 年 7 月	《农村信用社农户小额信用贷款管理暂行办法》（银发〔1999〕245 号，已失效）	中国人民银行	第 5 条　信用社小额信用贷款借款人条件： （一）社区内的农户或个体经营户，具有完全民事行为能力； （二）信用观念强、资信状况良好； （三）从事土地耕作或其他符合国家产业政策的生产经营活动，并有可靠收入； （四）家庭成员中必须有具有劳动生产或经营管理的劳动力

续表

颁布时间	规范性文件	颁布主体	内容
2001 年 3 月	《关于做好当前农村信用社支农工作的指导意见》(银发〔2001〕53 号)	中国人民银行	农村信用社要对信贷人员发放“三农”贷款数量、质量建立考核制度,把扩大农户贷款面、解决农民贷款难和收回到期贷款作为信贷人员重要考核内容。要在加强贷款管理的同时,按照灵活、方便、安全的原则,改进贷款方式,简化手续,方便农民。要不断总结和推广小额信用贷款的经验。对小额种养业生产费用贷款可实行信用放款,对数额较大的种养业生产费用贷款和加工、运输业贷款,可采取农户联保贷款方式。要积极推行“信用户”“信用村”“信用乡(镇)”活动,培养信用示范户,提高农民的信用意识。要坚持贷款公开制度,实现贷款发放计划公开、对象公开、额度公开、利率公开,接受农民群众和社会监督。农户种植业贷款利率原则上要少浮动或不浮动
2004 年 12 月	中共中央、国务院《关于进一步加强农村工作提高农业综合生产能力若干政策的意见》(中发〔2005〕1 号)	中共中央、国务院	通过小额信贷、财政贴息等方式,引导有条件的地方发展养殖小区。要增加投入,支持养殖小区建设畜禽粪便和污水无害化处理设施。从 2005 年起,实施奶牛良种繁育项目补贴。加快建立安全优质高效的饲料生产体系

续表

颁布时间	规范性文件	颁布主体	内容
2006年12月	《农村金融机构建设意见》(银监发〔2006〕90号)	银监会	放宽业务准入条件与范围。在成本可算、风险可控的前提下,积极支持农村地区银行业金融机构开办各类银行业务,提供标准化的银行产品与服务。鼓励并扶持农村地区银行业金融机构开办符合当地客户合理需求的金融创新产品和服务。农村地区银行业法人机构的具体业务准入实行区别对待,因地制宜,由当地监管机构根据其非现场监管及现场检查结果予以审批。 充分利用商业化网络销售政策性金融产品。在农村地区特别是老少边穷地区,要充分发挥政策性银行的作用。在不增设机构网点和风险可控的前提下,政策性银行要逐步加大对农村地区的金融服务力度,加大信贷投入。鼓励政策性银行在农村地区开展业务,并在平等自愿、诚实信用、等价有偿、优势互补原则基础上,与商业性银行业金融机构开展业务合作,适当拓展业务空间,加大政策性金融支农服务力度
2007年8月	《关于银行业金融机构大力发展农村小额贷款业务的指导意见》(银监发〔2007〕67号)	银监会	农村小额贷款是向农户、农村工商户以及农村小企业提供的额度较小的贷款。农户小额信用贷款和农户联保贷款的广度不断拓展,小额存单质押贷款试点工作稳步推进,农村小企业融资取得了新的进展,在缓解“三农”贷款难,支持农业增产、农民增收和农村经济发展等方面发挥了积极作用

续表

颁布时间	规范性文件	颁布主体	内容
2008年4月	《关于村镇银行、贷款公司、农村资金互助社、小额贷款公司有关政策的通知》（银发〔2008〕137号）	中国人民银行、银监会	现阶段，农村资金互助社暂不向中国人民银行交存存款准备金。村镇银行应按照中国人民银行存款准备金的管理规定，及时向中国人民银行当地分支机构交存存款准备金，村镇银行的存款准备金率比照当地农村信用社执行。经批准开办代理国库业务和代理国债业务的村镇银行，除按规定交存存款准备金以外，还应向中国人民银行当地分支机构缴存财政存款
2008年5月	《关于小额贷款公司试点的指导意见》（银监发〔2008〕23号）	银监会、中国人民银行	小额贷款公司在坚持为农民、农业和农村经济发展服务的原则下自主选择贷款对象。小额贷款公司发放贷款，应坚持"小额、分散"的原则，鼓励小额贷款公司面向农户和微型企业提供信贷服务，着力扩大客户数量和服务覆盖面
2008年10月	《关于加快推进农村金融产品和服务方式创新的意见》（银发〔2008〕295号）	中国人民银行、银监会	大力推广农户小额信用贷款和农户联保贷款。鼓励金融机构加强与信用协会或信用合作社等信用共同体的合作，运用联保、担保基金和风险保证金等联合增信方式，积极探索发展满足信用共同体成员金融需求的联合信用贷款。通过规范信用共同体内部的资信公开、信用评估、贷款催收等程序，完善内在激励约束机制，调动成员自我管理的积极性，促进金融机构有效降低信息采集、贷前调查、资信评估和贷后管理等成本，在有效控制和防范信贷风险的基础上扩大信用贷款发放

续表

颁布时间	规范性文件	颁布主体	内容
2010年5月	《关于鼓励和引导民间投资健康发展的若干意见》(国发〔2010〕13号)	国务院	鼓励民间资本参与发展社会福利事业。通过用地保障、信贷支持和政府采购等多种形式,鼓励民间资本投资建设专业化的服务设施,兴办养(托)老服务和残疾人康复、托养服务等各类社会福利机构
2010年7月	《关于鼓励和引导民间投资健康发展重点工作分工的通知》(国办函〔2010〕120号)	国务院	鼓励民间资本参与发展社会福利事业。通过用地保障、信贷支持和政府采购等多种形式,鼓励民间资本投资建设专业化的服务设施,兴办养(托)老服务和残疾人康复、托养服务等各类社会福利机构
2011年2月	《关于全面做好农村金融服务工作的通知》(银监办发〔2011〕36号)	银监会	高度重视金融监管工作,切实保障涉农信贷资金投放的安全有效 涉农信贷风险大、收益率低、周期长,各级银行业监管部门要紧密结合农村经济发展、农业现代化建设和水利改革发展趋势,不断完善农村金融监管制度,改进监管手段和方法,促进农村金融市场稳健发展;要通过差异化的监管政策和措施,引导农村金融机构增加信贷投放、改进服务
2014年2月	《关于做好2014年农村金融服务工作的通知》(银监办发〔2014〕42号)	银监会	强化服务"三农"责任,保持涉农信贷投放总量持续增长 各级监管部门和银行业金融机构要认真学习中央农村工作会议和中央一号文件精神,深刻认识到在我国现代化建设进程中,农业还是"四化同步"的短腿,农村还是全面建成小康社会的短板,农村改革发展还面临诸多困难和挑战;牢牢把握中央关于坚持把解决好"三农"问题作为全党工作重中之重的工作方针

续表

颁布时间	规范性文件	颁布主体	内容
2016年3月	中国人民银行《关于开办扶贫再贷款业务的通知》(银发〔2016〕91号)	中国人民银行	为有效发挥扶贫再贷款的撬动作用,充分体现精准扶贫要求,各分支机构应要求地方法人金融机构将借用的扶贫再贷款资金全部用于发放贫困地区涉农贷款,并结合当地建档立卡的相关情况,优先支持建档立卡贫困户和带动贫困户就业发展的企业、农村合作社,积极推动贫困地区发展特色产业和贫困人口创业就业,促进贫困人口脱贫致富
2020年4月	《关于进一步做好全国农业信贷担保工作的通知》(财农〔2020〕15号)	财政部、农业农村部、银保监会、中国人民银行	要加强业务开拓、风险防控并重的自身能力建设,牢牢把握项目发现、调查、评审主动权,掌握"第一手"信用信息和信贷需求,综合运用信用"软信息"和经营"硬数据",总结提炼符合农业生产和农村信用特征的产品模式,加快形成在客户发掘、产品创新、风险评价、保后服务、风险化解等方面的核心竞争力

(二)地方政府的规范性文件

我国多个省市地区在规范贫困农户、金融机构与政府之间的信贷扶助关系方面出台了地方性法规及工作文件,通过对中央的规范性文件进行进一步具化来推动农村小额贷款的地区落实。

比如,南阳市政府于2017年8月出台了南阳市人民政府办公室《关于印发金融扶贫小额信贷工作实施方案的通知》,其中对帮扶模式进行进一步规范,确定了以自主贷款为核心的直接帮扶、发挥龙头企业优势的合作帮扶、针对弱劳动能力户和无劳动能力户的贷款倾斜、财政贴息的托管帮扶5种帮扶模式;确定政府、银行、保险等多方工作内容和义务,以合力推进的方式确保多方扶助关系的落实;要求多个机构按照比例进行风险分担并做好各自的风险补偿和风险防控工作;同时鼓励金融机构研发推广"惠普授信"金融产品,以"信贷+信用"的精准扶贫模式保障对农村贫困户信贷帮扶关系的建立和健全;该通知明确给出了"农村信用户授信评级办法"和"贫困户信用信息采集评级系统评定办法"。该通知对推动帮扶关系的建立与落实进行了多方面的准确具化,但如何将该通知内容予以落实还需要各县各村进一步探索。

银川市政府出台的《关于加强金融扶贫的实施意见》、邯郸市扶贫开发领导小组出台的《关于加快推进"政银企户保"金融扶贫工作实施方案》、玉溪市政府的《关于新一轮农村小额信贷贴息扶持畜牧业有关问题的通知》、合肥市财政局的《合肥市扶贫小额信贷贴息专项资金管理办法》、吉安市政府下发的《关于印发吉安市"产业扶贫信贷通"工作方案的通知》、吕梁市政府的《吕梁市扶贫小额信贷风险补偿金管理办法(试行)》等多个市一级政策文件分别详细规划了扶贫小额贷款的覆盖率和时间节点,对金融扶贫和农村金融环境发展提出了具体要求,明确了政府、银行、企户、保险各方的工作内容、任务以及相关保障措施。其中,玉溪市主要针对畜牧养殖项目,从贴息贷款的资金规模、贷款额度、年限、利率、金融机构、运作方式和管理等多方面进行了具体细致的规定。

浙江省、黑龙江省、广东省、广西壮族自治区、河南省等省、自治区分别出台了《浙江省扶贫小额信贷管理办法》,《黑龙江省扶贫小额信贷工作实施方案》,《广东省金融机构金融精准扶贫政策效果评估指引(试行)》,中共河南省委、河南省人民政府《关于打赢脱贫攻坚战的实施意见》等地方文件,主要明确了在信贷帮扶关系中各方义务、扶助的工作内容和范围以及补助资金、政策贴息和贷后的相关事宜。其中,包括确定在信贷帮扶关系之中各个机构、部门的职责以及解决贷款的落实和管理监督等问题;确定帮扶的范围、方式和政策;对于帮扶对象信用评估的内容、程序、运行和效果等。

各地政府颁布的规范小额贷款的规范性文件都对农村小额贷款的供给主体进行了进一步的落实规定,明确金融服务机构的帮扶义务和内容,明确政府机关在帮扶关系中的作用和地位以及对需要进行帮扶的贫困户、乡县企业、产业项目等进行了范围确定和贷前贷后要求。

但应当看到,当前我国对农村小额贷款的法律规制体系还未完全建立,立法具有一定滞后性。虽然在正式金融机构的法律地位和运营监管方面,具有法律层面的较完善的规范,但对于非正式金融机构、新型金融机构的法律地位和监管等,目前尚无完善的系统规范。没有正式的程序和规章来确定谁是农村小额贷款机构,因此开展农村小额贷款业务机构的权利和责任并不明确。原银监会虽然发布了村镇银行、小额贷款公司的管理暂行规定,但因其有比较严格的准入条件、借贷程序、利息和金额限制以及审慎监管的要求,"成立的数量非常有限";[①]民间农村小额贷款的商业化发展更存在法律缺位,即使偶有规范性文件涉及农村小额贷款

---

① 刘冰倩、杨海芬、曹立祺、剧上铭、张佳豪:《我国新型农村金融机构的发展现状及对策研究》,载《时代金融》2018 年第 33 期。

事宜,其规定也过于笼统难以落实。从总体上来看,我国当前所采取的是逐步将半正式的小额贷款机构(主要是民间非营利组织)改造为获准经营和受到监管的正规金融机构与培育新型正规金融机构相结合的道路。但由于这些非传统金融机构的法律地位模糊,缺乏可操作规则,致使大量现存的农村小额贷款组织在融资、人才引进、科学管理等方面存在问题,制约了农村小额贷款供给主体的多元化发展,因此建立完善的相关法律制度势在必行。

第三节　我国农村小额贷款制度的不足

通过对山阳县、柞水县农村小额贷款特别是扶贫小额贷款调研的实证分析,我们发现,农村小额贷款制度在实施中存在多方面困境,这些困境源自我国当前农村小额贷款立法不完善所导致的制度性缺陷。

一、农村小额贷款供给主体制度的不足

(一)农村小额贷款供给主体的现实构成

农村小额贷款供给主体是履行小额贷款职能的机构,以经营宗旨和目标为划分标准,可分为营利性小额贷款机构和非营利性小额贷款机构。营利性小额贷款机构包括"国有商业银行、政策性银行、城市商业银行、股份制商业银行、城市商业银行、城市信用社、农村信用社,也包括小额贷款公司、村镇银行、农业资金互助社等新型小额贷款主体"。①

根据中国人民银行2020年7月24日公布的《2020年上半年小额贷款公司统计数据报告》显示,截至2020年6月末,全国共有小额贷款公司7333家。贷款余额8841亿元,上半年减少249亿元。小额贷款公司数量排名前5的省份分别为:江苏省,564家;辽宁省,480家;广东省,449家;河北省,412家;安徽省,363家。截至2020年3月末,全国共有小额贷款公司7458家。贷款余额8771亿元,一季度减少320亿元。截至2019年12月末,全国共有小额贷款公司7551家。贷款余额9109亿元,全年减少436亿元。② 2020年9月较2019年同期数据相比,农村金融机构资产份额下降0.1%,其他类金融机构资产份额下降0.4%(见表2-3)。

---

① 赵小晶、杨海芬、王建中:《我国商业性小额贷款公司的运营探析》,载《南方金融》2009年第4期。

② 数据来源:《2020年上半年小额贷款公司统计数据报告》,载中国人民银行官网,http://www.pbc.gov.cn/rmyh/index.html,最后访问日期:2020年7月25日。

表 2-3 小额贷款公司分地区情况统计

地区名称	机构数量(家)	从业人员数(人)	实收资本(亿元)	贷款余额(亿元)
全国	7333	76,240	8034.65	8841.25
北京市	105	1061	139.44	131.83
天津市	94	1500	115.51	121.86
河北省	412	4264	234.40	227.90
山西省	251	2300	167.20	151.39
内蒙古自治区	278	2323	208.24	203.21
辽宁省	480	3486	324.98	285.19
吉林省	213	1619	79.54	64.59
黑龙江省	227	1470	124.42	102.18
上海市	125	1371	219.93	210.59
江苏省	564	4916	686.94	786.75
浙江省	312	2880	523.96	570.58
安徽省	363	3678	348.46	421.98
福建省	118	1248	267.15	292.25
江西省	182	1911	215.70	210.60
山东省	300	3126	408.75	452.75
河南省	227	2609	203.92	221.98
湖北省	273	2572	299.98	286.47
湖南省	126	1056	96.55	101.16
广东省	449	7471	721.50	723.67
广西壮族自治区	308	3190	272.22	447.22
海南省	55	796	63.54	58.68
重庆市	261	4512	1094.72	1526.53
四川省	227	4291	405.30	451.29
贵州省	217	1861	70.80	66.22
云南省	194	1648	95.79	93.60

续表

地区名称	机构数量(家)	从业人员数(人)	实收资本(亿元)	贷款余额(亿元)
西藏自治区	19	126	19.91	12.98
陕西省	259	2506	238.67	243.99
甘肃省	283	2752	147.88	124.19
青海省	65	650	36.74	38.92
宁夏回族自治区	78	1132	33.27	30.97
新疆维吾尔自治区	268	1915	169.23	179.72

注:由于批准设立与正式营业并具备报数条件之间存在时滞,统计口径小额贷款公司数量与各地公布的小额贷款公司批准设立数量有差别。

非营利性小额贷款机构,重点在于扶贫,以扶贫作为首要目标,包括民间非营利组织中的中国扶贫基金会、中国妇女发展基金会、中国人口福利基金会以及由国际组织牵头或提供资金成立的小额贷款机构等。

目前,具体而言,我国供小额贷款的供给主体有 7 类:农村信用社的小额贷款、邮政储蓄银行的小额贷款、国家开发银行和农业发展银行等政策性银行进行的批发性小额贷款、各种非营利的民间非营利组织所进行的小额贷款、私人建立的一定区域内有限度吸收存款的营利性质的小额贷款主体、中国人民银行试点的商业性小额贷款公司和农村民间的资金互助和村镇银行。①

(二)农村小额贷款传统供给主体及存在的问题

中国农村小额贷款供给主体根据组织机构以及资金来源的不同,可分为 3 个主要类型:首先是以国外机构无偿援助为资本来源的,包括国外专业民间非营利组织的小额贷款项目、国际援助机构有期限的小额贷款项目以及非营利性小额贷款项目等。其次是政府参与扶贫的以国家财政和扶贫贴息为资金来源的,借助小额贷款服务这样的金融工具,以实现扶贫任务为目标,政府运作的政策性扶贫小额贷款。最后是正规金融机构,主要包括农村商业银行、农村信用合作社、邮政储蓄等,根据中国人民银行信贷扶持"三农"的要求,以吸收存款和中国人民银行再贷款为资本来源,开展农户联保以及小额信用贷款。第三类主体是本书研究的重点。其中 3 类主体提供农村小额贷款又具有各自的优劣性和问题。

1. 农村信用社提供小额贷款

在我国正规金融机构中,最早开展小额贷款业务的是农村信用社。在我国农

---

① 参见刘洋、汝百乐:《新型农村金融机构点亮小额信贷》,载《中国农村科技》2007 年第 6 期。

村,含农村商业银行和合作银行在内的农村信用合作社体系是农村小额贷款业务开展的主力金融机构。截至2011年,全国农村信用社存款余额为9.7万亿元,位居银行业金融机构的第四位,贷款余额位列第二,合计6.6万亿元。农村信用社的全部涉农贷款在银行业金融机构涉农贷款总额中占比32.89%,共计4.6万亿元。农户贷款占银行业金融机构农户贷款总额的77.4%,已经达到2.4万亿元。相比其他正规金融机构,农村信用社在小额贷款领域的优势在于:宽泛的资金渠道、相对成熟的内部组织机构管理水平、较强的金融专业能力、从业人员相对较高的专业素质、相对宽松的法律政策空间、明显的地域优势。所以,在农村农信社的认可度大大超过其他农村金融机构。

2. 农业银行提供小额贷款

贴息扶贫小额信用贷款由农业银行在1990年开始开展,然而由于资产质量低等原因,在2000年前后在全国范围内叫停。但在云南省一些地区,在当地政府的扶持配合下仍然在继续。近年来,随着改革的不断推进,农业银行经营目标的重点已经从单一的城市转为同时发展城市和乡村两个金融市场,而且还把发展农村小额贷款业务作为它在“商业运作”以及“服务‘三农’”的指导方针下的一项重点探索方向。

3. 邮政储蓄银行提供小额贷款

邮储银行的小额贷款业务以质押和信用为主要形式。邮政储蓄银行在存款规模方面位居全国商业银行第五,拥有全国最大的城乡网络,发展潜力巨大。但是在专业人才、操作金融业务经验以及管控风险能力等方面存在风险和挑战。

4. 国家开发银行提供小额贷款

2011年国家开发银行大力扶持农业、林业、水利行业的发展,对涉农保险和涉农贷款进行产品创新,并成功开展了林权抵押贷款业务,在支持农林牧副渔等行业的发展的同时,也支持南水北调等一批国家重点工程建设项目。截至2011年,国家开发银行已经给上述行业发放了大约1022亿元的贷款,2012年国家开发银行中小企业贷款余额达到约1300亿元。在商业化转型成功的背景下,国家开发银行办理小额贷款业务时强调的是业务上的可持续性,如建立专司小额贷款业务的富民业务部等。

5. 地方性商业银行提供小额贷款

以哈尔滨商业银行为例:为改善农村金融环境,促进“三农”和整体经济的和谐发展,哈尔滨商业银行推出“赚通”农户贷款系列产品(涉及养殖业、种植业、服务业、农机具等)。该产品包含以下特点:(1)种类全。该产品可以满足农户种植、养殖、购买农机具和从事农产品加工等多方面的资金需求。(2)额度高。贷款额度起点为1000元，最高额度在5万元左右。(3)期限长。贷款期限最高可达5年，农户可自由选择利随本清、等额还款等多种还款方式。(4)送货上门。采用集中上门收放贷的模式，让农户在家即可获得贷款。

然而，传统金融机构的小额贷款业务运作成本高昂、风险大，从业员工工作量大，利率又受到限制，故该业务呈现亏损状态，并未实现预期中的良性扩展。事实上，在一些管理水平低、不良资产率高的信用社，小额贷款业务已经开始出现减缩迹象，其中，农户信用贷款和联保贷款业务体现得尤为明显。

究其原因，一是政策性农村金融机构业务开展受其支农职能范围的影响制约。事实上，由于对其支农范围限制得过窄，导致其无法正常施展“输血”和“造血”功能，不能够在无偿的财政资金投入配合下对新社会主义农村建设进行支持。目前，其支农范围仅局限于为国有粮棉油的流通环节提供信贷服务，对农业产业化改革、产业结构调整、基础设施建设以及小额贷款市场农民增收等尚未发挥其支持作用。国家开发银行对农村基础设施建设和中小企业发展的政策支持还远远不如其在国家重大基础设施建设方面的投入。

二是商业性金融机构开展农村小额贷款顾虑重重，在风险管理方面的能力不足严重妨碍其支农效果。农村信用社这类涉农金融机构虽然在农村金融发展中在管理水平、盈利能力和资产质量等各方面都有了显而易见的进步，但是诸如风险、体制、机制和队伍建设等长期困扰其发展的深层次矛盾和问题，尚不可能在较短时间内得以根本解决。服务方式单一落后、人才储备青黄不接、职责界定模糊不清等关键问题仍然存在，严重限制了其支农服务的改进与强化。

三是农村金融创新和服务严重滞后。农村经济的发展和市场化程度的提升，带动金融服务需求的多样化。但是大部分农村金融机构对农村金融服务需求主体的多样化要求选择忽视，而继续以存贷汇等传统业务为主，即使有针对相关需求进行产品和服务上的创新，也不能有效满足农村经济发展的需要。

(三)农村小额贷款新型供给主体及存在的问题

尽管我国的农村金融新政在主体资格准入条件方面有了较大突破，降低了准入门槛，旨在引导各类资本进入农村市场，但对非银行机构的资本入股商业性金融机构有特别限制，客观上抑制了农村金融市场的发展。为解决农村地区银行业金融机构网点覆盖率低、金融供给不足、竞争不充分等问题，2006年12月以来，中国银监会陆续发布了《农村金融机构建设意见》、《村镇银行管理暂行规定》、《贷款公司管理暂行规定》(已失效)、《关于小额贷款公司试点的指导意见》等规范性文件。在由这些规范性文件构成的农村金融新政中，放宽了资本准入的范围，支持非银行机构资本投入农村地区投资、收购、新设各类银行业金融机构。

1. 村镇银行

根据2007年《村镇银行管理暂行规定》,村镇银行,是指经中国银行业监督管理委员会根据有关法律、法规批准,由境内外金融机构、境内非金融机构企业法人、境内自然人出资,在农村地区设立的主要为当地农民、农业和农村经济发展提供金融服务的银行业金融机构。村镇银行是针对我国“金融抑制”现象的一种反应,一种金融创新。农村地区银行业金融机构普遍存在诸如覆盖率低、金融供给不足、竞争不充分、金融服务缺位等问题,村镇银行的出现能够有效解决上述问题,并降低了中小企业融资难度,打破了农信社一家独大的局面,推动了村镇经济发展。从市场需求的角度来看,村镇银行与农村信用社直接博弈的局面,会促使农村信用社必须考虑转变经营理念以谋求生存。

2. 小额贷款公司

贷款公司,是指经批准,由境内商业银行或农村合作银行在农村地区设立的专门为县域农民、农业和农村经济发展提供贷款服务的非银行业金融机构,是为缓解农户贷款难问题而设立的专营贷款的全资子公司。贷款公司不能吸纳公众存款,经营资本为实收资本和来自投资人的借款。小额贷款公司的主要服务试点对象是农户、个体经营者和小微企业,它不隶属于金融机构,所以没有相关金融许可证,只是农村金融体系的一个补充形式。其资金一般源于捐赠资金等,由于不能吸收存款,所以也不存在系统性风险。《关于小额贷款公司试点的指导意见》积极地促进了我国商业性小额贷款的发展规模和发展速度。《2010中国小额贷款蓝皮书》由中国小额贷款机构共同发布,其中对民间资本投资建立的商业性小额贷款机构发展状况进行了披露,小额贷款机构近年来实现了突破性增长,该蓝皮书指出,自从原银监会以及中国人民银行在我国5个省市设立试点以来,小额贷款机构就如雨后春笋一般增长。2008年12月,国内不足500家;2009年12月,增长到1334家;2010年12月,小额贷款机构数量已突破2300家。根据中国人民银行上半年度的数据统计,我国截至2020年7月末,共有小额贷款公司7333家,贷款余额8841亿元,上半年贷款减少249亿元。当前,我国共有小额贷款企业7797家,从业人数达7.62万人。当前的发展速度是令人满意的,但历史经验表明,高速发展总是伴随潜在的风险,小额贷款在自律监管以及市场调节之外,政府应当加快相关法律法规的出台,引导其持续健康发展,防范并消除发展过程中可能出现的风险。

3. 农村资金互助社

农村资金互助社是由农村企业和农户带头创建,服务于入股社员、进行社区民主制管理的信用合作机构组织。与农村信用社相比,农村资金互助社有如下优势:第一,入社门槛较低,农户只要认购少量的“资格股”就能获得社员资格;第二,投资收益较高,正常情况下因杠杆作用,社员会获得比投资额高出数倍的贷款额;第三,在资金互助制度中,全体社员会参考市场利率来决定贷款利率,农户通过比较投资成本后就会了解该制度的好处并选择它。但是要想可持续发展,则必须满足如下条件:需要吸纳一定数额的成员股本,适当的商品经济发展环境,成熟的民主制衡机制,推举数名有办事能力并且公正有威望的人,具有凝聚力的社区,完备的财务管理及运作机制,适度的外部监督等。由此可见,要想达到实现健康可持续的发展目的,资金互助社所需做的还有很多。如果政府能采用更宽松的农村金融政策予以支持,农村资金互助社会则会大大降低,诸如运营情况不佳、非法募集储金等扰乱金融秩序现象发生的可能性。①

虽然非银行机构资本准入农村金融市场的深度、广度都有了很大的突破,但仍存在一些限制。

第一,非银行机构资本只能参股设立村镇银行。《中国银保监会农村中小银行机构行政许可事项实施办法》第26条规定村镇银行应采取发起方式设立,且应有1家以上银行业金融机构作为发起人,其中银行业金融机构持股比例不得低于51%。单一自然人持股比例、单一其他非银行企业法人及其关联方合计持股比例一般不得超过10%。根据这个规定,非银行机构资本不能成为村镇银行的主发起人,不能成为村镇银行的最大股东,持股比例一般不得超过10%。

第二,准入门槛的限制。非银行机构资本可以和银行资本一样设立“只贷不存”的贷款机构,但有许多限制条件。《关于小额贷款公司试点的指导意见》指出,小额贷款公司是由自然人、企业法人与其他社会组织投资设立的,不吸收公众存款,经营小额贷款业务的有限责任公司的注册资本不得低于500万元,股份有限公司的注册资本不得低于1000万元,单一自然人、企业法人、其他社会组织及其关联方持有的股份不得超过小额贷款公司注册资本总额的10%。申请设立小额贷款公司,应向省级政府主管部门提出正式申请,经批准后到当地市场监督管理部门申请办理注册登记手续并领取营业执照。

第三,互助型金融机构注册资本要求虽然低但发展缓慢。《农村资金互助社管理暂行规定》规定,在乡镇设立的,注册资本不低于30万元人民币。在行政村设立的,注册资本不低于10万元人民币。与原农村金融机构的注册资本额要求相比,农村金融新政对新型农村金融机构的注册资本额要求很低。关于注册资本额

---

① 参见杨贵桥:《农民资金互助社法律制度研究》,西南政法大学2015年博士学位论文,第210页。

要求的降低，有学者认为，新型农村金融机构注册资本额要求是与农村地区金融服务规模和业务复杂程度相适应的，符合农村经济发展的实际。但也有学者指出，较低的注册资本使新建金融机构资本实力不高，抗风险能力先天不足。[①] 经营机构的小型化、分散化导致经营成本相对较高。

二、我国农村小额贷款治理制度的不足

（一）对借款人缺乏商业性的适格性管理

1. 贷款主体适格性管理缺乏市场化标准

一般的农村小额贷款主体是农户和农村的中小企业，扶贫小额贷款主体必须是建档立卡贫困户，即年龄在18～60周岁、具有完全民事行为能力、没有任何未解决的法律纠纷和不良信用记录、有贷款意愿且有生产经营能力的主体可以获得贷款。调研结果显示，贷款不良率与学历、年龄存在一定关联性，采用政策性标准虽然在一定程度上可以保障扶贫小额贷款发放对象的精准性，但在对进行小额贷款的主体审查上缺乏对贷款主体的还款能力、产业可行性考察的内部参照标准。

在贷款审查中，金融机构对农户投资产业考察较少，再加之扶贫小额贷款发放中审查主体多重，程序烦琐，如村镇均进行审查但并无相应标准与责任，针对扶贫产业的领域与项目把握不足，比如，在山阳县存在较多农户种植黄姜，但市场并无足够的消化能力，导致较多农户因产业成本无法收回而导致银行发生呆坏账风险。

2. 放贷机构审查程序存在形式化

在扶贫小额贷款的发放中，审查主体较广泛，包括银行、政府、基层自治组织以及基层扶贫干部等。贷款的审核也是从村一级开始进行的，并逐级往上。在贷款发放过程中，只有银行对于贷款能力、还款能力、信贷信用等贷款标准有较翔实的掌握，其他主体由于专业限制不能对审贷起到很大的助力，反而因为层层审核，迫使银行对不符合信贷标准的主体也发放了贷款。而这些主体只在贷款发放的过程中起到“保证”作用，贷款到达贷款主体之后的具体使用情况的监督则只有银行进行，其他主体对贷款使用和清偿的关注力度会大大下降。

在放贷时，发放主体对借贷农户还款知识宣传不足，导致很多贷款主体缺少对贷款的计划性安排，而对于不能还款的宣传不足，最终会加剧还款不能的风险。经过对山阳县的摸排调研，在对农户不能偿还贷款的后果情况调研中，农户知晓银行催收的为78户，占比42.62%；知晓银行会提起诉讼的为27户，占比14.75%；影响自己后续贷款信用的为37户，占比20.22%；影响子女信用、入学等

① 参见纪瑞朴：《新型农村金融机构低准入门槛带来的隐患》，载《红旗文稿》2008年第2期。

为28户，占比15.3%；知晓自己会被银行列入“黑名单”的为52户，占比28.42%；影响惠农补贴的为26户，占比14.21%；并不知道会有任何后果的农户为26户，占比14.21%；知晓自己需要多交利息的有7户，占比3.83%；知晓其他不清偿后果的2户，占比1.09%。80户无数据，情况包括未贷款的建档立卡贫困户调查对象，故不计入前述统计。柞水县调查对象不能偿还贷款的后果情况调研中，农户知晓自己会被列入“黑名单”的为104户，占比23.11%；农户知晓银行催收的为90户，占比20%；知晓银行会提起诉讼的为65户，占比14.45%；影响自己后续贷款信用的为58户，占比12.89%；影响子女上学结婚的为50户，占比11.11%；影响涉农补贴的为33户，占比7.33%；不知道不清偿贷款后果的为50户，占比11.11%。由于早期对不能还款的认识不足，使贷款主体在贷款到期后不能建立正确的还款意识，从而面临银行的催收甚至诉讼。

（二）贷款跟踪管理制度不够健全

1.贷款用途监督不到位

根据调研问卷数据显示，调研过程中发现扶贫小额贷款的资金到达贫困户之后，缺少对具体使用情况的监督。比如，在山阳县的现有贷款或曾有贷款的调查对象中，贷款申请用途是购买农机具、生产资料的为7户，占比3.83%；发展种植、养殖等特色产业的有161户，占比87.98%；用于购买房屋、车辆的农户有3户，占比1.64%；实施易地扶贫搬迁的为21户，占比11.48%；用于其他用途的为3户，占比1.64%；而实际购买农机具、生产资料的农户为8户，占比4.37%；发展种植、养殖等特色产业的为162户，占比88.52%；购买房屋、车辆的为4户，占比2.86%；实施易地扶贫搬迁的为1户，占比0.55%；用于家庭消费的为27户，占比14.75%；其他用途的为11户，占比6.01%。山阳县扶贫小额贷款的用途改变率为9.78%，贷款用途变动较大。[①] 对于贷款用途与实际用途一致的产业资金的运用，基本上实现了“户贷其用”，但是由于该笔贷款是一次性到达申请贷款贫困户账户的，缺少贷后的具体监督措施，在发展产业时存在资金使用计划不合理的情形，造成了产业发展中期、后期资金不足的情况。

扶贫小额贷款属于“定向用途”资金，农户在申请贷款时大多以发展产业作为贷款理由，调查问卷中设计了“申请贷款的用途”这一问题，统计数据显示，在实际的贷款使用中存在申请用途与实际用途不一致的情况，即贷款申请的用途背离了贫困小额贷款的政策目标，贷款全部用于非生产项目，如用于盖房、看病等，非生

① 参见王莹莹、王天昱、陈奕丞等：《陕西省商洛市山阳县、柞水县扶贫小额贷款的使用情况调研报告》，陕西省地方金融监督管理局委托研究课题，2019年8～11月。

产性投入最终导致届期还款时无偿还能力。

关于贷款的使用监督，基本上是在放贷时进行实地走访，考察产业的实际落实情况，而对于后续的贷款使用去向则没有持续跟进监督。比如，在山阳县现有贷款或曾有贷款的调查对象中，村委会对贷款使用情况进行监督的农户为217户，占比91.56%；未对贷款使用情况加以监督的有20户，占比8.44%。调研结果显示，扶贫小额贷款监督集中于贷款发放时，但贷款后续使用情况监督措施不足。

2.金融机构贷后服务不到位

贷款农户的还贷能力是否发生变动、贷款投资产业是否运行良好等情况跟进不及时，产业投资方向是否需要及时调整、产业辅导是否需要提供等情况的后续服务不充分，以及产业回本周期与贷款还款期限不匹配，不能及时根据产业回本周期调整还款期限，造成了贷款逾期。

山阳县共计163户设立了贫困农户产业，所投入产业的盈利周期为1~3年的有28户，占比17.18%；产业盈利周期为3~5年的有59户，占比32.2%；产业盈利周期为5年以上的有35户，占比21.47%；不能回本的有1户，占比0.61%；没有进行产业经营的有6户，占比3.68%；34户未统计到有效数据，占比20.86%。柞水县共计161户农户设立了产业，所投入产业的盈利周期中1~3年的有56户，占比28.43%；产业盈利周期为3~5年的有96户，占比48.73%；产业盈利周期为5年以上的有9户，占比4.57%；没有进行产业经营的有36户，占比18.27%。无数据情况包括调查对象无法确定盈利周期、产业受自然市场等原因影响较大无法确定等情况。① 基于政策原因，贫困小额贷款是3年贴息贷款，资金总额不超过5万元。针对农户目前发展产业来说，存在大量的产业回本周期超过3年的情形，因此用于发展产业的贫困小额贷款无法实现在还款期限前回本并收益的目标。

三、我国农村小额贷款监管制度的不足

近年来，国家出台了合理的政策和法律法规来加强对小额贷款的监管，促进其健康发展。由于我国正处于社会转型期，改革和调整决定了我国小额贷款发展的政策和法律的独特性。最初的扶贫政策对小额贷款的试点运行提供了有力的政策支持。20世纪90年代末，国家大规模推广小额贷款，鼓励开设试点，继续强调其扶贫作用，规范其运作过程并对其加以肯定。后来，为了满足农民日益增长的资金需求，促进金融市场的发展，国家支持和允许在有条件的地区，由个人和企

① 参见王莹莹、王天昱、陈奕丞等：《陕西省商洛市山阳县、柞水县扶贫小额贷款的使用情况调研报告》，陕西省地方金融监督管理局委托研究课题，2019年8~11月。

业建立小额贷款组织，并出台相应的监管立法，使农村金融市场蓬勃发展。2010年，政府逐渐加大对农村小额贷款的监管力度。至2014年，我国对小额贷款的监管是多方的，但是并没有明确监管主体和具体的监管职责，这造成了小额贷款监管的混乱。2016年以来，全国各地区对小额贷款机构的监管并不相同，大多数省份成立了由原银监部门和人民银行参加的联席会议，共同进行监管。中国人民银行出台的《农村信用社农户小额信用贷款管理办法》(已失效)，在进一步规范对小额贷款的操作办法的基础上，还明确指出了小额贷款发放、个人信用评定的原则。《农村信用合作社农户小额信用贷款管理指导意见》(已失效)除明确规定农户申请者所具备的条件外，还采取引导措施进一步推进农村小额贷款的支农力度。《关于进一步做好农户小额信用贷款发放和改进支农服务工作的通知》(已失效)促进了小额信用贷款在农村的推广。

但小额贷款监管的不完善一直是小额贷款在农村发展的薄弱环节，我国一直在不断探索农村小额贷款的监管工作。2005年，中国人民银行在5个省启动了农村小额贷款组织试点工作，加强和规范对农村小额贷款机构的监督管理，促进其可持续发展。2007年，银监会制定了《贷款公司管理暂行规定》(已失效)，从小额贷款公司的设立、组织机构、经营和监督管理模式及终止业务等方面进行了规范与限制，从制度上保障了小额贷款公司进行合法合规经营，从而为多个金融机构进入农村试点工作提供了政策引导。各地区纷纷效仿，均出台了本省份的暂行管理办法，积极展开推广。总体而言，我国在农村小额贷款监管方面的法律和制度框架缺乏系统性和完整性，具体表现在以下几个方面。

(一)监管职权的落实及现实差距

首先，缺乏专门的针对农村小额贷款监管的法律规范。从我国对小额贷款的监管法律发展历程可以看出，临时的政策性文件对小额贷款的监管效力不足，制定针对小额贷款的监管规范显得非常重要。

其次，监管主体缺位，机构职责模糊。农村小额贷款金融业务涉及不同地域、不同贷款农户主体，业务种类较多、涉及面较广，在实践中会出现多方监管主体。由于各监管机构之间的职责不明确，在监管过程中往往出现互相推诿、扯皮的现象，不利于农村小额贷款业务的发展。当前，法律对小额贷款的监管模式未作出明确规定，由于农村自然条件差，影响了农户耕收和还贷能力，当农村信用社出现风险时，很难找到监管主体并划清职责，导致公益性的小额贷款无法发挥其脱贫作用。同时，在监管方面还存在"监管主体尚未明确"的问题。对于金融机构的监管一般由原银保监会进行，但是农村小额贷款的承贷主体不仅是商业银行，还有非金融机构的小贷公司。对于非金融机构的公司规范则适用于我国《公司法》的相关规定，缺乏具体监管单位对其负责，只是泛泛规定由地方政府和中国人民银行设立组织进行监督，既无职责方面的明确规定，也无标准方面的统一要求，如此导致监管主体的混乱和监管落实的困难。

最后，监管法律体系不够完善。我国是农业大国，农村的发展直接反映我国总体的发展，有效的法制在实现农村经济健康发展和农民脱离贫困中不可或缺。从农村发展来看，不健全的小贷监管体系阻碍了其现阶段的良性发展。农村经济本来就落后，再使用传统的农村金融市场监管法律体系不符合新形势的要求。以莎车县为例，该地区农村经济落后，农户脱贫致富意向、法律、信用意识均较淡薄，加上农村信用社宣传工作的缺乏，导致部分农户不能正确认识小额贷款，并将其合理地使用在土地耕耘等经营活动上，将小额贷款视为国家的援助，不用偿还，甚至不知道不偿还贷款带来的后果，使农村信用社不断出现呆账坏账，严重影响了农村金融的发展环境。①

（二）小额贷款发放主体内部治理监管不健全

为我国农村提供小额贷款服务的正规金融机构包括信用合作社和商业银行等金融组织，由于这些金融组织可以通过《商业银行法》《公司法》来监督和规范自己的行为，因此它们的内部管理相对来说应当比较全面。② 相对它们来说，“只贷不存”的小额贷款机构和农村小额贷款组织，由于是非政府机构，在发展过程中也没有相关的法律法规对其作出规范化指导，必然会出现问题。历来非政府机构的管理都是一个棘手问题，尽管各种机构都在想方设法地提升自己的内部管理水平，但是要想从根本上解决，必须创建一套完善的法律法规。当前，我国还没有制定出专门的小额贷款法律条文，这必然不利于小额贷款的良好发展。从当前小额贷款的发展现状来看，不明确的宗旨和目标、不清楚的管理职责、混乱的治理方式以及不健全的法律法规，可谓影响其正常发展的主要因素。尽管有些非政府性质的贷款机构已经创建了一套运行体系，但是工作人员的服务宗旨往往难以与小额贷款的宗旨保持一致。从2000年起，我国非政府小额贷款组织在市场上的份额不断缩减，究其原因主要在于内部管理机制不够完善。小额贷款公司虽然具有“只贷不存”的弊端，但该组织依据《公司法》，能够逐渐改进内部管理模式，然而综合来看，它的管理机制还不够完善，监督权、决策权、经营权不是过于集中就是过于分散，形成了较混乱的内部管理格局。③ 可见，小额贷款在监管体系中的不足正是

① 参见古丽拜克热木·吾布力卡斯木：《我国农村小额贷款监管法律问题探析》，载《法制与经济》2019年第1期。

② 参见陈宝莹：《浅谈小额信贷的法律制度构建》，载《经济与社会发展》2012年第3期。

③ 参见赵甜甜：《我国农村小额信贷的法律制度研究》，载《宁夏农林科技》2011年第9期。

我国提供金融扶持解决“三农”问题的障碍。因此,需要通过立法,明确农村小额贷款的基本原则,加强和完善其监管法律制度,使小额贷款在脱贫工作中起到作用。

(三)农村金融机构“脱农”行为监管不到位

一是发展定位与创新激励的错位。金融机构的发展离不开有效的外部政策激励。新型农村金融机构从产生到发展严格遵循了从“政策到政策”的衍生逻辑,是一种自上而下的强制性制度变迁。在现实推进中,宏观决策的发展定位与执行机构的监管措施产生了错位,致使新型农村金融机构缺乏有效的外部激励。

二是中央一号文件中的政策导向。除2011年针对水利事业调控外,其余10年间,中央一号文件都从建设“三农”事业、破解“三农”难题出发,全面地、有次序地调控农村、农民与农业的可持续发展问题。农村金融作为破解“三农”问题的关键环节,一直是发展“三农”事业的重点突破领域。从宏观决策的角度来看,新型农村金融机构的建设具有极强的历史性与现实意义:一方面,新型农村金融机构是农村金融发展的突破口。农村金融改革与农村金融服务水平的提升成为政府不变的决策重心。对于农村金融机构来说,自2004年开始就强调探索“兴办直接为‘三农’服务的多种所有制的金融组织”,直至2008年明确要“调整放宽农村地区银行业金融机构准入政策试点工作”以及“培育小额贷款组织”。整体政策的推演较清晰地界定了新型农村金融机构的功能地位、优惠政策以及风险监管,为其发展提供了较宏观的现实框架。另一方面,新型农村金融机构也是合理促进民间资本进入正规金融领域,推动金融市场化改革的一扇“窗口”。在历年的一号文件决策中,不乏对于民间资本在以农村金融、小微金融为代表的现代金融弱势领域发挥效用的激励探索。因此,新型农村金融机构的发展定位既在于对农村金融发展的拓展探索,又在于对传统金融机构的改革试水。

三是在现有的金融监管制度下仍存在激励不足。较之宏观政策的发展定位,新型农村金融机构的监管措施体现出极强的风险规避性与去民间性。高昂的监管成本与监管经验的缺乏使监管者更多将传统金融风险控制的监管手段应用于新型农村金融机构,忽视了对于新型农村金融机构创新空间的供给。一方面,根据政策导向,新型农村金融机构多设立于偏远的农村地区,自身运作的规模、业务开展的程度以及所面临的风险各有不同,从既有确立的属地监管制度来看,原银监会曾明确了“银监分局作为属地监管机构,是新型农村金融机构监管的第一责任人”,而现实中无论是原银监会还是金融办,都面临较大的监管难度与监管成本。另一方面,对这种创新探索的新型农村金融机构,监管部门同样缺乏充分的监管经验。既有的监管制度并没有致力缓解双方信息的不对称,而更多通过传统金融规制方法的套用,秉承了我国金融监管制度一贯的稳定导向。2009年6月,银监会发布《小额贷款公司改制设立村镇银行暂行规定》，明确了小额贷款公司改制村镇银行的实体要件与程序要求。根据笔者调研显示，村镇银行在涉农贷款比重与农户贷款比重两个向度的数据均大幅超出小额贷款。小贷公司面临严峻的经营风险，在难以保障营利性的前提下，很难保障支农性的实现。现有的利率限制与地域限制不利于小贷公司在信贷市场施展拳脚，产品设计创新不能脱离当下政策与金融体制对于小贷公司经营范围的苛刻限制。从农村金融机构市场主要调控者——原银监会的政策导向来看，因为担心形式上较“自由”的小额贷款公司假借支农之名，谋求资本“套利”，所以调控者，一方面，对小额贷款公司进行了较严格的监管，一大批小额贷款公司因此被强迫退市；另一方面，加大力度促进小额贷款公司改制村镇银行，以便纳入固有的银行业监管体系。在金融市场秩序稳定的同时，或许也丧失了进行金融创新的勇气。从历年中央一号文件的政策导向与新型农村金融机构的规制目标来看，发展新型农村金融机构的宏观政策导向是明确的：从基础层面来看，建设新型农村金融机构的直接目的在于农村金融市场体系的完善；而从更深层面来看，应当把农村金融体系的建设与改革，作为当下金融体制改革的一个突破口。中国人民银行、原银监会、财政部与国家税务总局在基础层面的目标实现达成了一定的共识，确保了新型农村金融机构建设的数量与规模。但是，新型农村金融机构的发展欠缺实质有效的外在激励，致使其发展偏离了既定的目标规划。“低准入、严监管”的监管原则并没有为新型农村金融的发展留有足够空间。新型农村金融机构的发展从本质上讲就是一种金融创新，以小额贷款公司为代表的小微金融机构已经在世界范围内取得了弥足珍贵的发展经验，这些发展的经验中无不内嵌因地制宜、创新激励的衍生规律。监管成本费用高昂与经验缺失不能成为停止创新扶持的理由。当下，新型农村金融机构呈现明显“脱农”现象：营业网点从农村回归县城、资金大量流向非农行业等。这些现象的发生有悖新型农村金融机构的建设初衷，但是缺乏足够的支农激励也使新型农村金融机构不得不为生存而改变经营策略，进而缺乏创新探索的动力，而缺乏有效的创新激励只会使新型农村金融机构的建设走上传统农村金融建设的老路，在未来迎接它的，很可能是一轮又一轮无止境的缺乏创新精神与创新激励的“新型”建设，当然还存在传统制度缺陷即金融抑制。①

（四）非金融组织提供小额贷款的监管不到位

小额贷款主体法律地位的不明确使小额贷款监管主体也变得不明确。我国

---

① 参见王煜宇、刘乃梁：《新型农村金融机构的制度障碍与法律完善》，载《西北农林科技大学学报（社会科学版）》2016 年第 2 期。

农村小额贷款服务组织包括信贷公司和民间非营利组织在内的非金融组织，以及包括信用合作社和商业银行在内的金融组织。《中国银行监督管理法》和《商业银行法》明确规定了金融组织的法律地位。对于非金融组织来说，我国还没有出台相关的政策法规，从而导致该类组织的发展较滞后。另外，以政府与捐赠人所签订的合同或协议为依据，即可获得经营许可证，但是随着合同或协议的期限届满，这种组织的法律主体地位也会逐渐丧失，因此，其法律主体地位是不够稳固的。诚然，并不是所有的非金融组织都是“短命”的，经过开发计划署和社会科学院扶贫社共同授权和批准的农村发展协会，则是一个特殊例子。大多数的非金融机构都难以得到政府对自己经营主体的认定。这种模糊不清的状态，产生了不明确、不稳定的信贷双方的义务与权利，从而产生了纠纷，影响了金融市场的规范化发展。另外，小额贷款公司具有“只贷不存”的特质，由于其主体地位得不到法律的认可，从而也造成这些公司的违规行为不能得到有效监管。①

（五）小额贷款公司监管存在的特殊问题

目前，小额贷款公司的法律监管主要存在以下两方面问题：第一，小额贷款公司的资本上限受到一定限制，不得超过规定的资本上限，这就极大地阻碍了小额贷款公司的规模化发展。如浙江省规定小额贷款公司注册资金不得超过2亿元（贫困地区不得超过1亿元）；湖南省同样规定小额贷款机构注册资金不得超过2亿元。银行业金融机构融入资金限额也有严格的限制规定，极大地限制了比较优秀的小额贷款公司做大做强。第二，对小额贷款公司没有指定明确的监管部门。很多机构都是虚设的，当要求其对某一项业务进行监管时，找不到一个明确的部门。《关于小额贷款公司试点的指导意见》（银监发〔2008〕23号）将小额贷款公司的审批权限下放到省级人民政府，具体业务由省级人民政府确定相应的监管部门，在实际的监管工作中负责监管工作的部门包括：财政局、金融办、发改委，部分地区甚至由3个部门联合进行小额贷款机构监管，这样的监管方式容易出现扯皮、推卸责任的现象，不利于小额贷款机构可持续、健康稳健的发展。

村镇银行设立以来，原银监会出台了较多监管方面的规范性文件，但其中大多数文件的法律层级较低并且内容有待完善，这使监管的落实困难重重。其中，比较重要的《村镇银行管理暂行规定》和原银监会《关于加强村镇银行监管的意见》在2014年已失效，2015年出台《中国银监会农村中小金融机构行政许可事项实施办法》。一直到2019年银保监会发布《农村中小银行机构行政许可事项实施办法》。

---

① 参见赵甜甜：《我国农村小额信贷的法律制度研究》，载《宁夏农林科技》2011年第9期。

四、小额贷款违约救济制度不健全

根据调研问卷，最早一批扶贫小额贷款已届还款期，调研结果显示不具有还款能力的贫困户占比较大，针对这一部分目前不具有还款能力的贷款户，当地的金融机构——主要是当地的农商行，采取的是进行延展，即延长还款期的措施。但仅依靠这一措施并不能完全将逾期的贷款进行妥善处理，展期到期后如何处理又将是对小额贷款供给主体的一大考验。而当前我国农村小额贷款在违约救济方面还存在问题。

（一）催债举措单一

其一，不能充分利用农村信用体系发挥信用对失信的惩罚激励功能，造成没有建立诚信的农村信用环境；其二，不能有针对性地对某些可以进行产业辅导或者需要延长贷款期限等待产业成熟期的贷款进行弹性还贷机制，催债举措缺乏灵活性。

（二）司法救济机制不完善

扶贫小额贷款对农村建档立卡贫困户实行无担保、无抵押、3 年内免息，是帮助建档立卡贫困户实现脱贫的优惠政策，扶贫小额贷款在本质上仍属于贷款的范畴，不是扶贫专项资金，发挥对建档立卡贫困户再生产进行原始经济"输血"的作用，使其真正脱贫的功能，扶贫小额贷款在到期后应当偿还，否则将影响金融经济的可持续运营。但在山阳县的调研中，存在扶贫小额贷款到期未还款的情形，但是当地的农村商业银行并没有启动司法救济途径，强制执行扶贫小额贷款农户并敦促其尽快还款。银行采用扶贫小额贷款司法救济的动力不足，究其原因，主要有以下几点。

1. 诉讼成本高、耗时长。有关扶贫小额贷款方面的法律法规，主要是原银保监会、中国人民银行和其他各银行以及地方金融办所制定的规范性文件，规定扶贫小额贷款到期未偿还时，由放贷的农村商业银行进行追索，对贫困户确无偿还贷款能力、到期未能还款且不符合续贷或展期条件、追索 90 天以上仍未偿还的扶贫小额贷款，启动风险补偿机制。风险补偿金机制虽然起到兜底功能，但也易造成农村建档立卡贫困户认为可以拖延还款，甚至不还款，贷款将由政府买单的偏误思想，同时也容易造成地方农村商业银行到期催收难度大，导致大量扶贫小额贷款形成呆坏账。另外，扶贫小额贷款的司法制约机制不完善，不利于扶贫小额贷款的自身发展，进而导致扶贫小额贷款的真正内在价值得不到体现，使整个农村金融环境发展、广大农村金融扶贫、建档立卡贫困户再"造血"功能得不到落实。①

2. 中国农村司法的乡土性影响。互联网信息经济的迅速发展,农村普法活动的多样化开展,在一些乡镇建立派出法庭,使我国农村人民的法律观念得到很大改观,但是我国农村从本质来说,仍是乡土型社会。在山阳县的社会调研中,许多农民法律意识不强,没有认清楚扶贫小额贷款是用于帮助他们发展再生产能力,使其真正脱贫的,以为这是国家发放的扶贫专项资金,将扶贫小额贷款用于建造房屋、子女上学等其他用途上,对于到期不还款的后果意识模糊。我国农村是熟人社会,长期受到传统礼治秩序的影响,只要他们中大多数认为不违反传统规矩即可,当农户中有一部分人抱着侥幸心理到期不还款时,其他农户可能也会跟风不还款,当农村商业银行到期催收贷款时,易产生“羊群效应”,导致农户还款率低。

3. 农村司法执行难度大。传统的中国农村社会人口流动小,农民过着稳定有序的生活。随着中国经济结构的变化,农村外出务工人员激增,人口流动变大,农民在外打工,户口在农村,外出务工人员中有一些是建档立卡贫困户,他们在贷到小额贷款之后,虽然也将贷款用到规定的用途,但当该项扶贫小额贷款到期后,耗用司法资本执行时,出现被执行人不在家、联系不到人的情况。即使有一些小额贷款户在家,但由于农村社会固有的封闭性,当执行到村时,可能出现互相包庇的现状。因此,对于扶贫小额贷款,如果启动司法救济途径,耗用司法资本进行强制执行时,执行难度会更突出。

五、小额贷款风险补偿金制度不健全

农户在产业发展中具有明显劣势,首先在产业的选择上无法准确掌握市场规律,种植的农产品价格受市场供求关系影响较大,而农户又缺少购买农业保险的意识,农产品种植存在较大风险,而对于市场价格较好的农产品来说,其单个农户的种植面积较小,销售渠道单一,往往在市场中处于信息劣势,不能及时获得足够的销售信息,农产品不能达到预期的销售效果。因此,农村小额贷款到期不还的风险非常高,需要政府为金融机构提供补贴,以分担一部分农业弱质性风险。但国家为农村小额贷款提供的风险补偿金制度在实施中也存在问题。国家未制定统一的风险补偿金制度,各贫困县根据本县实际情况与地方金融机构签订风险补偿金协议(申报程序、申报材料无规定),表现在以下几个方面。

---

① 参见潘霞冰、阳大胜:《论小额信贷支持大学生创业的法律制度完善》,载《湖南科技学院学报》2014 年第 8 期。

1. 各主体对风险补偿金性质认识不足

银行、政府、贷款农户之间存在认知分歧。在风险补偿金制度中最关键也是最核心的问题就是风险补偿金的性质在银行、政府以及贷款农户之间存在分歧,特别是原政府扶贫办与银行对于风险补偿金是否在诉讼前发放的认识不统一,从而导致风险补偿金不能及时发放。

2. 各地对呆坏账的认定标准不明晰,进而导致风险补偿金的发放时间不一

银行与政府机关对于呆坏账难以认定,有可能造成双方对于呆坏账的认定标准不统一,银行申请政府运用风险补偿金对呆坏账进行补偿时不符合政府的呆坏账标准而被政府拒绝发放风险补偿金。银行与政府双方对呆坏账认定标准的不统一,首先,加大了银行所承担的风险,银行无法提前精确估算实际呆坏账造成的损失;其次,银行与政府双方对呆坏账认定标准的不统一也有可能造成银行消极发放扶贫产业贷款,进而影响产业脱贫的进行。

3. 风险补偿金的追索制度不完善

风险补偿金发放后存在追索制度不完善的问题,其中以下问题最突出:风险补偿金性质不明确、追索主体不明确、追索所得分配不明确及无信用评级等追索后续措施。该制度的不完善进而引发了以下问题:首先,贷款主体知晓风险补偿金代偿产业贷款后而逃避还款,对社会金融风气产生了不利影响,同时也造成了财政资金的浪费。其次,如风险补偿金发放后追索到贷款主体资金,银行与政府之间可能因此而产生矛盾,从而影响银行与政府之间的合作,进而影响金融扶贫工作的全面推进。最后,该制度的缺失或不完善可能造成法律风险。风险补偿金本质为财政资金的代偿机制,代偿之后原则上本债权消灭,如无明确约定可能造成贷款主体抗辩追索补偿。

4. 发放标准与程序的缺失

发放程序瑕疵、提交材料证明不足等可能造成银行因呆坏账申请风险补偿金时与政府产生矛盾,银行无法及时获取风险补偿金,政府的风险补偿无法及时用于实处,使银行与政府双方均无法对风险补偿金的使用情况进行精准判断,无法准确判断产业扶贫贷款中的风险,进而变相加大银行风险,从而有可能影响产业扶贫。

六、农村小额贷款制度的配套信用体系不健全

农村信用社提供小额贷款对象必须是具有一定还款能力以及还款意愿的中低收入农户,而对农户的还款能力和还款意愿评价又是以农户信用等级高低为标准的。因此,小额贷款借款农户信用等级评定的准确性和真实性就成为影响小额

贷款还贷率高低的重要因素。在实际操作中，农户信用档案资料不准确，造成信用评级并不准确；同时，小额信用评级过程中受到多方干扰和影响。信用评级完成后，缺乏复审程序，呈单一性。信用等级不准确，核定贷款额度不科学，造成不够贷款条件的借款人也能获得贷款。① 在部分落后地区，一方面，由于现实问题导致信用评级落实困难；另一方面，因为没有标准化和强制化的信用评级标准和制度，大多农户还抱有“贷款不还也没有关系”的错误思想状态，在银行发放贷款后经常出现农户到期不还现象，让本就因缺乏资金而运营困难的金融机构雪上加霜，出现大量的呆账坏账，②不利于农村小额信用贷款的良性发展。

① 参见徐江帆、张硕楠、张佳：《威海农村信用合作社农村小额信贷风险问题研究》，载《时代经贸》2014 年第 4 期。

② 参见黄彦：《论湖北农村小额贷款信用体系的健全与完善》，载《中国农业银行武汉培训学院学报》2008 年第 5 期。

第三章　我国农村小额贷款制度的规范性解构与改革

第一节　我国农村小额贷款制度的规范性解构

一、农村小额贷款法律关系的类型

从法律性质上来讲，以贷款为特征的融资活动本质上属于民法层面的借款合同关系，小额贷款行为引起的最基础和最主要法律关系是平等主体间的借款合同关系，随之发生的附随合同关系是担保合同关系，然后是对小额贷款进行监管引起的监督管理关系。

（一）农村小额贷款的借款合同关系

农村小额贷款借款合同，是指经依法批准，经营贷款业务的农村商业银行、村镇银行、农村合作银行、农村信用社、农村资金互助社和贷款公司等农村金融机构，将货币资金出借给农户或涉农企业使用，贷款到期时借款人归还所借资金和利息的合同。在农村小额贷款活动中，农户或涉农企业从农村金融机构那里获得的所有贷款都要基于其作为借款人与农村金融机构作为贷款人之间签订的合法有效的借款合同，借款合同中应当约定借款的种类、金额、利息、用途、还款期限和方式，借贷双方的权利义务、违约责任等，从而在借款人和贷款人之间形成了农村小额贷款借款合同法律关系。农村小额贷款借款合同除具备一般借款合同的特征外，还具有以下法律特征：(1)农村小额贷款借款合同的主体应当符合法律、法规和规章的规定，即借款人必须是农户或者涉农企业,贷款人通常是能够依法经营贷款业务的农村金融机构,包括农村商业银行、村镇银行、农村合作银行、农村信用社、农村资金互助社和贷款公司等。(2)农村小额贷款借款合同所约定的贷款额度、利率和期限受到法律、法规或规章的约束。一般来说,农村小额贷款的额度为1万~10万元,贷款的期限为1~5年,相对其他金融借款合同来说贷款额度较小、周期较短。

(二)农村小额贷款担保合同关系

农户或者涉农企业向农村金融机构申请贷款时,往往需要按照贷款机构的要求提供担保。根据农户或涉农企业提供的担保物或者保证,借款人或者担保方(包括自然人、联保小组、互助担保机构)与农村金融机构签订保证合同、抵押合同或者质押合同,农村金融机构与担保人之间形成担保关系。农户或涉农企业与农村金融机构签订的借款合同作为主合同,是担保合同成立的基础和前提,而担保合同则作为农村小额贷款借款合同的从合同,是农村小额贷款机构实现债权的保障。

我国民法上对担保有两层解释:一种是指对某一事项的担保,如瑕疵担保责任;另一种是指对债务履行的保证,即债权担保,保证、抵押、质押都属于债权担保。对于后一种债权担保,根据我国《贷款通则》和相关法律法规的规定,以担保的方式为标准,将传统贷款分为信用担保贷款、财产担保贷款。农村小额贷款主要面向的是农民,其中多数为贫困人口,他们缺乏如土地和房子等正式的抵押物,这种特殊性和脆弱性决定了农村小额贷款的高风险性。法律为保障农村金融机构实现其债权,农村金融机构或得以从第三人的财产受偿,或得以从农户或第三人的特定财产优先于其他债权人受偿,从而使债权得到更充分的保障。以第三人的信用或者用特定财产确保债务人履行其债务的制度,主要目的是强化农户按期还贷的能力和降低农村小额贷款的不良率。我国农村小额贷款担保合同关系的类型如下所示。

1.保证关系

该方式在农村金融市场历史悠久、比较常见,已经发展得相对完善,也是我国目前展开试点和推广的重点。保证,是指在借款人和金融机构订立借款合同的同时,引入第三方,签订保证合同,约定如果借款人不按照约定向农村金融机构还贷的情况下,提供保证的第三方即保证人需要根据签订的保证合同或协议向金融机构承担责任的民事法律行为。根据提供保证的主体不同,农村小额贷款的保证具体可以分为农户联保、互助担保、担保基金、担保公司等。保证是外部激励措施,通过关联借款人所在的群体,能够起到降低不诚信道德风险的重要作用。

农户联保贷款,是指社区居民依照《农村信用合作社农户联保贷款指引》

(2004年)组成联保小组,贷款人对联保小组成员发放的并由联保小组成员相互承担连带保证责任的贷款。[①] 农户联保贷款基于自愿原则,具有责任连带、多户联保的特点。农户联保在我国古代宋朝与清朝已有雏形,国际上以孟加拉国为典型的农户联保贷款取得的成就也吸引了世界的眼光。农户联保有许多制度安排上的优点。首先,受益者主要是在经济上具有弱势的农户,这类农户除农户联保贷款外,几乎没有其他担保物和担保途径获得资金融资。农民由于其本身经济条件的限制,通过以群体信用捆绑担保来弥补其担保物不足的缺陷,从而实现风险转移,使农户与农村金融机构成功建立关系并顺利从金融机构获得贷款资金。其次,农户在联保小组形成了联保贷款的群体效应,能够使其相互了解彼此的经营方向和经济状况,内生机制的监督能够帮助农村金融机构降低信息不对称的风险,降低贷款成本,为金融机构的管理和借贷提供便利。综上,农户联保贷款同时解决了农户担保物不足和金融机构贷款风险的问题。互助担保,是指基于亲缘、地缘、业缘等社会网络而建立的具有会员制性质的信用共同体。[②] 我国从2006年开始就一直重视和探索互助担保在农村贷款融资中的作用,探索运用担保基金的作用或发挥担保机构的职能,满足农村小额贷款担保的需求,克服农村信贷融资的障碍。互助担保综合运用多种信用手段,例如,通过集体、合作社、企业的信用转移,弥补农民作为个体信用风险高的弱势,以此方法吸收农村社会资金进入信贷资金,具有内部互相支持、互相帮助的作用。互助担保的运行模式,是在农户和农村金融机构双方的基础上,再引进中介部门作为第三方,成立三方当事人的关系,这里的中介部门一般由某行业的龙头企业或者专门成立的农民专业合作社等机构共同组成。机构的内部运作中,农户和中介机构会形成非常紧密的联系,该中介机构在农户和银行之间作为桥梁,降低农户和银行之间直接合作的风险,提高银行的投入积极性,为农民提供更多的帮助,在组织机构的层面上,实现了农户、中介机构和农村金融机构的"三赢"局面,打破农户因为自身担保物不足而导致的"瓶颈"。互助担保具有多方面合作的优势,一方面,将农户和金融机构更加有效地连接在一起;另一方面,中介机构具有内部交换的机制,使信息不对称的风险相对降低,形成利益一致、责任连带、风险共担的格局。

此外,还有其他保证担保模式,如互助担保基金、互助担保公司、互助担保协会等。各地区对农村小额贷款担保的探索和创新的模式逐渐走向多元化和深化,

---

① 参见王利军:《转型背景下的农户联保贷款制度研究》,载《安徽大学学报(哲学社会科学版)》2011年第5期。

② 参见韩喜平、金运:《中国农村金融信用担保体系构建》,载《农业经济问题》2014年第3期。

对参与主体、服务对象和担保协议的内容也在进行多样化的尝试。

2. 抵押关系

农村抵押担保贷款，是指农户向农村金融机构提供自己的某些财产或者第三人的某些财产，并且不转移该财产的占有，将之作为债权的担保物，一旦农户未能够按时向其偿还贷款，则银行金融机构可以将担保物变卖、折价或者进行拍卖从而以所得价金优先受偿。金融机构通过接受抵押物的担保，以降低信用风险，激励农户按时按期还贷，保证小额贷款的顺利进行。不动产抵押是具有代表性的抵押担保，其在城市中被广泛运用，市民按揭买房实际就是抵押所购买房屋的行为。在农村地区，过去由于法律法规和农村"三权"体系的不完善，抵押融资一直发展缓慢，对此，国家不断尝试和发布相关的规定和指引，创新农村的产权制度安排，进一步发挥"三权"在农村小额贷款融资中的重要作用。目前，各地区根据中央的文件，使用的相关农村融资渠道主要有"三权"抵押和直补资金担保贷款抵押。

农村"三权"抵押贷款，是指以林权、农民房屋产权和土地承包经营权等进行抵押融资。① 林权、农民房屋产权和土地承包经营权是目前我国农民手中最具经济价值的资产，不同于产值较低且预期收益不稳定的农产品，"三权"作为担保物有其强大优势。《民法典》物权编增加土地经营权的规定，②并删除耕地使用权不得抵押的规定，以适应"三权"分置后土地经营权入市的需要，在国家相关决定和指引文件的指导下，部分地区开展了"三权"的抵押工作，③并取得了良好成效。例如，2014 年四川省推出允许农民将土地承包经营权作为融资性担保公司的反担保措施，向金融机构提出贷款申请的试点工作；2010 年重庆市探索农村"三权"抵押融资；2012 年云南省开展以"三权三证"抵押融资为重点的"三农"金融服务改革试点工作等。

3. 质押关系

农户的质押担保通常是农户自己或者第三人通过把自己所有的财产交付给

---

① 参见孔祖根：《农村"三权"抵押贷款的实践与思考——以浙江丽水农村金融改革试点为例》，载《浙江金融》2014 年第 12 期。

② 《民法典》第 339 条规定，土地承包经营权人可以自主决定依法采取出租、入股或者其他方式向他人流转土地经营权。

③ 2015 年 12 月 27 日全国人大常委会通过《关于授权国务院在北京市大兴区等 232 个试点县（市、区）、天津市蓟县（现蓟州区）等 59 个试点县（市、区）行政区域分别暂时调整实施有关法律规定的决定》（以下简称《决定》），授权国务院在北京市大兴区等 232 个试点县（市、区）行政区域，暂时调整实施原《物权法》《担保法》关于集体所有的耕地使用权不得抵押的规定；在天津市蓟县（现蓟州区）等 59 个试点县（市、区）行政区域暂时调整实施原《物权法》《担保法》关于集体所有的宅基地使用权不得抵押的规定。

农村金融机构，由其占有，以所交付的财产作为所贷款项的债权担保，该交付财产通常为动产，也可以为权利凭证，一旦农户不按时偿还贷款，那么金融机构有权依法就该动产折价或以拍卖、变卖所得价金优先受偿。质押与抵押的本质区别在于，是否转移担保物的占有。质押根据担保物的性质不同，可以区分为权利质押和动产质押。在质押、抵押和保证的理论分析上，质押相较其他两种担保方式有许多优势而应是担保行为的主导方式。但是，实证研究数据得出结论，我国农民受到生产力水平落后的制约，手中经济价值高的担保物匮乏，而使质押担保无法充分发挥其应有作用。如果能够克服担保物范围狭窄的困难，完善农村担保物流转市场，能够极大地激发农村金融市场的潜力。因此，我国提出了要在农村地区农业科技专利质押上进行探索和创新，要开展应收账款、仓单、可转让股权、专利权、商标专用权等权利质押贷款，通过多元化的质押方式解决融资担保的难题。

存单质押是在存单的特定债权上设定担保，在农村小额贷款中，农户可将金融机构签发的定期存单进行质押作为担保物，从而从金融机构申请和获得贷款。存单质押与其他质押相较有个显著的特点，其可以直接变现，而不用经过拍卖、变卖等手续。存单质押在农村金融机构的担保业务中比较普遍，但是，存单质押也有其局限性，农户通过存单质押一般最多只能获得存单价值九成至九成五的贷款，对于农户实际流通利用的资金并未有很大裨益。另外，存单质押有贷款期限的限制，只能在1年之内并且在定期存单到期之前，局限了贷款的可利用时间。

农户保单质押贷款，是指农户向保险公司申请政策性农业保险投保并获得保单，在取得保单以后，农民即投保人拿着保单向保险公司或银行申请贷款，以在保险公司取得的保单作为担保物品。农户保单质押贷款一般有两种模式，向银行质押或者向保险公司质押，但是由于我国农村保险公司发展落后和农村经济水平不足，农户保单质押主要是向银行质押。相较一般保单质押贷款，农户保单质押贷款具有特殊性。农户保单质押在基本的保单质押基础上进行了创新，有许多优势，也有许多问题亟待解决。首先，保单本身为农民的生产经营提供了保险，质押后又为农户带来融资优势，缓和了农民贷款难的问题。其次，对农村金融机构来说，保单质押降低了农民贷款的信用风险，满足了其风险转移、资产保全和提高贷款安全系数的考量，增加了其农村信贷规模。但是，保单质押是否为严格法律意义上的质押还有待商榷，因其提供的担保并非如长期寿险保单具有现金价值，而是通过让与保险金请求权的方式为贷款提供担保。①

① 参见沈洁颖：《新型农村银保合作机制研究——以农户保单质押贷款制度为例》，载《中国证券期货》2010年第9期。

养老保险证质押贷款,是指已经依据规定参加了我国农村养老保险的农民以自己手中的或他人的农村养老保险缴费证向有关部门申请贷款,从而取得资金融通的行为,是一种以养老保险证作为担保物的行为。① 如果农户不能按期偿还贷款,农保机构或者金融机构可以依据协议以养老保险缴费余额冲抵贷款。这一担保模式在我国新疆维吾尔自治区昌吉州呼图壁县和四川省巴中市通江县中试行,虽然两者的制度设计和操作流程有一定差异,但都取得了一定成果。养老保险证质押贷款不仅突破了现行农保制度"再分配与消费取向"的陈规,赋予了养老保险再投资的功能,而且拓宽了农保资金保值增值渠道,是一个"双赢"的资产存贷整合行为。但其亦有其不足,以养老保险缴费冲抵贷款,借款人有丧失养老保险金的风险。

直补资金担保贷款,是指农村信用社依托政府财政部门的粮食直补和综合直补资金发放平台,将农户未来的年度里应取得的直补资金作为担保,②通过还本付息率核定贷款额度,向借款人发放的小额贷款。该贷款模式,依托于我国的粮食直补政策的长期性和持续性、粮食直补的可预期性和固定性,实质是依靠国家信用进行担保,一方面解决了担保物范围狭窄的困扰,另一方面降低了农户信用风险。直补资金担保贷款通常首先由政府出台政策或者决定,在其指导下,将相关部门协调,然后财政部门联合其他部门带头构建金融服务平台,由农村金融机构向农户提供贷款。③ 一旦农户不能够按期清偿债权,农村金融机构和财政部门会直接扣缴并划拨其以后年度直补资金用于偿还本息。该模式自2010年开始,在吉林省试点实行,取得了显著成果,并在省内推广开来。从担保物的角度出发,直补资金担保贷款拓宽了农村担保物的可利用范围,使农民从农村金融机构获得贷款的可能性大大提高。

(三)农村小额贷款监督管理关系

跟随社会主要矛盾的变化,当前金融领域主要矛盾是人民对金融服务的需求和金融服务的供给不平衡、不充分之间的矛盾。④ 2007年金融危机的爆发是小额贷款发展的一个"分水岭"。印度安德拉邦州小额贷款的不成功显示了小额贷款

---

① 参见宋冬凌:《突破农村信贷担保瓶颈的若干思考》,载《金融理论与实践》2010年第6期。

② 参见张军、王长志:《关于"直补保"贷款情况的调查》,载《吉林金融研究》2010年第8期。

③ 参见祝国平、刘吉舫:《基于现金流支持的农户信贷模式研究——以吉林省农户"直补资金担保贷款"为例》,载《当代经济研究》2013年第4期。

④ 参见《积极解决金融发展不平衡不充分问题——努力满足人民对高质量金融服务的需要》,载广西南宁市金融工作办公室网站,http://jrb.nanning.gov.cn/jryx/t531732.html,最后访问日期:2020年2月20日。

客户的脆弱性,大量贷款人违约,出借人采用极端的催债方式导致贷款人自杀,最后造成金融灾难。① 该事件直接催生了2011年印度《小额贷款机构发展与监管法案》的诞生。2009~2010年其他发展中国家(诸如摩洛哥、波黑、尼加拉瓜)也陆续爆发小额贷款危机,进一步证实了强化小额贷款监管的必要性。小额贷款涉及各个金融机构,包括具有政策性质的贷款发放机构以及具有法人身份的小额贷款公司;贷户的组成也具有特殊性,不能完全依赖商业银行对客户资质进行审查考评,同时还应强化政府部门、基层组织、其他社会主体的参与,这本身就是金融监管的一部分。小额贷款作为一种促进国家经济发展的信贷工具具有两面性,它会带来繁荣与发展,也会带来债务危机,故而,对小额贷款实施有效监管有利于提高小额贷款机构的治理水平,有助于小额贷款机构的可持续发展,保护存款人的利益,维护金融体制的稳定,减少货币错配的风险,防止洗钱和金融恐怖主义。换言之,监管是实现小额贷款可持续发展的关键。②

小额贷款监管以确保在农村顺利开展和实现目标为宗旨,通过法律法规授权金融监管机构对小额贷款机构及其业务活动进行约束与规制。我国目前对农村小额贷款还没有系统的监管框架,各个地区对农村小额贷款监管的规定也各不相同。总体来看,监管的主体主要包括各级银保监部门、人民银行、金融办、省联社等。监管的内容包括行业市场准入、退出监管、业务监管和不良率监管等。

二、小额贷款法律关系的构成要素

(一)农村小额贷款的借款合同关系构成要素

借款合同关系主体包括出借人和借款人。农村小额贷款出借人是向农户或者联保小组提供贷款资金的一方,通常是农村金融机构,包括农村商业银行、村镇银行、农村合作银行、农村信用社、农村资金互助社和贷款公司等。农村小额贷款的借款人是指农户、涉农企业。根据《涉农贷款专项统计制度》的规定,农户一般是指长期(1年以上)居住在乡镇(不包括城关镇)行政管理区域内的住户、长期居住在城关镇所辖行政村范围内的住户、户口不在本地而在本地居住1年以上的住户、国有农(林)场的职工和农村个体工商户;位于乡镇(不包括城关镇)行政管理区域内和在城关镇所辖行政村范围内的国有经济的机关、团体、学校、企事业单位的集体户;有本地户口,但举家外出谋生1年以上的住户,无论是否保留承包耕地

---

① 参见苏存、高霞:《印度小额信贷混乱对我国的启示》,载《金融时报》2011年第12期。

② 参见户艳辉、赵达薇:《关于实现小额信贷可持续发展的思考》,载《科技与管理》2003年第3期。

均不属于农户。农户有传统农耕家庭农户、从事农业养殖农民、农村的多种经营户、农村个体工商户。涉农企业主要包括在农村生产经营的各类微小企业，这类企业具体而言不仅有种养大户、订单农业户、进城务工经商户、小型加工户、运输户、农产品流通户，还包括了其他与“三农”有关的城乡个体经营户。

借款合同关系的客体，是指贷款人向借款人提供的按合同约定的利率和期限还本付息的金融服务。农村小额贷款合同约定的融资服务，不仅可以用于农户生产经营的资金融通，也可以用来解决农村的农产品产制流通等过程中的资金融通问题，不局限在解决农户基本日常生活的消费问题，也包括帮助农户盖房、购房、求医、受教育等多方面的合理消费。除为农民在农村本地的生产提供贷款帮助外，也为农民工在外地进行自主创业活动、参加职业技术培训等需求提供帮助。但无论资金用于何种用途，其本质都是通过出借—贷款行为实现的。

农村小额贷款主体的权利义务构成借款合同的内容，包括出借人和借款人的权利和义务。

1. 出借人的权利和义务

出借人的权利包括要求借款人提供与借款有关的资料以及根据借款人的条件，决定贷与不贷、贷款金额、期限和利率等；了解借款人的生产经营活动和财务活动；依合同约定从借款人账户上划收贷款本金和利息；借款人未能履行借款合同规定义务的，贷款人有权依合同约定要求借款人提前归还贷款或停止支付借款人尚未使用的贷款；借款人未按照约定的借款用途使用借款的，贷款人可以停止发放借款、提前收回借款或者解除合同；在贷款将受或已受损失时，可依据合同规定，采取使贷款免受损失的措施。具体而言包括以下几类权利。

(1)可持续性发展权

出借人最核心的权利是商业可持续性发展权。商业可持续既是农村金融机构的业务逻辑起点，也是进行农村地区金融政策倾斜探索的前提。如果不尊重金融机构的商业本质，单纯追求政策义务的实现，不利于弱势领域金融机构的可持续发展。因此，确保农村金融机构的商业可持续，赋予并保障其自主经营、自主发展的权利尤为重要。可持续性意味着可重复性，小额贷款的可持续发展包括交易的可持续性和机构的可持续性，即小额贷款机构在不需要外来补贴性资金的情况下，在未来持续营业，并以其所获得的收益覆盖全部成本。可持续发展对于小额贷款机构来说，具有十分重要的意义。小额贷款机构的可持续性要求的根本目的是持续地服务于贫困群体，并扩大其服务的范围、规模和深度，以减缓和消灭贫困。这要求小额贷款机构能持续地向穷人提供服务，直到他们可以获得足够的自我发展能力。如果小额贷款只是短期项目，而不是长期生存和发展的机构，则难以胜任扶贫促农的重任。

中国人民银行和银监会自2006年以来主导颁布了一系列相关法律文件,勾勒出新型农村金融机构发展的基本方向,明晰了新型农村金融机构所享有的权利和义务。原银监会《农村金融机构建设意见》开宗明义,“中国银行业监督管理委员会按照商业可持续原则适度调整和放宽农村地区银行业金融机构准入政策”。在审慎监管模式下,农村金融供给主体的义务高期待与权利低配置在发展中形成了明显的落差与不适应。从商业可持续的权利赋予来看,各种类型农村金融机构从本质上来讲是金融机构的类型化探索,无论其形式为何,其本质仍然是金融机构。新型农村金融机构与其他作为独立主体的金融机构一样,享有提供金融产品与服务的自主经营权利。尽管相关监管政策与法规对于新型农村金融机构的经营范围与经营方式作出了不同程度的限制,但是这些限制不影响新型农村金融机构作为一个独立的法律主体发展其自身的权利,而这种权利集中体现在商业可持续上。

(2)贷款审查权

贷款审查权包括贷前调查权、贷中审查权。贷前审核要求农村金融机构应提高风险识别技术,积极规范小额贷款风险识别流程;小额贷款从业人员应仔细摸清客户的基本情况,着重调查其信用水平、贷款用途及相关财务信息,必要时还要询问借款人周边的居民,进一步核实调查材料的真实性,注意细节并及时登记,判断借款人是否具有还款能力,合理确定贷款额度和还款方式。

贷中审查过程中,要加强日常管理和监控,对于信贷员的不合规操作造成的损失应采取责任追究,落实到个人;实行审查责任制,对信贷员提供的客户资料实行核查,主要审核客户资料是否齐全,审核其主体资格、贷款用途、信用记录、还款来源、还款能力、担保人情况等,对客户关键的财务信息进行交叉验证,并根据审核情况提出风险审查意见,承担相关责任。

(3)风险防控权

为了提高小额贷款的贷前贷后风险管控,小额贷款发放主体享有要求借款主体进行信息披露的权利以及跟踪、管理、监督贷款使用的权利,其中,监督和要求借款人按照约定用途使用贷款是金融机构防控小额贷款风险的重要权利。

出借人最核心的义务是为农户或者涉农企业提供贷款以及尽可能提供形式多样化的涉农贷款,这是农村金融机构的支农性义务。我国原银监会发布的《农村金融机构建设意见》明确了建设新型农村金融机构的意旨在于“解决农村地区银行业金融机构网点覆盖率低、金融供给不足、竞争不充分等问题”。支农是政府发展新型农村金融机构的政策支点,同时也是新型农村金融机构享有低准入以及其他财政优惠政策权利相对应的、必须履行的义务。传统农业不可能在短期内过渡到现代农业,生产方式落后、信息滞后的局面也不可能在短期内改善,如果金融机构以"局外人"的方式提供金融支持,而不是利用自身的资金优势和信息优势融入"三农"的发展中,采取"共生"的发展方式,那么"三农"发展的现状不可能得以较好地改观,农村商业银行也不可能获得长足发展。因此,从某种意义上来讲,开展小额贷款既是农村金融机构的业务,也是其作为企业应当承担的社会责任。

2. 借款人的权利和义务

首先,农户或者涉农企业作为合格的农村小额贷款的申请者具有向农村金融机构申请贷款的权利。其次,借款人享有在同等条件下获得平等贷款的权利,有权要求贷款方按照贷款合同的约定,如期取得约定额度的贷款,借款人提前偿还借款的,除双方另有约定外,应当按照实际借款的期间计算利息。最后,借款人有权要求贷款人合理利用其在贷款审查过程中收集的借款人相关信息,不得侵害借款人的权利。

相应地,借款人应当按照出借人的要求提供与借款有关的业务活动和财务状况的真实情况。应当如实提供出借人要求的资料(法律规定不能提供者除外),应当向出借人如实提供所有开户行、账号及存贷款余额情况,配合贷款人的调查、审查和检查;应当接受出借人对其使用信贷资金情况和有关生产经营、财务活动的监督按照约定用途使用借款。当借款为无偿时,借款人须按期归还借款本金;当借款为有偿时,借款人除须归还借款本金外,还必须按约定支付利息。合同对借款有约定用途的,借款人须按照约定用途使用借款,接受贷款人对贷款使用情况实施的监督检查。将债务全部或部分转让给第三人的,应当取得出借人的同意;在有危及出借人债权安全情况时,应当及时通知出借人,同时采取保全措施。

(二)贷款担保关系的构成要素

1. 主体

农村小额贷款担保合同是基于主债权债务合同而另外签订的对小额贷款之债的一种担保合同,基于担保关系而享有权利和承担义务的当事人即农村小额贷款担保法律关系的主体,包括农村小额贷款的出借人与小额贷款的担保人。农村小额贷款担保关系的担保人,根据担保方式的不同,在人保中是保证人,在物的担保中可以分为抵押人或质押人。担保人身份的取得可以根据合意,也可以直接由法律明文规定。我国《民法典》第 683 条将机关法人、以公益为目的的非营利法人、非法人组织等排除在保证人范围之外。通常债权人会对保证人进行资质审查,作为贷款担保法律关系成立的基础。在此基础上,债权人可以在保证合同中依据意思自治,对保证人的资质提出更加详细和更高的要求。例如,浙江省义乌市农村合作银行在保证合同中,明文规定"我行认可的有足够代偿能力的单位或个人作为偿还贷款本息并承担连带责任的保证人"。在互助担保中,由第三方当事人,通常是某行业的龙头企业或者专门成立的农民专业合作社等机构共同组成的当事人来承担保证责任。常见的农村小额贷款合同保证人还包括农户联保小组成员、政府、担保公司等。

2. 客体

农村小额贷款担保法律关系的客体,即农村小额贷款担保所指向的法律关系中的物、权利和行为。根据我国《民法典》物权编的规定,农村生产资料中可作为担保物的有乡镇和村企业的建设用地使用权、房屋、生产性固定资产和耐用消费品、存单、保单、养老保险凭证、直补资金等,禁止作为担保物的有宅基地、自留山、自留地等集体所有土地的使用权。此外,《民法典》将农村土地的权利由"两权分离"修改为"三权"分置,并且删除了原《物权法》中土地使用权不得抵押的条款,这意味着农户或涉农企业可以土地经营权向农村金融机构申请融资担保。

3. 内容

农村小额贷款担保法律关系的内容,是指当事人之间的权利义务关系,债权人需要及时向债务人提供贷款资金,而保证人在债务人不履行债务时,需要遵守约定,承担履行债务的义务,或者在物保法律关系中,债务人向债权人提供足额担保物,在债务人不履行债务的情况下,以担保物向债权人履行债务的义务。在农户联保中,如果提供保证的第三方在农户不按照约定向农村金融机构还贷的情况下,保证人需要根据签订的保证合同或协议向农村金融机构履行保证义务。在物的担保中,一旦农户未按时偿还贷款,银行金融机构可以将担保物变卖、折价或者进行拍卖从而以所得价金优先受偿。相应地,在抵押担保、质押担保法律关系中,抵押人、质押人的义务主要有担保物瑕疵告知、防止担保物价值减损、实现担保物权之协助义务。

(三)监督管理关系的构成要素

小额贷款的监管主体根据小额贷款发放主体,即出借人的不同也会有所不同。第一类,根据《银行业监督管理法》的规定,原银保监会作为监管主体有效地保证了国有商业银行的发展。农村信用社和邮政储蓄银行的监管主体是原银保监会,资金来源主要是所吸收的公众存款。农村信用社还受到省联社的监管,邮储在开展小额贷款业务中,往往以客户的存单作为质押,因此,小额贷款还受到储户的监督。第二类,民间非营利组织提供小额贷款的法律监管主体,以资金来源不同分为:以国内资金捐助成立的小额贷款机构和以国外资金捐助成立的小额贷款机构,此类机构由于不具有金融机构的性质,因此不受原银保监会的监管,可以由登记注册机关负责对因捐助成立的民间非营利组织小额贷款机构进行法律监管。对于暂时性的以项目形式存在的小额贷款机构,由于其运作时间短,项目完成即撤离农村金融市场,可以由当地政府和提供项目资金的机构共同监管。第三类,小额贷款公司由中国人民银行和原银保监会试点成立,受中国人民银行和原银保监会的监管。第四类,村镇银行和农村资金互助社提供的小额贷款监管主体目前由原银保监会负责,但是至今其监管模式并未形成,目前颁布的有关行政法规与规范性文件粗略搭建起对新型农村金融机构规制的法律框架,这一法律框架虽然明确了参与新型农村金融机构运作相关主体的权利、义务与责任,但是制度内部没有形成对应的均衡的“权利—义务—责任”制度框架。小额贷款的监管内容主要包括以下几个方面。

1. 行业市场准入、退出监管

任何一个行业市场准入和退出都十分关键,它直接关系进入这个行业的机构是否达标、退出这个行业的公司是否按要求将业务处理完毕。由于能够在源头上杜绝没有金融服务资格和从事金融服务能力的企业存在,再加上可以高效地阻止不合格机构流入金融市场,因此市场准入监管可以保证市场里面都是提供优质服务的机构。而市场退出监管就是为市场及时淘汰那些因为管理或经营不善甚至经营危机而没有办法再提供优质金融服务的企业,或者允许市场评价较好的、经营方面绩效优质的机构向正规商业银行转变。

2. 业务监管

在确保从事农村小额贷款的主体具有合法资质后,还要对其经营的业务进行监管,保障农户与涉农企业金融权的实现。首先要对农村金融机构的贷款投向进行监管,强化“涉农性”比例的要求,防止出现借农村小额信贷之名骗取财政补贴;其次是对其违法违规行为进行监管,农村金融机构不得从事法律禁止经营的业务,包括洗钱、违规放贷、非法集资等,小额贷款公司不得吸收、变相吸收公众存款,发行或代理销售理财、信托计划等资管产品。重点监管其在为农户或涉农企业办理农村小额信贷业务时是否存在侵犯申请者的知情权、公平交易权或者滥用贷款审查中收集的个人信息的行为,保证其按照国家规定和相关政策向农户发放贷款,不得以发放高利贷或者诱导欺骗的方式使农户过度负债或无力还款,或者采取不合理的流程将农户等同为一般的商业借款人而妨碍其获得贷款。

3. 不良贷款率监管

为保证农村小额贷款业务的可持续发展,必须加强对农村金融机构的不良率监管,防范金融风险。不良贷款率,是指金融机构的不良贷款占总贷款余额的比例,不良贷款率的高低关系金融机构的信贷资产安全状况,因此监管部门应当化被动监督为主动管理，密切关注不良贷款变动情况，建立对贷款单位从贷款发放到贷款本息全部收回的全过程的贷款使用情况的日常硬约束管理制度，优化创新不良资产处置方式，实施腾挪信贷空间、支持银行采取展期、续贷等风险化解措施，力求将贷款部门的不良贷款率降到最低。

根据监管对象的不同，监管内容又可区分为以下两类。

1. 对银行类小额贷款供给主体的小额贷款监管

就我国监管法规框架来看，目前对银行类贷款人的小额贷款的法律监管主要包括规章和规范性文件两个方面。在规章层面，2010 年 2 月银监会发布《个人贷款管理暂行办法》，明确将个体工商户和农村承包户等个人经营类贷款包含在个人贷款的范畴内；同时，在贷款支付管理环节也放松了对个人经营性贷款的要求，这些规定有利于对个人小额贷款业务的发展与经营。对小额贷款的监管主要以规范性文件为主，包括小企业、“三农”贷款等方面，其中不仅涉及对机构的监管还包括对品种的监管等。在小企业贷款监管方面，原银监会先后发布了《商业银行小企业授信工作尽职指引（试行）》、《银行开展小企业授信工作指导意见》、《小企业贷款风险分类办法（试行）》、《关于银行建立小企业金融服务专营机构的指导意见》、《关于创新小企业流动资金贷款还款方式的通知》（已失效）等规范性文件，主要加强小企业贷款的风险监管。在“三农”贷款监管方面，原银监会先后发布了《农村信用合作社农户联保贷款指引》《农村信用社小企业信用贷款和联保贷款指引》《农村合作金融机构社团贷款指引》《关于银行业金融机构大力发展农村小额贷款业务的指导意见》等规范性文件，人民银行和原银监会联合发布《关于村镇银行、贷款公司、农村资金互助社、小额贷款公司有关政策的通知》等政策性文件，积极解决“三农”发展中的小额贷款问题。

2. 对小额贷款公司开展的小额贷款的法律监管

当前，我国主要从两个层面对小额贷款公司进行法律监管：一是国家层面的监管；二是地方层面的监管。国家层面的监管主要是依据《关于村镇银行、贷款公司、农村资金互助社、小额贷款公司有关政策的通知》、《关于小额贷款公司试点的指导意见》（2008 年）以及银保监会《关于加强小额贷款公司监督管理的通知》（2020 年）。相关法律对小额贷款机构作出如下规定：“小额贷款机构是由自然人、法人或者社会群体投资建立的股份有限公司或者有限责任公司，其在不吸收公众存款的前提下进行小额贷款业务的开展。”立法对商业性小额贷款监管制度的规定主要体现了几个要点：第一，权限下放，地方人民政府负责小额贷款机构的审批工作。第二，门槛降低，小额贷款有限责任公司注册资金大于等于 500 万元人民币，小额贷款股份责任公司注册资金大于等于 1000 万元人民币。第三，股权结构进行规范,小额贷款机构成立人所持有的机构股份不得超过小额贷款机构注册资本总额的10%。地方层面的监管主要是地方根据各地方经济发展和金融结构的实际情况,制定规范性文件或者由金融监督管理部门对小额贷款机构进行监管。在小额贷款机构注册资金方面,各地为提高小额贷款机构试点成功的可能性,增强小额贷款机构的市场竞争力,将实际门槛进行提高,例如,上海市和浙江省对小额贷款机构的注册资金作出了更严格的要求:浙江省规定小额贷款股份有限公司注册资金大于等于8000万元(贫困地区大于等于3000万元),小额贷款有限责任公司大于等于5000万元(贫困地区大于等于2000万元)。此外,浙江省还规定小额贷款机构注册资金不得高于2亿元;上海市规定小额贷款股份有限公司注册资金大于等于5000万元(贫困地区大于等于2000万元),小额贷款有限责任公司大于等于2000万元(贫困地区大于等于1000万元)。

小额贷款监管除政府监管外,还可以进行小额贷款主体行业内的自我监督以及行业间的第三方监督,后者的第三方主要是指会计师事务所、审计机构等一些中介机构。小额贷款服务贫困人口,又是小规模经营,第三方监管的介入有利于降低监管成本、减轻政府工作压力。

第二节　我国农村小额贷款制度创新的立法原则

一、政策性与商业性融合原则

政策性体现为农村小额贷款发展需要政府的支持。政府支持农村小额贷款发展是各国建立农村金融制度的普遍做法,具体方式包括:(1)直接出资支持。(2)在财政税收等方面给予优惠措施。(3)政府提供担保帮助筹集资金。(4)实行有差别的存款准备金制度。(5)实行利息补贴、损失补偿。

商业性体现为农村小额贷款的发展在市场经济条件下必须充分体现其市场化特征。农村金融机构在民事主体的划分中属于营利法人的范畴,如果忽略其商业性特征,则其政策性也难以实现。在市场经济条件下,市场对资源的配置起到基础性作用,这一规律同样适用于农村金融市场。要解决农业发展中的资金问题,必须依靠市场,不能将希望单纯寄托在政府的财政补贴上。① 因此,农村小额贷款的发展应当顺应市场经济发展的方向,拓宽农业发展的融资渠道,解决农村金融市场中存在的信用社垄断、资金外流、小额贷款困难等问题。

---

① 参见雷文婧:《农村金融机构的功能定位与发展策略研究》,载《中国乡镇企业会计》2017年第3期。

发达国家的经验表明,小额贷款发展既需要政策性金融的长期引导、扶持和配合,也需要走市场化道路,鼓励民间资本进入小额贷款放贷主体,培育新型农村金融机构等新兴市场力量的成长,这样,才能解决小额贷款的资金缺口,为小额贷款提供源源不断的发展动力。

二、小额贷款供给主体的多元化原则

我国在参考小额贷款发展国际实践的基础上,逐步确立了农村小额贷款发展的4种方式:一是非营利组织推动的扶贫公益小额贷款;二是政府政策性安排金融机构提供的扶贫小额贷款;三是大型综合金融机构提供的小额贷款;四是小额贷款公司提供的小额贷款。第一种方式因为缺乏法律和资金的支持,发展十分缓慢;第二种与第三种方式由于正规金融机构缺乏兼容小额贷款业务的机制与内生动力,再加之农业自身的弱质性,导致还款率低下,且没有相应的信用配套机制,致使其发展动力一直不足;第四种方式随着小额贷款公司在我国2009~2012年的迅速崛起也实现了蓬勃发展。但有研究对小额贷款公司提供的小额贷款在概念边界、统计口径上是否属于小额贷款的范畴也提出了疑问,因为小额贷款公司的所谓小额贷款平均单笔规模已经超过2000万元人民币,这已经超出了国际上关于小额贷款的界定了。因此,第四种方式的蓬勃发展不足以说明我国农村小额贷款制度的发展"瓶颈"在这种方式上得到了解决。因此,要发展农村小额贷款,应当坚持金融创新,建立规范的农村金融市场准入制度,放宽准入条件,培育多种所有制、多种组织类型的小额贷款机构,包括全牌照的金融机构,即大型综合性银行和村镇银行;非银行金融机构,如发债融资并主要发放小额贷款的金融公司;半牌照的小额贷款组织,如只贷不存的小额贷款公司,还有非政府小额贷款组织,包括以非营利社会组织形式存在的或以公司形式存在的民间非营利组织。

小额贷款主体要实现多元化供给,需要相应的监管规则更加开放和灵活。我国新型农村金融机构的设立原则是核准主义,抑制了农村金融新政"宽准入"制度效应的发挥,同时农村金融机构的市场准入制度对非银行资本入股商业性金融机构存在一些歧视性限制,也产生了一些消极效果。可以参考域外发达国家施行的农地金融、合作金融与政策性金融的立法嫁接机制,整合我国农村信用合作社、资金互助社和农业发展银行等现有资源,优化我国农村金融组织体系的构建和风险分担机制的设计。对不同的农村金融机构实行不同的设立原则,消除对非银行资本的歧视,建立与随之而来的风险相对应的化解机制,实施差异化的最低资本额制度。

三、小额贷款监管的差别性原则

在农村金融监管制度的设计上要按照因地制宜、区别对待的原则，建立一套符合农村经济运行规律，增加有效金融供给，促进农村经济市场发展的监管制度。改变现行"大一统"的金融监管模式，变自上而下、标准统一的监管模式为分类指导、差别监管的模式。差别监管，是指银行监管当局根据银行业金融机构公司治理结构、内部控制程度、风险状况以及业务特性等方面的差异，对不同的银行机构和经营业务实施不同的监管，其实质是根据银行业金融机构的风险程度，对其市场准入、生存发展、市场退出的全过程采取具有针对性的监管措施，以实现监管资源的有效配置。① 农村小额贷款作为实现农村金融可持续发展的主要方式，相较一般城市金融更复杂，因为其具有农业和农村的特点，农村金融机构与面向城市业务的金融机构，在组织架构、所有权、经营业务和业务风险程度等方面都存在差异。加之我国农村金融机构还存在监管资源有限、监管能力不足的客观情况，因此，对农村小额贷款的监管不应采用一套统一的金融监管模式，而应当确立差别性监管的基本原则。例如，在市场准入上可根据所处地区的人员机构和经济发展状况的不同，设定不同的硬件设施要求和从业高管人员的学历经验要求，在监管内容上根据经营状况、注册资本、资产质量等情况的不同，而对其在税收优惠、融资比例、业务授权、业务准入、检查频率等方面实行差别监管，以及充分考虑其涉农因素而实行监管指标的差别化处理。即监管对象不同，监管内容不同，小额贷款产品不同，监管标准和监管方法不同。

第三节　我国农村小额贷款多元化供给主体制度创新

一、扩大供给主体范围

（一）明确新型供给主体法律地位

应当完善立法，明确非正规金融机构②开展小额贷款业务的合法性。非正规金融机构出现的根源表现为金融抑制、规模差异以及信息不对称，③从一定意义上来说，非正规金融机构的出现与农村小额信贷的需求有内在契合性。尽管我国非

① 参见李怀珍：《有效银行监管方式研究与实践》，中国金融出版社2007年版，第84页。

② 国外多将"民间金融"（informal finance）界定为"非正规金融"（informal finance），是指在政府批准并进行监管的金融活动（正规金融）之外存在的游离于现行制度法规边缘的金融行为。

③ 参见俞伯阳、沈庆劼：《金融自由化条件下我国非正规金融问题研究——兼论二元金融之间关系及其经济影响》，载《财经问题研究》2012年第4期。

正规金融机构存在已久，但仍缺乏规范化引导。《商业银行法》和银行监督管理规范对正规金融机构的经营和监管都有明确的法律规定。而部分非正规金融机构，如小额贷款公司、村镇银行、农村资金互助社等新型小额贷款机构，虽然有一定的政策扶持，但法律地位仍不明确。此外，按照中国的金融法律法规，2018 年中国人民银行等四部委发布的《关于规范金融机构资产管理业务的指导意见》规定，资产管理业务作为金融业务，属于特许经营行业，必须纳入金融监管，非金融机构不得发行、销售资产管理产品，国家另有规定的除外。而大部分政府组织和国际组织在我国的小额贷款项目中都是委托非政府机构进行管理的，尽管这些民间非营利组织从事的是金融业务，但并非法律层面上的金融机构，所以也无法按照相关法律对其进行监管，其业务也不能像其他合法金融机构一样予以开展。因此，从法律上给小额贷款主体以合法身份是第一要务。

（二）宽松小额贷款供给主体的市场准入

管理经验、能力和资本实力是一个经营性机构开展业务的必备基础条件，这对专业性强和规模经济性明显的金融机构尤为重要，所以不少国家对金融机构的投资主体资格都有所限制。美国法律对于非金融机构持有银行有表决权的普通股票的比例限制为不得高于 25%，对于非银行金融机构持有商业银行的股份不加以限制，即可以持有全部股票，但在法律上仍然保持审慎规定，即非银行金融机构持有商业银行股份必须通过金融控股公司进行，并且在持有股份前应得到批准或授权。① 针对我国目前对非正规金融机构市场准入的限制，需要建立一个合理科学而且范围统一的市场准入准则，尽快消除地区之间市场准入条件的差异，制定统一的全国省、自治区、直辖市的小型信贷公司注册资本的标准。

二、完善新型金融机构的内部治理法律制度

如果说，扩大民间资本持股份额完善了新型农村金融机构的“供血机制”，那么公司内部治理制度则更多的是把握“血液”流向的支农性。内部治理机制的完善是新型农村金融机构实现支农义务的先决条件，支农性义务保障首先必须从公司内部决策机制着手，确保公司决策来源的支农属性。② 新型农村金融机构治理机制的完善体现在决策的民主性和透明性：一方面，应当发挥民间资本与既有资本的牵制作用，促进决策的科学化，对金融机构的资金流向农村进行更实质、更彻

① 参见辛子波、张鹏：《英国银行业市场准入监管制度分析》，载《时代金融》2006 年第 5 期。

② 参见程惠霞：《农村金融“市场失灵”治理前提再判断：供给不足还是金融排斥——基于 5 省 26 家新型农村金融机构覆盖地域内 1938 个农户样本调查》，载《经济理论与经济管理》2014 年第 11 期。

底的监督；另一方面，逐步完善新型农村金融机构信息披露制度，实现资金流向与公司决策的透明化，接受社会监督。

三、完善供给主体的市场退出

与市场准入相对应，小额贷款供给主体的市场管理的另一重要的构成要素就是市场退出。市场退出包括消极和积极的退出。消极退出，是指管理经营状况不好导致资不抵债的市场主体可以通过解散或者破产等手段退出市场。我国目前还没有形成完善的小额贷款公司市场退出机制的监管体系，只是提出小额贷款企业可以参照《企业破产法》《公司法》的相关规定进行破产清算。除以上自身管理经营较差致使其退出市场经营外，小额贷款企业还可能因其自身管理经营存在违法行为被撤销而被动退出市场。相对消极退出市场，积极退出主要是针对那些管理经营资产优质、效果良好的小型金融贷款企业，允许其自身在满足特殊规定的条件之下转变成村镇银行，这样更能激发小贷公司前进的动力，也为整个行业补充了力量。但依据《中国银保监会农村中小银行机构行政许可事项实施办法》，村镇银行主发起人必须是银行业金融机构。根据这一规定的要求，如果小额贷款公司想要自身转制成为一家村镇银行，那么就必须把自己控股权交出，这样其控制权不再属于民间资本所有，打消了股东改制的积极性，使小额贷款公司改制村镇银行的积极性受挫。而且原有股东是公司创办者或者原有经营者，改制后就让原有股东交出控制权是不合适的。因此，应该通过修改相关法律来解决股权结构变化存在的这一限制，取消必须交出控制权的规定，如此一来，会使小额贷款公司吸引更多资本，同样也可以更加激发投资者的积极性从而扩大公司的整体规模。

同时，在小额贷款公司退出金融市场的规定方面，监管部门应该建立一个全国范围内统一的退出标准，并且由各省、自治区、直辖市或者地级市根据这种统一规定，按照自己本地的现实情况完善符合地区的具体执行准则，如此便可以实现企业退市于全国范围内统一的实施与协调。确立小型信贷公司退市标准是退出机制中非常重要的问题。也就是说，一个小额贷款公司遇到什么样的市场情况才可以转变为村镇银行或者退出市场。前文中提及小额贷款公司积极退市和消极退市是完全不同的市场退出形式。因为企业管理经营行为违反法律且拒不限期整改的，应当由监管部门撤销，这种因小额贷款公司违反法律进而须撤销的退市规定比较容易确立。对于正常合法管理经营等原因使企业消极退市或者积极退市，都可以采用统一准则。可以通过综合财务和非财务两方面的指标体系予以评价，譬如，在财务指标体系下，可对小型信贷企业的盈利能力、资产负债率等指标精心计算然后综合评价；在非财务指标体系中，可以考虑企业业务流程的规范度、管理结构的合理度以及金融市场的占有率等指标要素,对其经营现状和持续经营管理能力进行综合评测。进而综合这两个角度的指标体系评价结果,作出小型信贷公司可否转制或者破产退市的决定。

四、普惠金融背景下小额贷款供给主体创新

(一)小额贷款供给主体的体系化创新

1. 构建公益性与商业性融合的多元化小额贷款供给体系

一是进一步拓宽政策性金融支农服务领域。在强化政策性职能基础上,要进一步加大新型农村合作经济在农村基础设施建设领域和农业综合开发领域的信贷支持力度,尤其是对生态环境改造、农田水利设施建设、农业科技创新领域的信贷投放力度,为提高农业综合生产能力提供信贷支持。二是不断拓展资金来源渠道。大力拓展政策性金融的市场化融资方式。通过立法方式,为政策性信贷资金的供给提供稳定而必要的保障。三是探索政策性金融市场化的运作模式。政策金融采取商业化的实现方式已成为国外政策金融的基本形式。我国农业政策性金融制度的市场化运作机制缺失使政策性金融对信贷管理缺乏积极性,在金融运行中缺少控制成本、提高资金运行效率的市场化经营意识。政策性金融必须不断加大对不良贷款的处置力度,扭转亏损局面,提高政策性金融运行效率,强化政策性金融对新型农村合作经济的扶持作用。① 四是通过制度建设保障政策性金融的可持续发展。明确政策性金融的资金来源与保障、相关部门对政策性金融履行职能的配合义务、政策性履行职能的权力。确保农业政策、金融政策连贯、稳定。切实降低农业政策性金融和财政及相关部门的协调难度和成本,提高政策性金融的独立性和高效性。

2. 新型农村合作金融机构的企业化

新型农村金融机构的建设承载了多元金融理念,不同的金融理念导引出各异的行为模式。金融效率是新型农村金融机构建设的最终目标。在市场经济的发展中,法律为多元理念的融合提供了制度框架,新型农村金融机构权利与义务的协调,应当落实权利、明晰责任、协调发展。新型农村金融机构首先是具有法人性质的金融机构,其次是负有支农性义务的政策性机构。② 从公司法人制度来看,《农村金融机构建设意见》《关于小额贷款公司试点的指导意见》都明确了新型农

---

① 参见周孟亮、张国政:《基于普惠金融视角的我国农村金融改革新方法》,载《中央财经大学学报》2009 年第 6 期。

② 参见王煜宇、刘乃梁:《新型农村金融机构的制度障碍与法律完善》,载《西北农林科技大学学报(社会科学版)》2016 年第 2 期。

村金融机构的企业法人属性,应当享有充分自主、自由的经营权利。但是,新型农村金融机构的自主经营权利在资本来源、资金流向、交易利率和交易对象等方面均不同程度地让步于稳定导向的金融监管。原银监会为了预防潜在资金杠杆风险与营运风险的发生,对于村镇银行和小额贷款公司的股权结构进行了严格限制,但是这一限制的前提在于不能干涉公司自主经营的权利。公司属性决定了新型农村金融机构的独立性、自主性是其营利性的根本保障。新型农村金融机构既需要按照《公司法》的规定完善相关组织环节,又需要依照《商业银行法》等金融法规定完善内部的金融运行机制。

3. 新型金融机构布局的市场化

新型农村金融机构区域竞争制度的健全对确保机构平等地参与市场竞争的权利具有实质意义。一方面,应当放宽业务范围的地域限制,合理设置营业区域。新型农村金融机构苛刻的行政区划设定忽视了农村金融开展的地缘属性,应当通过合理的市场调研,适当将新型农村金融机构的"权利区域"突破单纯的行政区划限制,灵活设置经营范围,以便新型农村金融机构在更广泛、更趋理性的区域内保障资金的流动性。另一方面,应当重视新型农村金融机构相关市场的竞争性维护。相关市场是《反垄断法》在认定企业构成垄断地位、实施垄断行为的关键环节。相关市场竞争因素的考量可以帮助我们更好地审视新型农村金融机构发展面临的可持续性问题。以村镇银行为例,村镇银行竞争的相关市场是农村地区银行业金融市场。目前,农村信用社、邮政储蓄银行与村镇银行构成了农村银行业金融市场有竞争关系的三大主体。在村镇银行广设网点,进村进县的同时,既有的邮储银行与农村信用社推出了相关的针对农民群体与农村事务的小额贷款项目。而面向农村的小额贷款公司的相关市场是一定地域内的小额贷款市场,小额贷款业务的开展包括了银行、保险、信托等传统金融机构。在强烈的小微融资需求下,小贷公司的建设数量呈现井喷式增长。由此,小贷公司的可持续发展既面临激烈的外部竞争,又面临难以避免的内部消耗。因此,新型农村金融机构的发展虽然秉承"低准入"原则,但是作为法定审核机构的地方银保监局应当根据农村金融领域的潜在需求,合理分配机构资源,尽量避免新型农村金融机构的内耗。此外,还应发挥银行业市场发展的整体调控职能,引导银行业金融机构与新型农村金融机构的合理化布局,整合现有农村金融市场的主体供给,确保新型农村金融机构在农村金融市场进行资金融通活动的比较优势。

(二)小额贷款供给主体的数字化创新

小额贷款供给主体的数字化创新主要体现在构建智慧金融业务服务平台,创新数字经济背景下的小额贷款产品。智慧金融是依托于互联网技术,运用大数据、人工智能、云计算等金融科技手段,使金融行业在业务流程、业务开拓和客户服务等方面得到全面的智慧提升,实现金融产品、风控、获客、服务的智慧化。[①] 现阶段,智慧金融形式主要包括:一是智慧银行,包括银行网点、手机银行 App、微信服务等“一站式、自助化、智能化”的全新服务体验。业务办理模式由“柜员操作为主”转变为“客户自主、自助办理”。二是智能投顾,即第三方平台与业内众多传统的银行、保险、基金、信托等金融机构做嫁接,对用户行为、市场、产品等进行详细分析,智能化地为客户推荐多元化投资组合,如京东智投、平安里金所、宜信等。三是消费金融,平台通过建立以数据和技术为核心驱动的风控系统,建立包含用户数据采集、实时计算引擎、数据挖掘平台、自动决策引擎结合人工辅助审批的全面风控能力。例如,在“四类微贷模式”下,湖北省农商行在微贷革命中研发出“福 e 贷”“车主 e 贷”“农商税 e 贷”等 30 款无抵押、无担保、纯信用的贷款产品;湖南省创新推出“老乡贷”“党员贷”“惠民贷”“兴农贷”等线下贷款产品;山西省因地制宜创新推出脱贫贷卡、“蜂巢 we 贷”系列、“彩虹 E 贷”系列、“果库贷”、“红枣贷”、“光伏贷”等具有本土特色、乡土气息的金融产品;陕西省构建了具有自身特点的县域及农村数字化服务模式实践金融 e 站、“秦 e 贷”、蚂蚁金服、京东金融、翼龙贷、宝象金融、农金圈、泰金融、1 号钱庄、什马金融、农分期、领鲜理财、沐金农、“京农贷”、金网哨平台等。在这些互联网产品的创新中,小额贷款供给可以充分借鉴已有经验,通过打造互联网金融、大数据两大基础平台,创新面向农户的互联网小额贷款产品,进一步通过互联网优势降低借贷成本,利用大数据跟踪小额贷款的使用及借款人信用情况,并通过互联网处置农村小额贷款不良资产。

第四节　我国农村小额贷款的差异化监管制度创新

传统农业不可能在短期内过渡到现代农业,生产方式落后、信息滞后的局面也不可能在短期内改善,如果金融机构以“局外人”的方式提供金融支持,而不是利用自身的资金优势和信息优势融入“三农”的发展之中,采取“共生”的发展方式,那么“三农”发展的支持不可能得以较好改观,金融机构也不可能获得长足发展。新型农村金融机构可持续发展面临的障碍集中表现为制度建设对金融可持续发展需求的不适应。因此,无论是法律关系设计还是创新激励,金融监管主导下的法律制度环境需要为开展农村小额贷款及新型农村金融机构的发展提供有

① 参见智慧金融,载百度百科网站,https://baike.baidu.com/item/智慧金融/20446169,最后访问日期:2020 年 3 月 6 日。

机土壤。相较其他信贷类型，小额贷款凸显了社会属性，因此不应当将其监管范围、监管方式与其他信贷服务等同。但是，由于我国没有专门的小额贷款法律法规，也不存在专门针对小额贷款的监管规则。长久以来，以城市商业贷款的监管指标监管农村小额贷款业务，导致小额贷款的发展受到了一定的制约，使小额贷款对于推进农村经济建设的作用逐渐被弱化。同时，对于非政府机构的主体地位、运行机制以及市场准入标准，我国现行法律也没有作出明确规定。再加之依据我国现行立法，非金融机构的监管并不属于原银监会和中国人民银行的职责，由于监管主体的不明确导致非政府机构对于我国农村提供的小额贷款服务不够规范，存在弊端。我国虽高度重视小额贷款在农村，特别是在贫困地区的落实，并出台了一系列法律法规和政策，但是仍然面临诸如监管框架不合理、上层监管机构缺失、监管尺度不合理、监管定位不清晰等问题，限制了农村小额贷款业务的发展。①

一、打破金融抑制性监管

小额贷款是国家扶贫战略和涉农金融机构实现自身盈利的农村金融扶贫业务。农户从涉农金融机构以开展产业为贷款用途拿到了小额贷款，就可以获得启动资金，在基层村组织与涉农机构驻村干部以及信贷员的指导下，开展适宜的农村产业，以实现自身脱贫的目的，同时保障自己的还款能力，建立自己的个人信用，维护自己生存的权利。提供农村小额贷款的新型农村金融机构面临的首要风险在于，因地域限制而产生的农村地区吸储不足，进而引发的因经营能力的丧失，无法履行支农性义务。村镇银行数量的攀升与自身发展质量的不相匹配更容易对银行业金融市场的稳定造成实质性冲击。相对而言，“只贷不存”的小贷公司虽然没有吸储的先天困难，但是无形中增加了其资金运转的难度。此外，贷款过程中本就存在的借贷风险更容易在低门槛准入的小贷公司中被无限放大。这些问题归根结底，在于固有僵化的金融市场运作体系对于新型农村金融机构发展的抑制，以及对于金融排斥应对的无力。欠缺市场化的利率定价以及从行政区划出发的地域经营限制使新型农村金融机构在失去比较优势的同时，面对明显的经营限制。

二、建立多层次的差异化监管

由于我国农村金融发展的不健全，金融监管的不完善，以及小额贷款本身的

① 参见刘曦彤：《我国小额贷款公司监管政策及其演变趋势》，载《科学决策》2013年第11期。

政策性和金融产品不规范的特点,其自身带有很多的风险,如经营性风险、信用风险、产业风险、流动性风险等。以莎车县农户小贷为例,该县经济基础薄弱、贫困程度深、农业落后,由于气候干旱、水资源短缺等劣势使该县主种的巴达木果树无法得到充分的水量,农户难以获得耕收以保障正常生活,若是申请小额贷款的农户无法按期偿还,就会给农村经济造成流动失调。① 因此,在贷款的过程中,涉农金融机构与政府监管部门要统筹监管,合理划分监管职责,防止大额信贷风险的发生。我国农村地区人口文化程度较低、法律意识较淡薄、对小额贷款的认识不足,多数人把小额贷款当作政府的扶贫款、可以不用偿还的贷款,这种意识给小额贷款发放机构带来了金融和信用风险。因此,小额贷款的监管法律制度需要因地制宜,寻找适合方式有效地降低小额贷款发放机构的经营风险,降低小额贷款的不良率,使农村信用社等涉农金融机构充分发挥其在落实政策、扶贫帮助、援助农户、促进农村经济发展当中的作用。小额贷款面向的是广大农村和低收入人群,肩负扶持农业发展的政策性任务,承担农业弱质性的高风险,故应该设置不同的监管指标,不能用一般商业性金融机构的不良率来评估。因此,应完善差异监管的普惠金融监管体系,对不同类型的小额贷款供给主体实施差异化监管,增加普惠金融的商业可持续性。适当放宽贷款集中度、不良贷款容忍度以及涉农、小微贷款占比等刚性约束,避免监管和考核上的“一刀切”。

(一)采取区别化监管模式

一是明确不同小额贷款供给主体的法律地位,继而明确不同的监管规则。在我国大量的农村小额贷款机构中,除以农村信用社和银行类金融机构名义进行的农村小额贷款外,大部分农村小额贷款机构都没有取得明确的法律地位,也并不适用我国的《商业银行法》。即使中国人民银行和原银监会在其试点的指导意见或办法中,也都没有界定清楚农村小额贷款机构尤其是民间非营利组织农村小额贷款机构的合法地位,这使我国农村小额贷款机构可持续发展受到了限制和约束。所以,中央政府或有关立法部门应尽快出台农村小额贷款的法律法规,界定清楚非正规金融农村小额贷款机构的法律地位,这是我国农村小额贷款可持续发展的基本前提。二是在监管体系构建上,应针对非正规金融的农村小额贷款机构确立一个系统的监管框架,在此统一框架下根据不同的小额贷款机构实施差异化的监管模式,明晰不同的监管主体,统一各地对同一类型小额贷款机构的监管标准。对于民间非营利组织的农村小额贷款机构,应建立

---

① 参见古丽拜克热木·吾布力卡斯木:《我国农村小额贷款监管法律问题探析》,载《法治与经济》2019 年第 1 期。

宽松灵活的非审慎性监管体系,即农村小额贷款机构进行自愿性注册(适用于不吸收公众存款的农村小额贷款机构)或强制性注册(适用于吸收公众存款的农村小额贷款机构),要求注册的农村小额贷款机构定期进行信息披露,并指导和鼓励农村小额贷款机构建立基于风险的内部监管体系。对于小额贷款公司,应进一步完善以地方政府为监管主体,人民银行、银保监部门共同参与的联合监管体系,界定好各监管主体的职责,强化监管的实效性。推行农村小额贷款金融创新,全面提升农村小额贷款机构的风险管控能力。

(二)功能监管、技术化监管、多中心监管并举以实现监管的差异化

健全农村小额贷款的监管机制,如机构监管向功能监管转变、制度化监管向技术化监管转变、单一中心监管向多中心监管转变,采用多层次、差异化的监管。农信社和商业银行是常见的传统金融组织,它们在开展小额贷款服务时,往往能够得到原银监会的指导与监督。但进行监管时,也应当从实际情况出发,采取审慎态度。这是因为,农村信用社和商业银行具有交易数额大、市场影响大、吸收存量大等特性,而小额贷款业务无论是服务项目还是服务方式,都与传统的金融服务截然不同,因此,在传统金融服务上应用的监管方式并不适用于小额贷款业务。原则上,我们可以借鉴传统金融服务的监管方式,结合农村小额贷款的特点,并充分考虑负债率、风险调控、审计、资本利用率等因素,设计出一套合理、科学、全面的监管方案。由于小额贷款机构的法律地位还没有得到立法的确认,因而,对于该小额贷款机构的监管缺乏专门的金融机构。但是,这并不等于说小额贷款机构的监管可有可无。对我国来说,当前最常见的监管方式是行业协会。这种监管手段没有较强的约束性,不利于非政府小额贷款的发展。因此,当务之急是尽快认可小额贷款的法律主体地位,从而确定监管机构。另外,应秉持审慎性监管态度,来加强对小额贷款的监管。与传统金融组织不同的是,小额贷款机构无法对公众存款进行吸纳,资金源于投资与捐赠,正因如此,小额贷款机构在市场机制下通过资本的趋利避害来调节风险,相对政策性小额贷款对政府的压力较小,监管应侧重功能监管,并加强信息披露与审计力度。

(三)对小额贷款放贷机构的"严监管"应当与政策扶持、公司治理有机结合

从政策倾斜来看,降低准入是基于新型农村金融机构政策属性考量的首要激励。"低准入"实现了村镇银行与小额贷款公司短时间内的数量增长,也应验了农村地区存在巨大金融投融资需求的论断,但是伴随而来的"严监管"却使新型农村金融机构的可持续发展举步维艰。"当前以商业银行为主导的农村金融增量改革,体现了政府隐性存款担保下国家对于民营资本金融风险的过度防范。"实际上,出于对金融风险与金融危机的防范,高强度监管本身是无可厚非的,但是"严监管”并不意味着不可以开展有针对性的政策激励与扶持。“尽管国家多个部门出台了包括涉农贷款增量奖励试点、定向费用补贴、存款准备金、利率在内的多项政策,但很多基础体系仍需完善。”

从公司法人制度来看,对于新型农村金融机构的支持就是要正视其公司属性。新型农村金融机构既需要按照《公司法》的规定完善相关组织环节,也需要依照《商业银行法》等金融法规定完善内部金融运行机制。如果说,扩大民间资本持股份额完善了新型农村金融机构的“供血机制”,那么公司内部治理制度则更多的是把握“血液”流向的支农性。内部治理机制的完善是新型农村金融机构实现支农义务的先决条件,支农性义务保障首先必须从公司内部决策机制着手,确保公司决策来源的支农属性。新型农村金融机构需要健全一系列相关的产品运行、内部治理以及风险防范的制度。公司治理机制的完善体现在决策民主和透明:一方面,应当发挥民间资本与既有资本的牵制作用,促进决策的科学化。民间资本的资金流动可以从某种程度上补充新型农村金融机构资金供应,也可以对金融机构的资金流向进行更实质、更彻底的监督。另一方面,逐步完善新型农村金融机构信息披露制度,实现资金流向与公司决策的透明化,并接受社会监督。

三、加强对违规放贷行为的监管

我国各地相继出台了农村信用社农户小额信用贷款违规责任追究办法,即农村信用社辖区内各营业机构贷款责任人,在农户小额信用贷款业务实施和管理过程中对违反法律、法规和制度规定以及对贷款责任人发放形成风险贷款的责任的追究与处罚。在商业银行及农村信用社,违法发放贷款主要有以下几种表现形式:发放顶冒名贷款;向不具备借款资格、不符合贷款条件的主体发放贷款;未按照《商业银行法》《贷款通则》或原银监会监管规定等对借款人借款用途、偿还能力、还款方式和担保措施进行严格审查,或不经过审查或审批,超越权限擅自发放贷款;向国家明文禁止的生产经营或投资项目、产品发放贷款;向未取得环境保护部门许可的生产经营或投资项目发放贷款;向按国家规定应报有关部门批准而未取得批准文件的建设项目发放贷款等。我国《刑法》第 186 条规定了违法发放贷款罪:银行或其他金融机构的工作人员违反国家规定发放贷款,数额巨大或者造成重大损失的,处 5 年以下有期徒刑或者拘役,并处 1 万元以上 10 万元以下罚金;数额特别巨大或者造成特别重大损失的,处 5 年以上有期徒刑,并处 2 万元以上 20 万元以下罚金。其中“国家规定”,涉及《民法典》《商业银行法》《贷款通则》《中国人民银行信贷资金管理试行办法》等一系列法律、行政法规和部门规章有关信贷管理的规定。[①] 从监管层面,应该以上述法律为指导,注重违规放贷行为的预防。一方面,加强金融机构内部规章制度与法律、行政法规的衔接,根据上述法律规范完善内部规章,避免金融机构工作人员因疏忽大意酿成违法操作;另一方面,金融机构在经济高速发展的同时,对于内部的治理过程中存在法律意识淡薄的问题,应当通过常态的法律宣传教育,加强放贷业务人员违法、违规法律风险的防范意识。

关于农村小额贷款担保困境的突破,本书将在第五章中展开详细论述。

---

① 《商业银行法》第35条规定,"商业银行贷款,应当对借款人的借款用途、偿还能力、还款方式等情况进行严格审查";第36条规定,"商业银行应当对保证人的偿还能力,抵押物、质物的权属和价值以及实现抵押权、质权的可行性进行严格审查";第40条规定,"商业银行不得向关系人发放信用贷款,向关系人发放担保贷款的条件不得优于其它借款人同类贷款的条件";《贷款通则》第24条第2款规定:"借款人有下列情况之一的,不得对其发放贷款:(一)不具备本通则第四章第十七条所规定的资格和条件的;(二)生产、经营或投资国家明文禁止的产品、项目的;(三)违反国家外汇管理规定的;(四)建设项目按国家规定应报有关部门批准而未取得批准文件的;(五)生产经营或投资项目未取得环境保护部门许可的;(六)在实行承包、租赁、联营、合并(兼并)、合作、分立、产权有偿转让、股份制改造等体制变更过程中,未清偿原有贷款债务、落实原有贷款债务或提供相应担保的;(七)有其他严重违法经营行为。"原银监会对于商业银行授信、贷款业务的有关监管规定和其他法律、法规、部门规章有关规定等。

第四章　农村小额贷款不良资产处置与风险分担

第一节　农村小额贷款不良资产的内涵

一、何谓不良资产

所谓不良，并非是指资产的"质量"，而是指资产处于非良好经营状态，缺乏市场流动性或预期收益不稳定。不良资产处置，指通过对资产的重新配置组合以及增信等措施后，盘活资产，提高效益。在过去的10余年中，中国商业银行的不良贷款率最高点是2018年的1.89%，整体趋势呈现缓步上升姿态。截至2018年年底，商贷不良总额高达2万亿元人民币（约合2965.2亿美元）。在过去10余年的加杠杆发展的背景下，银行贷款比例的上升呈现不断扩大趋势，其中，逾期90天以上贷款与不良贷款比例为92.8%，2019年中国商业银行关注类贷款迁徙率更是达到20%～40%。近两年来，虽然全国性股份制商业银行累计处置不良贷款金额近1.5万亿元，以内源和外源等多种方式累计补充资本约1万亿元，但不良贷款率仍保持在1.63%左右。截至2020年第二季度，我国银行业资本充足率为14.21%，较年初下降了0.43个百分点，小微企业不良贷款余额比年初增长了9.25%，不良贷款率控制在2.99%，比各项贷款不良率高出0.88个百分点。对于不良资产形成的原因，理论界分析，主要包括经济增速放缓、企业发展受限、信贷规模盲目扩张以及信贷风险的积累。

还有学者提出，要从政府职能、银行角色、企业性质和经济结构四个方面分析不良资产形成机制的转变。

目前，有关于不良资产处置主体的规范文件，包括《金融资产管理公司条例》《关于认真做好清产核资中不良资产处置委托工作的通知》；金融机构进行不良资产处置的内部控制及监管规则，包括《不良金融资产处置尽职指引》《进一步加强国有商业银行分支机构监管工作的指导意见（试行）》；不良资产证券化的指导意见，包括《信贷资产证券化试点管理办法》（2005 年）、《关于进一步扩大信贷资产证券化试点有关事项的通知》（2012 年）。这些规范性文件的发布，使不良资产的界定逐渐清晰，涉及不良资产规制的方方面面，包括规范商业银行的不良资产处置行为、保障商业银行的稳健运行、保护存款主体的合法权益、提高商业银行信贷资产的质量、加强银行业活动各个环节的监督管理、维护金融市场的稳定秩序等。

二、农村小额贷款不良资产的界定

农村小额贷款不良资产，是指农村小额贷款发放机构持有的，涉及农村、农业、农民的，处于非良好经营状态，缺乏市场流动性或预期收益不稳定或难以收回的信贷资产。农村小额贷款不良资产，主要是指不良贷款，俗称“呆坏账”，不良资产产生的原因是银行所发放的贷款不能按预先约定的期限、利率收回本金和利息，包括逾期贷款（贷款到期限未还的贷款）、呆滞贷款（逾期两年以上的贷款）和呆账贷款（需要核销的收不回的贷款）3 种情况，相较一般意义的不良资产，农村小额贷款中不良资产欠缺房地产、有价证券等易流动的标准化资产组合。根据东方资产管理公司所发布《中国金融不良资产市场调查报告（2019）》（以下简称《报告》）及原银保监会所发布的数据，我国农村金融机构的经营状况并不容过分乐观，不良率总体上均处于缓步上升的阶段。《报告》指出，从不良贷款余额角度来看，2018 年国有商业银行、农村商业银行、城市商业银行排名前 3 位；从不良贷款率的角度看，农村商业银行、城市商业银行、股份制商业银行排名前 3 位。近年来，农商行等中小银行规模快速扩张，但由于信贷业务结构不合理、贷款集中度高、风控能力有限等原因，在金融强监管环境下，信用风险持续暴露。

三、农村小额贷款不良资产的特性

1. 多为非标准化不良资产。标准化资产，指在银行间市场及证券交易所市场上市交易的债权性金融产品或股权性金融产品，主要包括国债、中央银行票据、地方政府债券、政府支持机构债券、金融债券、非金融企业债务融资工具、公司债券、企业债券、国际机构债券、同业存单、信贷资产支持证券、资产支持票据、证券交易所挂牌交易的资产支持证券以及固定收益类公开募集证券投资基金等。其他债权类资产被认定为标准化债权类资产的,应当同时符合以下5项条件:等分化,可交易;信息披露充分;集中登记,独立托管;公允定价,流动性机制完善;在银行间市场、证券交易所市场等国务院同意设立的交易市场。非标准化资产,主要是指非标准化债权资产,其范围更广泛,主要是指未在银行间市场及证券交易所市场交易的债权性资产,包括但不限于信贷资产、信托贷款、委托债权、承兑汇票、信用证、应收账款、各类受(收)益权、带回购条款的股权性融资等。这类资产一般不公开发行,风险较高,流动性也低,缺乏标准化的证券特征,但名义收益率会高很多。

标准化的不良,即由可在银行间市场及证券交易所上市交易的债券性、股权性金融产品形成的不良。非标准化的不良,即由信贷等不公开发行,具有较高风险与较低流动性,收益率较高,不具备标准化的资产形成的不良。农村小额贷款不良资产除传统意义上的呆坏账外,基本以宅基地、农业生产工具为代表的非标准化资产,这些不良资产具有流动性差、风险高、难以证券化的特点。换言之,农村小额贷款不良,是指农村金融机构在农村信贷中形成的难以流通的呆坏账与之相关的有形资产。

2. 农村小额贷款的不良数量多,单一资产的额度小,总体规模大,传统清收模式效率低下。根据农村经济发展需要及产业政策的支持,虽然农村小额信贷单笔贷款数额较小但其总体规模仍具有不断扩大的趋势。以中国农业发展银行为例,截至2020年8月末,全行累计投放扶贫贷款2.5万亿元,余额1.5万亿元,2020年1~8月累计投放扶贫贷款3511.02亿元,同比增加1466.79亿元,增幅71.75%。但值得注意的是,在以扶贫小额信贷为代表的农村小额贷款具有手续简便(无须提供抵押或担保)、成本低(基准利率放贷、享受财政贴息)、期限长(贷款最长期限可达3年)的特点。在传统的应收账款清收模式中,诉讼清收与不良资产转让占据了主要份额,但在农村这一特定环境下,两种传统清收模式均具有一定局限性,具体将在本章第二节予以详述。不可否认,不良资产传统处置方式与农村经济环境的不匹配已经与逐步攀升的农村小额贷款体量产生了一定的矛盾。

3. 农村小额贷款多属于信用贷款,缺乏担保,而农民家庭脆弱、抗风险能力不足、清偿能力不足。依据国家政策,近年来,农村小额贷款的发放方式主要为扶贫小额信贷,贷款用于发展农村产业,增加农民收入。农村小额贷款政策不断成熟极大地促进了农村产业的发展。近年来,以扶贫小额信贷形式发放的农村小额贷款采用了信用贷款的形式,不仅审核手续简易化且不要求提供物质担保。但一方面，众所周知，产业的发展具有风险属性，农村产业的发展更具有规模化、集群化的特征，在部分区域因多种因素的影响，产业的收益率并不足以在贷款周期内覆盖本息，规模化、集群化的产业发展模式给金融机构分支机构的资本充足率带来了较大压力，农村家庭经济具有天然的脆弱性，金融机构对到期贷款在欠缺有效担保的情况下仅能采用延期处理的方式等待分次核销。另一方面，农村产业模式的风险与周期决定了农村家庭的固定资产、现金的缺失，即便采用传统诸如诉讼等清收模式也会因合适执行标的欠缺而不能达到清收效果，过度的强制清收也会对农村家庭的正常生活及农村产业经济的发展带来较大的不利影响。目前，不断上升的农村小额贷款体量与清收困难已经成为制约农村小额贷款发展的一个重要矛盾。

4. 农民的个人信用意识薄弱，对不能清偿贷款的后果认识不足。农村地区相比城市地区经济、文化仍处于发展期。一方面，社会化是个人信用价值体现的必要背景之一，传统小农经济与自给自足的经济模式将农民的社会关系局限于一个较窄的范围，使农村地区形成了较割裂的熟人社会。在个人社会关系范围之外的信用评价对农民个人及家庭的影响显著不足，这在一定程度上导致了广义上的“农民的个人信用意识薄弱”。另一方面，有效强制清收方式的欠缺也导致了部分农户对不能清偿贷款的后果认识不足。在现有的清收手段中，威慑力最足的方式为诉讼方式，但农村小额信贷的规模化、集群化与农村产业经济、农村家庭经济的脆弱性并不宜司法机关规模化地采取强制执行措施，这也与当下政策严重不符。多地虽然采用了联合清收的清收模式，但这也仅为保障强制力的折中方式，因强制执行力的欠缺并不足以造成威慑，而农村人口的流动性更是给这种联合上门清收的方式造成了极大挑战。

5. 不能清偿的原因多为自然灾害等不可抗力或者市场行情的变化，不良易集中爆发于地区、行业内，传导速度快。农村产业的确定是一个复杂的过程，以扶贫小额信贷为例，贷款人与帮扶责任人、驻村工作队、村两委、第一书记等共同协商选择适合自己发展的项目，该种模式使农村产业产生了规模化效应与集群化效应。这虽然给农村产业发展带来了见效快、收益高的优势，但农村地区本身自然条件与社会条件将产业的选择限制在了一个较窄的范围，不仅存在较多“靠天吃饭”的情形，而且对市场风险冲击的抵抗能力也较弱，当出现不利于产业发展的因素时，不良易集中爆发于特定区域、特定行业，恐慌情绪与经营风险更是容易快速传导。

第二节 我国农村小额贷款不良资产的处置

一、一般不良资产的处置

我国不良贷款的处置模式主要分为两种：一种是常规处置，即商业银行按照监管部门的风险管理要求，对不良贷款进行动态及时、有效内部消化和处置；另一种是非常规处置，即在常规处置缓慢、直到不良贷款问题无法拖延时，由国家出面采取的一种特殊处置方式。[①] 传统的不良资产处置方式简称为“三打”，即打包、打折、打官司，主要通过债权转让、债务重组和诉讼手段处置不良资产。在新的经济金融形势下，不良资产处置将面临经济增速放缓、市场准入放开、资产价格重估、流动性偏紧的市场环境，也会面对周期更长、难度更大的处置压力。[②] 市场化的处置手段包括债务转让、债务重组、证券化等市场方式，市场化处置农村小额贷款不良资产既有其优势也有其劣势：一是不良资产的定价问题须依靠市场这只“无形的手”来解决；二是利用市场机制来筹集资金、分散风险，有利于最大限度地减少损失；三是市场化方式有利于银行治理结构的完善，从制度根源减少不良资产的产生。市场化处置方式下，可以实现快速“出表”，但银行损失较大。一般来讲，市场化快速处置方式的回收率要低于自主清收。因此，银行不愿意过分依赖市场化处置，而是会综合考虑不良管控和经营利润两个方面，在处置速度和处置收益上寻求最佳平衡点，立足自身清收，用好市场化处置方式，形成最佳的处置方式组合。[③]

但同时，当不良资产规模庞大时，也需要政府介入，通过优化市场配置整合资源，重新激活资产的市场价值。比如，2018 年在国家深化供给侧结构性改革的过程中，政府通过推进“去产能、去库存、去杠杆、降成本、补短板”来淘汰落后产能，推动产业转型升级。我国产能过剩行业主要集中在制造业和采矿业，而不良资产也多集中在这两个行业，对产能过剩行业不能采取单纯救助的方式，而是要通过重组将产业重新整合。不良资产处置与国家政策的配合十分重要，只有将“有形的手”与“无形的手”结合起来，才能有效解决不良资产问题。

二、农村小额贷款不良资产处置的特性

相较一般不良资产处置，农村不良资产处置的难度更大。究其原因与农村不

---

① 参见谢群良：《银行不良贷款处置的国际经验与启示》，载《农村金融研究》2015 年第 9 期。

② 参见姜宝军：《不良资产市场的六大趋势》，载《清华金融评论》2018 年第 10 期。

③ 参见楼文龙：《不良资产处置的四种思维》，载《中国金融》2017 年第 2 期。

良资产的特性有极大关系。对于农村中小金融机构来说,由于政策上的原因,主要采用现金清收、诉讼、以物抵债和核销等日常处置中的更加常规化的不良贷款处置方式,处置难度大、周期长、效率低、成本高,而“债转股”、不良资产证券化等市场化的信用风险处置创新方式并未将农村中小金融机构纳入试点范围。另外,地方政府通过现金或资产置换不良贷款、向四大资产管理公司和地方资产管理公司批量转让不良贷款等对其他商业银行而言较常规的处置方式,由于多方面原因,对农村中小金融机构来说也难以普遍适用或即使适用也存在问题。

(一)农村小额贷款不良资产的认定标准具有特殊性

农村小额贷款不良资产的认定应当与一般不良资产有所区别。虽然不良的本质具有相通性,都是资产不具备流动性和盈利的能力,同时也不能为其带来正常的收益,甚至不能使这些放贷机构及时回收本金,造成金融机构的负担,但是基于农村小额贷款的特殊性,认定标准应当与一般不良资产有所不同。一般贷款在不能按预先约定的期限、利率收回本金和利息时,即被认定为不良资产,但农村小额贷款不良资产的认定标准应该有所变通,因为就贷款用途而言,大部分农村小额贷款都是用于农业生产或者畜牧业的发展,农业与畜牧业的生产周期制约了贷款主体的还款周期,一旦存在期限错配,小额贷款被认定为不良资产是极为可能的,而如果此时将其认定为不良,不及时作出展期,农户的生产经营就可能因此无法维持到该产业成熟的生产周期,从而经济状况进一步恶化。简言之,农村小额贷款的不良资产认定应对贷款期间标准适当放松,适当引入周期考虑因素。

(二)农村小额贷款不良资产处置方式的特殊性

根据处置行为法律性质的不同,传统商业信贷处置方式可分为清收(催收、处置抵押物、破产清算)、重组(债务重组、债转股、债务展期)和转让(资产证券化、转让给资产管理公司)3 种处理途径。同时还有学者提出了在经济新常态下,创新不良资产处置的方式,即资本市场化模式、并购重组模式、信托处置模式、外包分包模式、资产证券化模式和公开拍卖模式。

但农村小额贷款的特殊性极大地弱化了市场化处置农村不良资产的优势。农村小额贷款作为我国农村农业发展的重要资金支持模式,其大量不良资产的产生是具有多重因素的。就农村小额贷款的市场需求方来看,其中农户占大多数,而农户大多从事小型的、家庭式的生产,生产资料较有限,一旦被认定形成不良资产,几乎没有可用于弥补的财产,容易陷入不能清偿的僵局。

农村小额贷款之所以会形成大量的不良资产是小额贷款制度本身与农村经济的特殊性双重叠加的风险导致的。农村小额贷款在面对市场处置时的特性,给小额贷款的处置工作带来很大困难,作为风险控制的“最后一道防线”,农村小额贷款不良资产的处置面临巨大的压力和挑战。一是农村小额贷款多数无抵押、担保,使催收缺少保障;二是普遍贷款金额较小、规模大、分布广,对放贷主体实施大规模催收、处置活动带来了障碍和高成本;三是贷款主体动态信息难以获得,无法实现精准的不良资产处置;四是政策性较强,具有很强的脱贫目的。因此,处置农村小额贷款不良资产所面临的压力较一般的不良资产的处置更大。

(三)农村小额贷款不良资产处置目标的特殊性

降低银行金融机构的不良率、化解不良资产风险、维持农村小额贷款供给机构的商业可持续性,是农村小额贷款不良处置的直接目的。而支持农业发展、促进农村经济增长,是农村小额贷款不良资产处置的终极目标。发展农村小额贷款的主要目的,是通过为农民、农业、农村提供额度低、无担保的贷款方式,以促进农民产业发展,促进农民生活水平的提高,推动农村地区的经济发展水平。

农村的社会经济秩序较脆弱,特别是经济秩序,农民一旦遇到自然灾害或市场波动,产生的损失可能会导致一个农户彻底破产,并且农村社会中风险往往具有行业性、聚集性,农村小额贷款的主要目的是增强农民抵抗风险的能力、维护当地的社会经济秩序。

三、我国当前农村小额贷款不良资产的处置方式

根据《陕西南部农村小额贷款调研报告》,我国目前农村不良资产的处置存在以下特点:(1)源头治理薄弱,贷前调查、审查、审批关口有时会走形式,在贷款源头上控制风险;(2)贷后管理松懈,农村小额贷款贷后管理人员不充足,收贷人员不专业,清收责任难以落实,清收效率低;(3)法务催收力度不足,法院、经侦与金融机构对不良资产的沟通不畅通,诉讼清收较少;(4)未建立全面的定期排查机制,不能坚持定期对贷款主体大额消费、非合理使用等情况进行排查,也未能及时对存在风险隐患的贷款主体采取相关措施。现就各个处置方式的处置现状逐一说明。

(一)司法清收

司法清收是大多数银行对借款人采取的合法催收方式,是我国目前农村小额贷款不良资产处置的主要方式,也是近些年来金融机构为了解决农村小额贷款不良资产采取的一个重要举措,即通过事先核查、司法诉讼、强制执行来进行不良贷款的清收,以司法强制执行为不良贷款处置的根本方式。这个方式如果实施得好,不仅能够有力地实现不良资产的有利回收,同时还会在农村地区形成良好的法律反响,也是特殊形式的普法活动。但从目前来看,司法清收还处于谨慎实施阶段,并非任何符合催收条件的贷款主体都会被纳入司法程序之中,适用司法清

收的主体是那些有能力还款但主观上恶意不主动还款的主体。农村不良资产的清收目前采用了从正面道德劝诱、延迟还款日期、鼓励生产、反面联合上门催收的方式来实现,寄希望于农户自觉主动进行还款。针对这些主体进行司法清收有两个典型的优势:一是能够形成羊群效应,对于那些有类似抵赖不还款心理的主体形成威慑,端正其还款态度;二是重新建立司法体制在农村地区的影响力和公信力,使广大农民能够更客观地了解法律。不可否认,运用诉讼和强制执行的方式来清收村镇银行不良贷款对于"老赖"式欠款人有很好的效果,在一定程度上也确实能化解很多不良贷款,但其也存在一定的问题。

1. 农村金融机构司法清收的主观意愿不强。农村金融机构作为催收主体,其出于利益最大化的考量,很少会主动向农户提出司法清收的手段。一方面,其面临诉讼耗时长、清收收益大于成本的问题。由于农村金融机构多具有网点多、分布广的特点,面对的贷款对象多为农户和小微涉农企业,贷款具有户数多、金额小且居住分散等特点,使小额贷款清收工作量较大、起诉立案难。另一方面,对于农村信用社来说,将贷款主体诉至法院也会在一定程度上影响其与贷款主体的后期继续合作关系,并且这种影响还存在扩大的可能,会阻碍农村信用社正常的放贷活动。

2. 依法进行催收适用的财产范围太小,强制执行的前提是被执行人有足够的财产可供执行,但涉农贷款经常面临的问题是欠款人无可供执行的财产,在此种情况下,即便强制执行也无法化解不良贷款。因此在司法清收中,即使得到了法院的支持判决,执行判决也是较困难的,在针对农户的执行中,由于其生产资料有限,有必要保留基本的生活生产资料。

3. 银行内部信息不对称,容易丧失依法清收的最佳时机。不良贷款清收和处置是极具专业性、技术性和实践性的业务内容,要求商业银行内部各大部门之间信息互联和相互协作,但由于各个部门之间掌握的信息不对称,法律合规部门常常无法及时介入不良资产的清收处置,使商业银行容易丧失依法清收处置的最好时机。当前,尽管众多商业银行建立了不良贷款的五级分类原则,对潜在风险贷款、违约贷款和不良贷款构建了统一的管理机制,但实际上由于银行内部信息不畅,信贷部门在贷款出现风险之初很少向法律合规部门征询意见,法律部门对违约贷款及其潜在的风险情况也并不了解。所以,当银行信用风险暴露时,信贷部门才会要求法律合规部门介入,但常常已经失去了运用法律手段化解资产风险的最佳时机。

4. 农村小额贷款不良资产保有量较大,如果将不良贷款的清收全部交由司法机关审判执行,将加大司法机关的压力并分散司法资源,在一定程度上造成司法资源的浪费。依据中国裁判文书网公开的案例，近年来该类案件激增，在中国裁判文书网以“扶贫小额贷款”为关键字检索结果见图4－1。

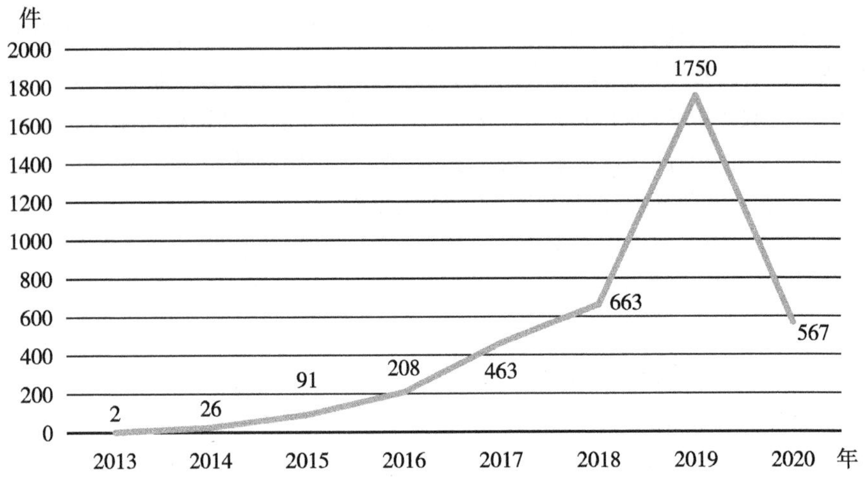

图4－1　2013年至2020年10月扶贫小额贷款案件数量

农村小额信贷案件因政策及贷款周期已经接近爆发期，且重点集中于各地基层人民法院，虽然该类案件法律关系明确，但较大的数额与较强的社会影响对该类案件的审理及执行带来了较大挑战。

除事后司法清收本身所面临的问题外，农村小额贷款产品在事前设计时未能充分考虑清收处置的效率问题。随着互联网金融和金融科技的兴起，银行金融业务模式和流程不断创新，新型农村小额贷款颠覆了传统信贷业务流程，越来越虚拟化。商业银行相关金融产品在设计时未对清收处置环节进行综合考量，给法律清收不良资产造成了许多问题和障碍。金融消费者可以通过网上银行、手机移动银行、信息交互、POS机具等电子渠道，主导发起、办理各类银行业务，相关证据材料都以电子数据的方式进行存储。诚然，该类业务以“高效”“便捷”“闪电借款”“随借随还”等特点为金融消费者带来全新融资体验，但其高度无纸化、自动化、电子化等特点也导致在搜集证据方面遇到很大困难，影响商业银行不良资产清收处置效率，导致在实践中不良贷款清收与胜诉案件执行问题陷入困难。

农村小额贷款不良资产的清收不仅是单纯的清收效率问题，清收的方式、清收的周期还应注重考虑农村经济的发展问题。农村的生产工具在一定程度上具有生产与生活的混同性，如果对涉农贷款进行大规模催收，虽然符合法律，但会导致农村企业与个人发展的停滞与发展阻滞，不利于农村经济的发展。同时，对涉农贷款进行大规模的清收除会对农村发展带来不良的经济建设外，还会对农村的社会稳定带来不良影响，农村各户之间的紧密关联性对不良贷款的强制执行造成了较大阻力，通过司法手段推进强制执行或是联合上门催收会在一定程度上破坏农户之间的这种关联性。

（二）资本化处置

一般来讲，金融机构不良资产的处置有两种方案：一是传统的诉讼催收；二是不良资产的证券化，即债权资本化。① 债权资本化是金融机构不良资产处置的常用方法之一，相对传统诉讼清收，其具有促进经济发展、维护经济关系与社会关系稳定等优点，但受客观情况限制，村镇银行对不良贷款进行"债权资本化"仍有较大阻力。其主要问题在于，国家没有出台相应政策与农村缺乏"债权资本化"对象两方面。在财政部、原银监会《关于印发〈金融企业不良资产批量转让管理办法〉的通知》第 8 条中明确个人贷款（包括向个人发放的购房贷款、购车贷款、教育助学贷款、信用卡透支、其他消费贷款等以个人为借款主体的各类贷款）不得进行批量转让。一方面，村镇银行以个人信贷为主，国家禁止商业银行个人贷款的批量转让使学者很少关注村镇银行的"债权资本化"问题；另一方面，农村经济以个体经济为主，缺乏可股份化的对象，不适合不良贷款的股权化。虽然传统之债权资本化在村镇银行涉农贷款中不能适用，但究债权资本化之本质即为将不良贷款资本化，将不良债权作为出资资本而参与企业之经营，通过为资本化对象减轻债务负担，通过重整为企业谋利以化解不良债权，如能在村镇银行涉农不良债权处理中采用资本化的方法，则具有将村镇银行此类不良债权完全化解的可能性。虽然资本化具有一定的风险，如重整失败等，但由于本身拿来出资的即为难以实现的不良债权，本质风险并无明显提升。同时，由于农村地区复杂的社会关系，相对诉讼清收采用资本化的方式可以最大化地维持农村社会秩序与经济秩序的稳定，村镇银行涉农贷款借款人一般为个人主体，虽其中有部分主体具有一定的经济性，如农家乐等，但大多数依旧为普通的个人主体，通过此种个人经济组织解决部分涉农贷款不良债权并无意义，因此应寻求实操性的、具有普遍适用性的债权资本化对象。

第三节　我国农村小额贷款不良资产处置方式的创新

传统的不良资产处置方式通常包括清收（自主清收和诉讼清收）、账核销和抵

---

① 债权资本化（Debt for Equity Swap），是指投资的主体将不良债务转为资本金，将原来的债权债务关系转变为金融资产管理公司与企业间的持股与被持股、控股与被控股的关系，由原来的还本付息转变为按股分红。

债资产等方式。这些处置方式往往存在流程耗费时间长、花费成本较大、清收效率低下等问题，这些方式已经不能满足当下农村小额贷款不良资产的处置需求，借助市场化模式对于农村不良资产处置具有较大意义。

近年来，金融与科技相互融合，特别是大数据、云计算、人工智能、区块链等技术广泛应用于金融领域，在支付清算、电子货币、网络借贷、财富管理、征信、众筹、互联网保险、零售银行等方面形成了新的业务模式，直接影响金融服务提供的方式，已经具备颠覆传统金融业的力量。基于此，在农村不良资产市场，金融科技企业也应当发挥主观能动性，为解决当下农村小额贷款的不良资产起到积极作用。互联网金融是金融领域的一项重大创新，并以较快的速度崛起。互联网金融将互联网技术与金融核心业务结合起来，通过整理分析大量交易数据，包括企业和个人的经营和现金流状况以及信用记录，可以有效地降低信息不对称风险，特别是运用小额贷款技术，对小微贷款进行批量审批，大大降低了双方贷款的交易成本。

因此，未来农村小额贷款不良资产处置方式的选择将充分考虑农村经济的特殊性，力求呈现多元化的处置方式。

一、农村小额贷款不良资产的市场化处置创新

我国农村银行业金融机构资产规模较小，大部分应该属于小型，甚至微型企业的范畴，虽然不良贷款率相对较高，但仍处于风险可控的范围内。因此，除极个别的农村银行业金融机构有上市或并购（被并购）的需要外，其他绝大部分农村银行业金融机构很少会用到不良贷款资产剥离的处置方式。同时，对于农村银行业金融机构来说，参与实体企业的运作并非自身所擅长的，因此，通过“债转股”的方式处置不良贷款的概率也相对较低。对于农村银行业金融机构的涉农小额不良贷款来说，打包出售是目前应用最广泛、也最经济实用的处置方式。在不良贷款证券化的交易结构中，不良贷款的原始持有人继续担任贷款服务机构的角色，继续对不良贷款进行资金催收等存续期管理工作，同时，不良贷款的原始持有人还持有不良贷款证券化产品的劣后级份额，一方面，保证了其继续享有获得基础资产超额收益的权利；另一方面，也保证了其更有动力完成资金催收等存续期管理工作，以实现不良贷款现金回流最大化的目的。在打包出售过程中，发挥大数据信息撮合作用对于有效处置农村小额贷款不良资产的作用非常重要。

（一）大数据技术的应用

狭义上，大数据是一个大样本和高维变量的数据集合，使用传统方法或工具很难进行处理或分析；而广义上，大数据涵盖多学科领域、多源、混合的数据，涉及文本与语言、录像与图像、时空、网络与图形等多种数据类型。简言之，即“海量数

据”+“复杂类型的数据”。① 大数据的目的是将数据转化为知识，探索数据的产生机制，进行预测和作出决策。随着互联网技术的发展，大数据的应用也日益广泛，目前已有不少学者探索利用大数据进行不良资产的处置，并有较成熟的经验，基于此，将大数据技术应用在农村小额贷款不良资产的处置之中也会具有重要意义。

一是数据和信息服务。充分利用电子商务的交易数据，通过互联网技术归集债务人数据，向不良资产收购处置提供数据和信息服务，如蚂蚁信用的征信数据服务和搜赖网的信息服务，能更好地提升对不良资产的尽职调查水平。二是交易撮合服务。构建各类平台服务不良资产交易，例如，阿里巴巴与京东的网络拍卖平台，已与金融资产管理公司开展全面合作，大规模拍卖不良资产；又如，资产360等提供撮合交易服务。三是法律及催收服务。通过网络化、智能化的手段为客户画像，进行精准催收；构建不良资产法律服务平台，提供催收服务和不良资产法律援助。四是资金服务。主要为不良资产交易提供资金匹配，如众筹投资类的分金社等。目前，不良资产市场金融科技发展的重点还集中在互联网金融及小额贷款领域，随着数据的积累、人工智能的进化，金融科技将应用于解决不良资产市场的核心问题，即信息不对称和道德风险领域，预计在尽职调查、资产定价、价值发现、撮合交易等关键领域将出现颠覆性技术，如不良资产全息尽调、智能定价、智能匹配等技术，也可能产生规模更大、更集中的不良资产交易平台，甚至可能会改变行业的结构。

同金融领域其他业务一样，农业银行不良资产处置相关的数据资源极度丰富，具备如下“大数据”特征：一是数据量大、跨地域、跨系统分布。经过多年的信息化建设，农业银行遍布全国的分支机构中，与不良资产相关的信贷发放、账务核算、风险计量、日常管理、评估定价、处置方案制订和实施等一系列海量数据资料，得以在信贷、财务、风险和处置管理等多个系统中完整记录和保存。二是数据组织形式多样、结构各异。既有直接从系统页面读取的传账务数据、报表数据和文档数据，还有档案资料中的影像数据、图片数据等难以量化处理的信息。三是数据产生机制受政策变化影响明显。不良资产的产生与处置消化受银行内部风险管理政策的影响，也与宏观形势、监管要求、法规政策密切相关，这些因素都对处置政策的选择和最终的处置定价有系统性影响；另外，处置定价及贷款回收的结果也能反映同时期经济发展、产业转型及金融改革的趋势与规律。由于市场交易

① 参见黄思思、罗名：《大数据在商业银行不良资产处置定价中的应用浅析》，载《农村金融研究》2015年第3期。

不透明，涉及资产类型众多，同时受债务人还款意愿不确定性大等诸多方面的影响，不良贷款定价水平的提升在很大程度上依赖历史数据的积累和利用。在不良资产处置管理领域及定价环节，开展“大数据”研究应用大有可为。

当前，传统银行往往因为小微企业财务报表不规范、信用记录缺乏等因素，为识别和控制风险而要求其提供足够的贷款抵押和担保，而小微企业又往往缺乏抵押和担保资源，由此出现信息不对称而导致“惜贷”问题。在这种情况下，互联网金融的出现，有效克服了传统金融业的不足。可以预见，小微企业可能会成为互联网金融的最大受益者。具备一定实力的小额贷款机构，尤其是中小银行应积极应对，凭借自身数据平台，积极开发互联网技术，尊重客户体验，了解客户需求。当然，也可以通过与电商企业联合模式，共同开发小额贷款市场，变革传统经营模式和实现业务流程的再造。

（二）利用非标准化不良资产评估定价实现农村小额贷款不良资产的标准

不良资产处置的核心要义是实现待处置资产价值的提升与变现。完善的信息披露机制为非标准化不良资产的评估定价奠定了坚实基础，但是如何更好地实现农村小额贷款非标准化不良资产的评估定价以真实地反映其公允价值，就要求我们，一方面要通过充分利用互联网大数据挖掘的优势，整合信息资源；另一方面通过创新手段将非标准化不良资产转化为标准化不良资产以降低投资门槛，并通过市场竞争机制发现价值。

一是利用互联网的大数据挖掘功能以实现非标准化不良资产的公允价值。互联网中蕴藏海量的信息与资源，通过利用大数据的挖掘功能尽可能多地收集非标准化不良资产的样本信息，构建不良资产处置历史数据库，通过对这些样本信息进行分类，使其类型化，建立不同种类、不同行业的资产定价模型，对在不同条件诸如地域、期限等情况下非标准化不良资产具有怎样的价值进行分析，利用丰富和畅通的互联网渠道为评估定价提供更多的参考指标，增加非标准化不良资产评估定价的参考依据，既可以避免人工定价受制于主观经验的随意性，又可以融入大数据挖掘以及人工智能技术，提升定价的科学性与准确性，使非标准化不良资产更接近其真实的公允价值。①

二是与不良资产创新业务相结合，通过技术手段转化为标准化资产。针对存量非标准化不良资产，可以将其与不良资产创新业务结合起来。市场主体利用各类金融工具、业务模式、处置渠道等挖掘不良资产潜在价值、修复金融功能，大幅

---

① 参见王莹莹、杨琪：《论数字经济背景下非标准化不良资产的互联网模块化处置》，载《西北民族大学学报（哲学社会科学版）》2020 年第 1 期。

提升金融服务实体经济的质效。这既是不良资产业务创新的出发点,也是其最终落脚点。资产证券化、投资结构化、收购基金化以及互联网金融等创新手段可以将非标准化不良资产作为基础资产转化为诸如债券、收益权、基金份额、理财产品等标准化资产,[①]实现等分化、公允定价、流动性强等标准化不良资产的属性。这一方面创造了一个公允的市场环境,使非标准化不良资产的定价更加准确,另一方面还可以突破非标准化不良资产互联网模块化处置的"瓶颈",不仅降低了对买受人资金实力的要求,同时也扩大了普通投资者群体。因此,将互联网处置的优势与不良资产处置的创新业务结合起来,使二者相辅相成、相互补充,可以有效地提高非标准化不良资产定价的准确性。

(三)区块链技术的应用

在运用互联网技术对非标准化不良资产进行处理的过程中,对线下尽职调查的依赖性依然较强,甚至许多有关非标准化不良资产评估定价的核心价值信息与数据依旧来自线下搜索,信息在真实性与完整性方面的欠缺严重影响了评估定价的准确性。造成这一问题的原因主要有两点:一是互联网数据库的可篡改性使信息持有者不愿将价值信息与数据录入,影响了数据收集的完整性,加之信息录入的迟延性造成信息时效性降低,对评估定价的精确性造成了影响;二是通过线下方式获取信息时,与信息持有部门反复协调沟通耗费了大量的时间,效率极低,并且信息的获取非常被动。这些均对非标准化不良资产的评估造成不利影响。

区块链的"去中心化"特性改变了传统的中心式信息存储方式,其实质上是一个承载社会交互的分布式信任架构,具有透明与防篡改的性质,[②]这对防范不良资产所产生的金融风险意义深远。首先,区块链的分布式技术能够提升非标准化不良资产信息获取与评估定价的效率。当信息在某一个节点生成时,其会按照时间顺序在链上的其他节点自动生成,不同的信息使用者无须重复收集。例如,当企业与银行之间发生贷款时,该企业的工商信息,贷款的数额、利率、担保等情况均会被同时记录于各个节点,当企业逾期,银行转让不良债权时,相应的资产管理公司在收购时或其再次转让时无须就这些信息重复获取。其次,区块链的防篡改与防删除特性保障了非标准化不良资产信息的真实性与完整性。非标准化不良资产的状态、权利负担、处置情况等都会在链条上留下有迹可循且无法消除的痕迹。最后,区块链技术的在线即时共享与查看功能还可以增强对非标准化不良资产处

---

① 参见王莹莹、杨琪:《论数字经济背景下非标准化不良资产的互联网模块化处置》,载《西北民族大学学报(哲学社会科学版)》2020年第1期。

② 参见王莹莹、杨琪:《论数字经济背景下非标准化不良资产的互联网模块化处置》,载《西北民族大学学报(哲学社会科学版)》2020年第1期。

置中各关键环节的监管力度,降低异常情况的发生。①

具体来说,区块链技术的核心优势将对未来农村小额贷款不良资产的处置起到重要作用。

第一,去中心化,重新构建农村信用机制。在传统的交换体系中,大多由第三方的中心机构记录并审核交易,以防止双重支付,系统的信用中心在第三方机构。并且传统的信用体系的记录内容大多是关于信贷的信息。而区块链本质上是一种分布式共享账本,让节点与节点之间可以自由连接并进行数据交换,无须通过第三方中心机构,避免了中心机构的脆弱和不透明,就其记录的信用信息内容来说也是较全面的,不仅有信贷信息,还有信用主体在社会交往的方方面面。基于这一点,区块链有益于打造农村信用体系,从小额贷款发放之时起就增加信用保证,并且也为不良资产的处置提供了更多的解决办法。

第二,不可篡改且可追溯,数据的真实性、可信任性极大提高。区块链技术的块链式数据结构使每条记录都能够追溯到之前的任何一条记录。相应地,如果要对数据进行篡改,也必须重构之前的每一条记录,且篡改数据的算力还必须超过正确记录数据的算力。但在这样的条件下,篡改数据的动机则会失效。农村小额贷款不良率的逐年增加也从另一个角度暴露出农村金融机构对于一部分不良采取的是隐藏的方式,或者是一直不良的形式,但是一旦批量的不良资产被积压,最终将会导致不良率远远超出金融机构所能承担的范围,造成更大的经济损失。区块链对于信息真实的保证能够在监管层面督促金融机构认真审核相关贷款,杜绝"人情贷"与"关系贷",从贷款的发放环节就减少了不良率。

第三,在区块链技术下实现对小额贷款主体的全面审核,传统的个人信贷信用并非评定其是否有资格或者会逾期的唯一标准。在区块链技术的支持下,能够实现对贷款主体的全方面审核,有关于信贷信用的有日常社会活动记录以及贷款主体相关经济活动或者资金走向,这些信息无一不从侧面反映了贷款主体的相关信息,对于评定其是否有贷款资质具有重要意义。

二、司法途径催收的科技化创新

创新运用法律手段清收不良资产的思路是各大银行积极探索的方向,可以包括以下几个方面。

---

① 参见王莹莹、杨琪:《论数字经济背景下非标准化不良资产的互联网模块化处置》,载《西北民族大学学报(哲学社会科学版)》2020年第1期。

1. 建立规模化审理机制

传统不良资产的处置中,法院诉讼是最常见的解决方式。但是在诉讼中面临着诉讼流程复杂,时间久等缺点,导致很多银行采取诉讼方式较少。党的十八届四中全会决定提出,推进以审判为中心的诉讼制度改革,确保侦查、审查起诉的案件事实证据经得起法律的检验,努力让人民群众在每一个司法案件中感受到公平正义。随着依法治国的推进,不良资产的处理方式在诉讼方面也应该进行改革。农村小额贷款出现逾期或者不良时大多具有普遍性,排除人为因素,若是自然因素导致的不良将会是大面积的不良。对这种类型的不良资产处置可以建立规模化的审判方式,以规模化的审判模式进行案件审理。因为具有普遍性,在调查取证以及诉讼的整个环节都可以建立具有普遍性的制度。

2. 建立司法审判与农村信用体系衔接制度

在国家执法环境的制约下,加之财产权概念模糊、有关抵押品的法律法规不完善等因素,我国商业银行不良资产清收难度很大,清收和处置的效率较低。我国银行在清收不良贷款过程中,部分地方政府和司法部门出于维护社会稳定的考虑,大多优先偿付其他自然人原告而忽略了银行债权。同时,由于诉讼进程缓慢,部分债务人在此期间通过转移资产等方式逃避银行债务的现象时有发生。对此,一方面,应严厉打击恶意逃废银行债务行为,以限制借款人高消费等方式打造执行力高效的司法环境和人人守信的信用环境;另一方面,应加快推动不良贷款的诉讼进程,优化银行不良贷款清收和法律执行环境。①

由于当前中国个人征信体系还不完善,社会诚信文化尚未嵌入经济生活的方方面面,近年来,随着银行贷款纠纷案件的增多,借款人、担保人及法院对银行诉讼的态度也逐渐变化,借款人、担保人由过去的相对配合逐渐转变为千方百计寻找银行瑕疵进行抗辩或设置障碍,以期减少或免除部分责任,给商业银行法律清收不良资产造成了困扰。例如,有的企业故意以"工程款优先""执行异议"等理由另行提出诉讼,阻碍执行进展;有的借款人签署长期租赁合同设置执行障碍。根据《民法典》物权编的规定,抵押权设立后抵押财产出租的,该租赁关系不得对抗已登记的抵押权。还有的企业在法律清收过程中利用各种手段逃避签收法律文书,限于法律规定,立案、审理、执行等各环节均需要公告送达,每次为期 2 个月的公告期,使法律清收处置的效率低下。

胜诉案件执行难,执行手段缺乏强制性。对于不良资产的法律清收处置,商业银行最担心的问题是赢得了官司拿不到钱,虽然有的商业银行获得了胜诉,但

---

① 参见谢群良:《银行不良贷款处置的国际经验与启示》,载《农村金融研究》2019 年第 9 期。

判决书却成为一纸空文，在这些案例中，少数情况确实属于债务人没有能力偿还，但多数情况即是债务人对还款责任的故意逃避。执行法院和经办人员在办理执行案件时，由于缺乏有效的约束机制，更多以协商方式处理，多以主持执行和解方式应对执行事务。其在债务人已无其他财产可供执行甚至故意拒不履行的情况下，也不愿意采取积极有效的手段和措施及时处置和变现担保财产。执行手段和措施缺乏“强制性”，强制执行演变成自愿履行。对于抵押房产或其他担保财产，存在抵押房产涉及长期租赁、个人唯一住房拍卖难问题，法院出于维稳、和谐执行考虑，往往强制执行力度有限，直接影响抵押房产的处置。基于此，必须将司法审判与农村信用体系进行有效衔接，实现二者的良性互动，司法审判方能在处置农村小额不良资产上发挥更大作用。

3. 司法与市场方式结合处置不良资产

通过法院主持，当事人之间充分协商，运用市场化方式处置不良资产。一是以物抵贷方式的创新运用。在新形势下，银行要发挥以物抵贷对清收不良资产的积极作用，可适当纵向拓展业务，发展咨询、收付、担保、代理、租赁等中间业务，有效降低不良资产余额。二是债权转让交易的合理运用。根据结构效益理论，将难以清收的不良资产进行分类打包，转让给第三方专业机构，将会极大优化资产结构，降低不良资产风险。三是完善和发展银行资产证券化。资产证券化在我国发展非常缓慢，银行业资产证券化尚在实践中摸索前进。银行应抓准机遇，积极试点实行资产证券化清收不良贷款，积累经验，提升能力。①

4. 司法催收的科技化创新与农村社会秩序的稳定

司法催收在结合互联网、大数据对不良资产进行规模化与市场化处置的同时，必须兼顾农村小额贷款所在行业领域以及借款人等多方面特点，司法催收的创新应当符合正确的强制执行的价值取向与农村小额贷款的主旨。

第一，救济权利是司法催收的直接目的。强制执行是司法催收的主要方式，开展司法强制执行的前提是生效法律文书确定的义务人不自觉履行义务，它的出发点和落脚点在于通过运用司法强制执行权，依照法定程序，限制、剥夺民事义务主体的财产甚至人身权利，以强制方式实现生效法律文书（执行依据）所确认的权利。义务人没有自觉履行生效法律文书确定的义务，是司法强制执行产生的前提；依照法定程序、运用包括但不限于强制手段强迫义务人履行义务，是司法强制执行的价值追求和终极目标。简言之，任何司法强制执行的开始、开展都是为了

① 参见杜尔玏：《新一轮不良资产的形成机理、清收障碍与处置创新》，载《求是学刊》2018 年第 3 期。

强制义务人履行生效法律文书确定的义务。司法强制执行与司法审判具有同质性，都是为了实现权利的救济，都是通过一定的法律程序对不法侵害人科以一定的惩罚，以救济弱者被侵犯的权利，进而修复被破坏的社会秩序，都属于司法救济权的范畴。

第二，效率优先兼顾公正规律。快捷高效是司法催收的首要价值，追求效率是司法催收的应有之义。进入执行环节，当事人之间的权利义务已由生效法律文书所确定，司法催收无须亦不能确定新的权利义务，其唯一任务就是依法迫使义务人尽快履行义务。这就要求在开展司法催收时，要努力缩短办案周期，尽可能迅速地满足权利人的利益。这一点对农村小额不良贷款的处置具有重要意义，农村地区目前依旧是"熟人社会"，人员流动性较差，一旦进入司法执行阶段，可以说对于贷款主体来说具有非常大的影响。一些农村地区为了实现执行的效果会采取与家庭捆绑式的执行方式，使农户及其家人都受到影响。

因此，在农村小额贷款不良资产金进入司法执行程序时，法院应当保证程序符合要求，并兼顾公平正义。首先，法院执行机构对执行权利人的执行申请或审判部门移送执行的案件，应当依法及时审查，符合有关规定的要及时立案，迅速启动执行。其次，在执行程序的每个阶段，各个环节、各项行为要在法定期间内进行和完成，能早就早，能快则快，不能久拖不执或久执无果，并且执行行为应当连续、不间断地进行。当然，司法强制执行追求的高效不是不顾一切、简单粗暴地蛮干，其前提必须是依法、公开、公平、公正。不能为了追求效率而忽视公正，在迅速高效保护并实现权利的同时，也要关注和保护义务人的法定权利，赋予义务人充分的救济权利。

第三，依职权穷尽执行措施与发挥当事人作用并重规律。司法强制执行是司法催收的主要手段。一个法律制度，如果没有可强制实施的惩罚手段，就会被证明无力限制非合作的、反社会的和犯罪的因素，从而也就不能实现其在社会中维持秩序和正义的基本职能。启动司法强制执行程序，首先意味着被执行人对法律义务的不履行，对社会秩序的破坏，失信于他人、社会。人民法院要通过积极主动行使司法强制执行权，强制执行义务人的财产、行为、人身，依托法律赋予的强制力强制义务人兑现义务，是司法强制执行的应有之义，应当贯穿司法强制执行的始终。只要司法强制执行程序一启动，司法强制执行权必须主动行使、积极作为，穷尽一切强制措施和执行手段推动执行工作，直到权利人合法权利得以实现或出现法定的暂缓、中止、终结等情形为止。但是，强调行使司法强制执行权要穷尽一切执行措施，最大限度地实现执行兑现，并不意味着轻视、忽视或漠视当事人的主体作用，而是要最大限度地发挥权利人与义务人的主观能动性。一方面，要切实强化被执行人如实申报财产、自觉履行法律义务的责任，最大限度地预防、阻止和惩治被执行人千方百计转移财产、逃避执行的行为；另一方面，人民法院要在强调依职权穷尽执行措施的前提下，进一步强化申请执行人在查找财产、提供线索方面的权利和义务。

第四，不良资产的处置需尊重客观规律。在司法强制执行过程中，人民法院本身不是义务主体，不承担履行生效法律文书确定的义务，只是由于被赋予了司法强制执行权，不得拒绝履行司法强制执行的职责，必须通过依法行使司法强制执行权来促使生效法律文书所确定的权利"落地"，其实质是依法运用公权实现私权。但是，要使生效法律文书确定的权利义务得以实现或完全实现，根本前提是负有生效法律文书确定义务的义务人有履行义务的能力。否则，如果不具备相应的履行义务的能力，无论司法强制执行权怎么运用，哪怕穷尽所有强制手段，生效法律文书确定的义务也将无法兑现或全部兑现。这是开展司法强制执行必须清醒认识、理性对待的客观现实，更是司法强制执行相异于司法审判的特有规律。从这个意义上来讲，不存在无法司法审判的诉讼案件，但存在客观执行不能或只能部分执行的执行案件。这并不是我国所独有的现象，在国外也是如此。比如，在许多市场经济发达的国家的强制执行程序中，对被执行人财产状况的查明基本上采取当事人主义，由当事人自主进行调查；强制执行的启动，以当事人提供可供执行的财产为前提。因此，管理、评价司法强制执行工作，不能简单地套用司法审判的管理、评价标准和经验，而要根据司法强制执行规律，采取有别于司法审判、适合于司法强制执行的管理、评价标准和方法。

三、不良资产处置与农村合作化经济组织要素结合的创新

依靠诉讼或典型个人的个体化问题解决方式并不适合农村的长期治理与发展，基层农村必须形成具有一定政府权威的规模化公共治理模式。近年来，基层社会的自我治理，正在"重新建构基层公共治理模式"和"规范化行业自治"。① 随着农村经济的发展，尤其是在扶贫的大环境下，大量扶贫资金投入，合作社经济近些年来迅速发展，截至2018年6月30日，全国约有农民专业合作社229万家，其中存续正常营业的约为210万家。从2000年至2018年6月我国注册农民专业合作社的数量走势如图4－2所示。

① 参见王国龙：《基层社会治理中的司法治理》，载《渭南师范学院学报》2018年第7期。

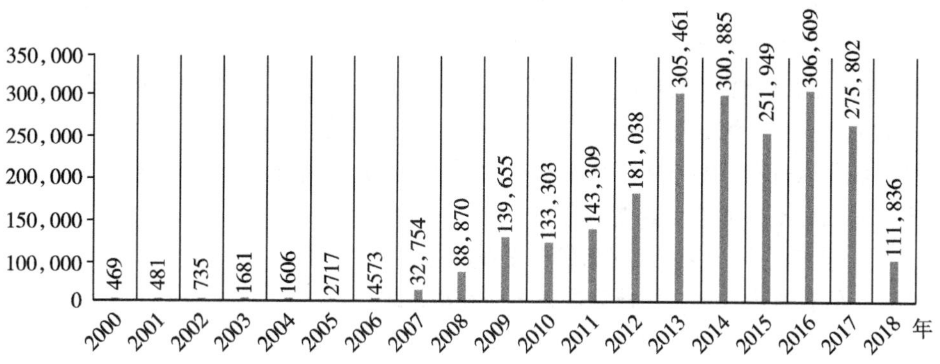

图 4－2　2000 年至 2018 年 6 月底注册专业合作社数量

合作社数量从 2007 年开始向上增长，经过 5 年的稳定持续性增长，到了 2013 年注册数量呈火箭式飞跃，且这几年持续平稳在约每年 30 万家。按照注册资金进行分布，可以明显看出 100 万～500 万元注册资金的占比 47.47%，其次 100 万元以下注册资金的占比 36.05%，500 万～1000 万元的占比 12.16%，1000 万～5000 万元的占比 3.6%，5000 万元以上的占比只有 0.73%，相较其他组织形式，农村合作社还具有很大的发展空间。①

农民专业合作社在工商部门注册隶属“农、林、牧、渔业”，但是根据专业合作社经营状态的不同，也分布在服务业、零售业、运输等行业中。合作社经济的发展也为村镇银行不良贷款的债权资本化提供了可靠平台，同时农村合作社也有覆盖面广、有营利的特点。原农业部原副部长叶贞琴在《农民专业合作社法》实施 10 周年座谈会上介绍说，《农民专业合作社法》实施 10 年来，合作社覆盖面稳步扩大，平均每个村有 3 家合作社，入社农户占全国农户的 46.8%。根据农民日报社“三农”发展研究中心调查典型合作社的数据显示，在 555 家有效样本中，2017 年合作社营业收入社均约为 2329.07 万元，可分配盈余达到 338.48 万元，社均盈余返还额213.91万元，社均期末贷款余额 138.33 万元。如能将农村合作社的发展与村镇银行的债权资本化结合起来，将对村镇银行的不良贷款处理具有重要意义，采用债权资本化的方式，既减轻债务企业负担，扭亏为盈，优化债务企业的资本结构，又盘活商业银行等债权人的不良资产，防范和化解金融风险。② 在经济转型和社会转型的时代背景下，市场经济的确立、所有制的改革，带动了产权主体和权益归属的多元化，人与人的交往从一种源于共同体的内在的道德和心理约束方式，

① 合作社注册资金分布数据来自中联卓越。

② 参见许前川：《关于市场化债转股的法律思考》，载《金融理论与实践》2016 年第 9 期。

转变为强调人与人之间的外在的利益约束和法律调整的新方式。[①] 在受社会转型冲击最严重的农村地区,不良债权的化解方式必须同时具备利益约束与法律调整,才能在农村地区得到应然性与实然性的最大符合。金融机构在面对“老赖”式欠款人时采用传统的诉讼清收方式并无不妥,但当经调查通过诉讼手段不能很好地清收欠款且有可能造成不良影响时,不良债权通过合作经济组织进行资本化的方式对农村不良债权处置更适合。

(一)农村合作经济组织化解不良资产的路径

1. 银行资产管理公司成为农村合作经济组织成员

我国现有的典型农村合作经济组织包括村镇企业、农村合作社等形式。农村合作经济组织的形式多样,但还不成熟,具有多样性与不规范性。普惠金融在农村推广过程中,农村合作经济组织将成为发展普惠金融的重点突破口。如前文所述,农村合作经济组织的发展“瓶颈”在于资金的匮乏与不具备先进管理经验,传统金融机构可以通过合作弥补农村合作经济组织这两处“瓶颈”,而农村合作经济组织可以弥补传统银行处置不良资产方式的“三农”性缺乏。

银行的资产管理公司可以代表村镇银行成为农村合作社的成员并参与经营管理,这有两方面的法理依据。一是农村合作经济组织的社员具有开放性。依据我国《农民专业合作社法》第 19 条的规定,“具有民事行为能力的公民,以及从事与农民专业合作社业务直接有关的生产经营活动的企业、事业单位或者社会组织,能够利用农民专业合作社提供的服务,承认并遵守农民专业合作社章程,履行章程规定的入社手续的,可以成为农民专业合作社的成员。但是,具有管理公共事务职能的单位不得加入农民专业合作社”。该条规定表明,在我国现行法律条件下农村合作社具有一定的开放性,允许符合条件的个人或组织加入合作社。因此,法律上并不禁止资产管理公司成为农村合作社的成员。二是农村小额贷款形成的不良资产的债权可以作为农村合作经济组织的出资。我国《农民专业合作社法》第 13 条规定:“农民专业合作社成员可以用货币出资,也可以用实物、知识产权、土地经营权、林权等可以用货币估价并可以依法转让的非货币财产,以及章程规定的其他方式作价出资;但是,法律、行政法规规定不得作为出资的财产除外。”债权作为可用货币估价并依法转让的财产性权利,使用债权对合作社进行出资取得份额并无法律障碍。在债权资本化这一概念使用之初,我国《公司法》并未修改,因此,对实践中债权是否可以出资存有争议,但主流一致认同实践中债权作为出资的行为,但理论界一直未能建立债权资本化的合理性通说,在认可债权可作

---

① 参见王连国:《诉讼权利的滥用与规制》,载《上海政法学院学报(法治论丛)》2012 年第 5 期。

为出资的学者中较典型的观点认为,“债权资本化”是“债转物”,再由物入股的过程。但此种观点中由“债转物”再出资的模式却存有一个重大问题,即在实践中较多的债权资本化企业并无足够的资产作为第一步的债先转为物,且较大的债权可能对于该债权资本化企业仅有不动产才可进行偿还,由此引发不动产的变动登记问题,当发生争议时则可能引发未过户登记的不动产是否完成了债权资本化等问题。综上所述,该种理论虽在理论上是可行的,但在实际中操作难度过大且有可能引发不必要的争议。国家层面在实践中认可了债权资本化,因此在后续《公司法》的修订中将法定资本制修改为授权资本制以消除这一法律障碍——债权具有价值属性,可以用货币估价并可以依法转让,理所当然可以作为出资的种类,关键在于对作为出资债权的评估作价,不得高估或低估,应遵循公平原则。① 参考我国公司债权资本化立法中对于债权出资的态度,且《农民专业合作社法》并无禁止性规定,债权作为可用货币来进行衡量的财产性权利自然也可作为对农村合作社的出资。

传统农村金融机构与农村合作社的优势互补,包括充分的资金支持与先进的管理经营经验两方面,如果单纯地为农村合作社提供资金支持,那么资金利用效率与农村合作社的现代化便会大打折扣。农村合作社与银行的合作也包含促进农村经济组织现代化的目的,如果银行不能参与或指导农村合作社的经营管理工作,那么这一目的自然也无法实现。金融资产管理公司不参与企业的日常生产经营活动,其代表人(董事、监事)仅参与企业重大决策,这无疑是对股东权的扭曲,也是对公司内部治理权的异化构造。② 金融资产管理公司远离企业的经营,这不但违背权利义务相称原则,也违背了国际上配置公司治理权的一般规则。③ 但在我国的债权资本化实施过程中,一般资产管理公司并不参与企业的直接管理工作,仅参与一些企业的重大决策,该种有选择的参与,对于农村合作经济组织来说,并不能有效监督资金的利用,也不能促进农村经济组织的现代化。金融机构可以通过人事参与和重大决策参与来促进农村经济组织的现代化与监督相关资金的利用。首先,银行在完成债权资本化时应在相关协议中确定银行对农村合作社的有合理限度的人事参与权与重大决策参与权,银行可以通过设立代表、重要管理人员的任命与重大决策的参与来保障自身的合法权益,并以此逐步促进农村

① 参见许前川:《关于市场化债转股的法律思考》,载《金融理论与实践》2016 年第 9 期。

② 参见蒋大兴:《论债转股的法律困惑及其立法政策——兼谈国企改革的法观念》,载《法学》2000 年第 7 期。

③ 参见李克明、李金华:《债转股的法律障碍辨析》,载《安徽大学学报(哲学社会科学版)》2001 年第 6 期。

合作社管理经营的现代化。

2.不良贷款通过三方协议的方式由农村合作经济组织偿还

在实践中,最关键的在于如何将农民的债务与农村合作社建立联系,从而使该笔债务可以成为取得农村合作社份额的依据。我国现行监管要求禁止个人债务的打包转让,但并未禁止债务的单个协商转让。简言之,即银行可以通过与农村合作社、债务人签署三方协议的方式约定由农村合作社与债务人承担连带偿还责任。在该种情况下,债务人本身并没有被免除债务,依旧承担还款责任,只是变为了向银行还款的第二顺位,在该种模式中,债务人之欠款有了多重保障,偿还能力明显优于仅依靠债务人来偿还。

金融机构通过与农村合作社达成战略合作协议,可同时解决贫困户原有债务清偿与促进农村合作社现代化的问题。一般情况下,银行发放贷款要求提供担保,但农村地区贷款所提供的贷款担保一般为其基础的生产生活资料,如拖拉机等,担保标的具有生产与生活用品的双重性质,在不能按期偿还而强制执行担保标的时,很有可能造成司法机关、银行与村民之间的紧张关系,从而影响农村地区的正常生产生活秩序,因此,农村合作社与贫困户的绑定相较一味地要求担保更稳妥。

同时,虽然农村合作社可以通过承担社员债务而从金融机构处获取资金支持与经营支持,但如果仅要求农村合作社承担还款义务而无补偿依旧不公平,农村合作社作为集体组织人格具有一定的独立性,因此其合理权益应予保护。简言之,即应在协议中明确农村合作社在偿还债务后对债务人的追偿权。一般来讲,债务人并无多余资金来向合作社偿还,但劳动力是一般社员均具有价值属性的"财产",农村合作社为社员提供工作,可在发展经济的同时以社员的劳动工资来冲抵部分农村合作社所代偿的欠款。村民以劳动的方式对农村合作社进行补偿,一方面解决农村合作社前期发展中资金缺乏与大量劳动力需求的矛盾,另一方面也为承担债务的村民提供了劳动场所与工资收入,这也符合农村合作社的互帮互助的本质属性。

综上所述,金融机构与农村合作社、社员债务人签订三方协议或单独签署协议,使农村合作社与原社员债务人成为连带债务人,金融机构利用自己较为充足的资金与先进的管理经验来支持农村合作社发展的同时,也可以利用农村合作社发展所提供的工作就业机会来帮助社员债务人解决经济贫困问题。

3.原有债权担保经协商可继续存在

原有债权担保的处理是债权资本化的难题,对于出资人来说,担保是其债权得以偿还的最后保障,其必定希望后续该担保一直存续以免后顾之忧,也有很多学者认为,从保护债权人利益的角度出发,应于债权资本化后保留该担保。但不可否认的是,担保具有双面性,一方面保障债权人的债权最大化实现,另一方面也限制了农村相关经济的发展。首先,如前文所述,在农村地区的贷款中最常见的担保是农户或其他经济组织的生产生活资料,而且在很大程度上农村担保中的标的可能具有生产与生活的双重性质,典型即为农户生产所用拖拉机。与城市的贷款担保不同,如果农户或农企丧失该担保标的,则正常的生产生活会受到严重影响,使本身已经落后的农村经济更加难以发展。其次,任何企业在发展过程中必须有流动资产的存在以换取流动资金,这点对于农村合作社更重要,固然存在标的消灭而债权得不到偿还的风险,但是作为农村合作社成员的村镇银行享有经营的知情权与重大决策的参与权,充分行使其监督权则可有效地避免此类情况的发生。最后,从法理上来讲,当债权人以债权作为出资后,债权已经转化为成员资格,债权的主体变为农村合作社,但债务人本身也已经由农村合作社连带承担,债权本身已经因混同而消灭,因而作为从属的担保物权自然也随之消灭。

综上所述,在金融机构的不良债权资本化过程中,无论是从实践中考量或是依据法理,在取得农村合作社的成员资格后,原债权所设立的担保物权应随之消灭。但同时不可否认,如经三方共同协商,原债务村民同意以原担保继续提供担保的,则可以继续维持担保物权的存在,但此时的担保物权并非原担保物权的存续,而是新设的担保物权。

(二)农村合作经济组织性质的保持与金融机构的退出

农村合作社本质上是村民集体的经济组织,其目的在于为整个村民集体谋利,针对农村合作社进行不良债权资本化的目的除化解金融机构的不良债权外,还能够促进农村合作社的现代化改革,这种现代化并非将农村合作社进行股份制改革等根本性改革,而是促进农村合作社经营管理模式的现代化与盈利渠道的现代化,使其与城市企业可以同等竞争,从根本上并未改变其集体所有制属性与为集体谋利的目的。如前文所述,金融机构通过资产管理公司与农村合作社联合发展,其根本目的在于盘活不良债权而非谋利,因此,金融机构的退出时间为不良债权完全化解时,农村合作社不能成为金融机构继续谋利的工具,只要把握金融机构在化解完不良债权后及时退出,合作社的为集体谋福利的本质并不会受到影响,并且会成为乡村振兴与农村经济发展的重要动力。

不良资产"债转股"后,若没有退出机制安排,到期债务就变为永续债,将给金融市场的运行效率和风险管控带来严重伤害。因此,不良资产"债转股"必须建立股权退出机制,对于退出时间及方式应当有所安排,要以看得见的方式实现债权退出的预期。① 传统意义上的"债权资本化"退出机制一般包括股权转让、股权回购两种方式,但农村金融市场的特殊性以及债权资本化对象的限制决定了并不能随意转让农村合作社的社员资格,因农村合作社的社员资格流转受限,所以村镇银行的退出一般仅能采用合作社回购的方式,在合作协议中对回购方式与回购期限进行约定。

依据我国《农村合作社法》的规定,获取我国农村合作社的社员资格是有限制的,且在法律中一直并未明确农村合作社社员资格是否可流转。但考虑农村合作社集体组织的性质以及其浓厚的人合性色彩,其成员资格并不宜于流转,但村镇银行并不能通过资产管理公司长期参与农村合作社的经营管理,其退出制度必须在协议中予以明确。协议的本质是农村合作社通过自己盈利回购村镇银行所掌握的份额,笔者认为,村镇银行通过资产管理公司参与农村合作社的生产经营的时间应以社员债务全部得以清偿为限。但不同农村合作社的发展程度不同、盈利程度不同,所承担的社员债务不同,因此,对于回购的时间以及方式仅能依据实际情况进行约定,只要符合公平合理的原则即可。

第四节　农村小额贷款不良资产的风险分担机制

信用市场的特质决定了其无法避免风险的存在,在相较而言并不成熟的农村信用市场有更多的风险聚集。乡村振兴战略与全面小康建设,一方面需要作为投资主力的农村金融机构发放大量涉农贷款,另一方面也造成了较大规模的农村不良债权规模。根据中国人民银行公开数据显示,2019 年第一季度,村镇银行总负债同期增长率达到 6.77%,高于银行业金融机构平均同期增长率 6.5%,且在银行业金融机构占比达 13.5%,个别地区金融风险累积程度也不容乐观。如依据公开数据,2018 年河南浚县农村商业银行股份有限公司等 42 家商业银行贷款不良率超过 5% 警戒线,其中超过 20% 的有 12 家,个别商业银行贷款不良率超过 40%。化解农村金融机构不良贷款与防范化解金融风险已经成为农村信用市场发展中的一个重要问题,建立合理高效的风险分担化解机制成为农村金融机构发展的必要前提。就目前而言,农村不良资产风险分担主要包括以政府为主导的风险补偿金制度的落实与涉农保险的普及。

① 参见姚启建:《商业银行不良资产债转股的法律问题及其对策》,载《法学杂志》2019 年第 8 期。

一、农村小额贷款风险补偿金制度的落实

（一）风险补偿金的内涵

我国对扶贫小额贷款适用风险补偿资金制度，是指由财政统筹安排、对因扶贫小额贷款的风险进行垫付补偿所设立的专项资金。风险补偿金制度的发展主要由政府机关主导，究其本质，风险补偿金制度是国家为保障银行发放农村扶贫小额贷款所提供的政府与银行的共同风险分担机制。① 设立风险补偿金制度的初衷在于政府为银行分担小额贷款风险，利用财政资金对提供农村小额贷款的金融机构所承担的损失进行补偿，其主要意义在于促进金融机构对农村产业的贷款支持。农村信用市场是一个不完备的信用市场，但农村小额贷款的可获得性和易获得性是农村地区获得资金得以高速发展的重要支持，但商业银行作为市场主体，其本身的趋利性决定了它不愿意承担农村小额贷款的高风险，风险补偿金制度在一定程度上通过政府财政资金对银行风险进行补偿，从而减少了商业银行面对不成熟农村市场的风险性，从而提升了商业银行发放农村小额贷款的积极性，以促进农村地区经济的发展。

（二）风险补偿金的政策背景

风险补偿金政策首次出现于《关于创新发展扶贫小额信贷的指导意见》（国开办发〔2014〕78 号），在该文件中，明确了风险补偿金的作用所在："激发建档立卡贫困户内生动力、实现脱贫致富作为创新发展扶贫小额信贷的根本任务，推动财政扶贫政策与金融良性互动，充分发挥金融机构作用，拓展针对建档立卡贫困户的特惠政策措施，为实现新时期《中国农村扶贫开发纲要（2011－2020 年）》目标做出贡献。"并提出了"有条件的地方可根据实际情况安排资金，用于补偿扶贫小额信贷发生的坏账损失"。这些政策为各地政府为农村小额贷款提供风险补偿金提供了可能。各地政府依据中央文件精神，也出台了大量相匹配的细化文件，②综观这些文件可以看出，风险补偿金制度的直接目的在于通过财政资金为农村小额贷款进行风险分担，加大商业银行农村小额贷款的投放力度，以此增加金融扶贫

① 相关机关通过下发《关于全面做好扶贫开发金融服务工作的指导意见》（银发〔2014〕65 号）、《关于创新发展扶贫小额信贷的指导意见》（国开办发〔2014〕78 号）等专项文件来保障"风险补偿金"这种政府与银行就因扶贫小额贷款所产生的风险分担机制进行建设。

② 地方出台了大量的风险补偿金管理办法，如《泾河新城管理委员会扶贫小额贷款信贷风险补偿金管理办法（试行）》《曲沃县扶贫小额贷款风险补偿金管理办法》《临湘市扶贫小额贷款风险补偿金使用管理办法》《马关县扶贫小额贷款风险补偿金管理办法》《三亚市扶贫小额贷款风险补偿资金管理办法》《青川县扶贫小额贷款风险补偿金管理办法（试行）》等。

力度，以完成全面脱贫的政策目标。但由于一直未有中央层面的制度细化文件出台，导致各地所出台的政策匹配文件存有诸多不同，致使各地风险补偿金制度落实情况也多有差异。

（三）风险补偿金制度的内容

虽然各地风险补偿金制度的细化规则有所不同，但总体而言，作为一个在全国范围内推行的金融政策，具有相同的宗旨、运行模式与框架架构。

1. 风险补偿金制度的宗旨

设立风险补偿金的目的在于降低建档立卡贫困农户获得金融支持的门槛，进一步调动金融机构发放小额贷款的积极性，推进财政与金融加大小额贷款投放的良性互动，有效引导银行业金融机构向有条件的建档立卡贫困户提供无抵押、无担保扶贫小额信用贷款，支持发展种植业、养殖业、农副产品加工业、服务业及其他增收项目，实现增收致富，解决贫困户贷款难、发展产业融资难等问题。

2. 风险补偿金的设立依据

风险补偿金制度的设立主要源于政策的支持，从中央到地方都制定了大量的相关文件，多个地方政府出台风险补偿金管理办法作为风险补偿金制度设立的直接依据，详情见表4－1。

表4－1　我国部分地区风险补偿金管理办法

风险补偿金管理办法	依据文件	制订单位
《扶贫小额贷款风险补偿金管理办法（试行）》（陕泾河发〔2017〕79号）	《关于进一步加强扶贫小额贷款风险补偿金管理的指导意见》（市财发〔2017〕136号）	中国人民银行西安分行
《曲沃县扶贫小额贷款风险补偿金管理办法》	晋开发办〔2016〕104号、并银发〔2017〕21号、临银发〔2017〕36号及曲政办发〔2017〕68号文件	山西省扶贫开发办公室、中国人民银行临汾分行曲沃县政府
《临湘市扶贫小额贷款风险补偿金使用管理办法》（临政办发〔2018〕25号）	湖南省农村信用社联合社、湖南省扶贫开发办公室《关于开展金融产业扶贫工作的指导意见》（湘信联发〔2014〕48号）、《关于进一步明确扶贫小额贷款风险补偿金和统贷统还问题的意见》（湘扶办联发〔2015〕26号）	湖南省农村信用社联合社、湖南省扶贫开发办公室

续表

风险补偿金管理办法	依据文件	制订单位
《马关县扶贫小额贷款风险补偿金管理办法》	《云南省扶贫到户小额贷款呆账代偿管理暂行办法》（云贫开办发〔2015〕196 号）、《文山州扶贫到户小额贷款风险补偿金试点实施方案》（文政办发〔2014〕155 号）及《关于创新发展扶贫小额信贷的指导意见》（国开办发〔2014〕78 号）	国务院原扶贫办、云南省扶贫开发办公室、云南省文山州政府
《三亚市扶贫小额贷款风险补偿资金管理办法》	中共中央、国务院《关于打赢脱贫攻坚战的决定》、《关于进一步推进扶贫小额贷款工作的意见》（琼开办发〔2016〕21 号）	中共中央、国务院、海南省扶贫开发办公室

3. 风险补偿金的资金来源

风险补偿金资金主要源于地方政府财政，但并不局限于政府财政资金。各地相关文件中规定，补充风险补偿金的资金来源还有社会捐赠资金、风险补偿金收益等。

4. 风险补偿金的责任承担范围

风险补偿金的责任承担范围更多的是地方政府与商业银行的谈判结果，总体而言，在各地所出台的风险补偿金管理办法中，风险补偿金对商业银行因农村小额贷款所产生不良资产的补偿范围限制于 50% ~70%，即政府财政承担农村小额贷款所产生不良资产的大部分损失。

5. 风险补偿金的适用范围

如前所述，风险补偿金制度具有较强的政策性，在各级政府等相关机构所出台的文件中，仅规定将风险补偿金用于专项扶贫小额贷款的不良资产损失补偿。一般而言，专项扶贫小额贷款在实践中是指以户为单位、为建档立卡贫困户提供、由金融机构发放、额度在 5 万元以下、免担保免抵押、财政全额贴息的信用贷款。

6. 风险补偿金的监督与审计

风险补偿金制度产生于我国专项扶贫政策之中，受其影响，虽并未明确，但在实践中，风险补偿金的使用受到严格的专款专用限制，因而各地方审计部门以及财政部门等均对风险补偿金承担了监督与审计责任。

(四)风险补偿金制度的适用困境

风险补偿金均存于专用账户并实行专款专用,各地政府仅有文件粗略地规定,如贫困小额贷款造成呆账坏账则由银行承担30%损失,政府用风险补偿金承担70%损失,但关于风险补偿金具体如何适用存有较大争议。由于具体发放的程序及条件的规定过于笼统,造成风险补偿金发放时政府机关与银行间的认识不统一,使政府迟迟不肯给金融机构发放补偿金,从而加大了银行的经营风险。主要原因如下所述。

1. 呆坏账认定标准不一

银行与政府机关对风险补偿金的适用对象,即呆坏账的认定标准不统一。在陕南农村小额贷款调研中发现常常出现银行申请政府运用风险补偿金对呆坏账进行补偿时,政府认为不符合呆坏账标准而拒绝发放风险补偿金的情形。银行与政府双方对呆坏账认定标准的不统一首先加大了银行所承担的风险,银行无法提前精确估算实际的呆坏账损失;也有可能因此造成银行丧失发放扶贫产业贷款的积极性,影响产业脱贫的进行。

2. 发放程序缺失

发放时间、提交材料证明等程序性要素的不确定可能使政府与银行间容易因此产生矛盾,银行无法及时获取风险补偿金,政府的风险补偿无法及时用于实处。

3. 风险补偿金性质的认知不一

基层扶贫相关部门的具体业务操作人员和借款人还存在将风险补偿金作为代偿金的认识,认为是政府替代农户给银行清偿债务,即银行一旦获得小额贷款风险补偿金,其对银行的债务也随即消灭。

4. 建立健全发放后追索制度

风险补偿金发放后,存在追索不及时、不到位的问题。由于风险补偿金性质不明确,导致追索主体不明确,追索所得分配也不明确,更无信用评级等追索后续措施。首先,贷款主体知晓风险补偿金代偿产业贷款后逃避还款;其次,风险补偿金发放后,到底由谁进行追索的问题不明确,使银行与政府之间可能因此产生矛盾,从而影响银行与政府之间的合作。

5. 风险补偿金争议解决方式的不足

风险补偿金制度的直接依据为各地出台的风险补偿金管理办法,但现已出台的风险补偿金管理规定并无中央层面出台的细则作为范本,因此各地出台之风险补偿金管理规定更像商业银行与地方政府为完成国家政策任务而达成的行政合同,多以文件的形式反映出来。各地主要以地方规范性文件的方式将风险补偿金纳入地方政府的管理范畴,但各地的风险补偿金管理规定中并未规定风险补偿金的管理、使用发生争议的解决机制，在实践中仅依靠地方政府与商业银行的沟通进行解决。当出现如呆坏账的认定等模糊性较大的问题时，商业银行与地方政府之间并无相应的第三方解决方式，仅以地方政府意见为准，难以获得金融机构的认同。再加之地方政府在实践中因审计需要严格把控风险补偿金的使用，其使用标准严于金融机构，在部分地区存在风险补偿金专项资金已经存入专项账户，但鲜有使用的情况，因此打击了金融机构发放小额贷款的积极性。

6. 风险补偿金存有"以拨改贷"之嫌疑

在风险补偿金制度适用中，商业银行向农村客户提供贷款发展产业，政府通过补偿金使用将贷款风险从银行转移至地方财政，在此种模式中，地方政府用地方财政资金为农村客户提供隐性担保，并在一定程度上承担了农村客户的资金使用风险，风险的流动见图 4 - 3。

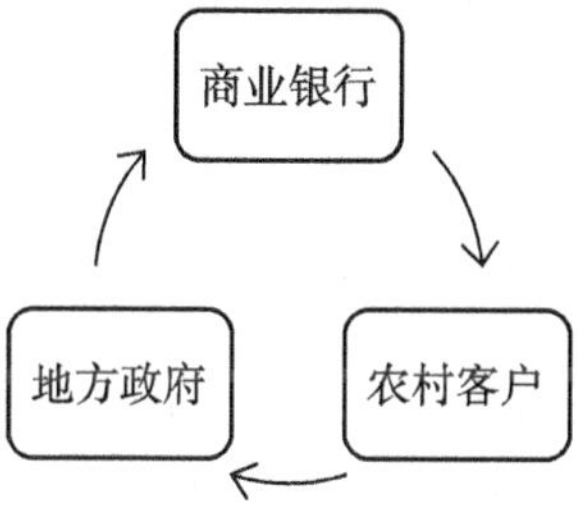

图 4 - 3 风险补偿金制度下资金风险流动

风险补偿金制度运行模式可概括为用地方政府财政资金补偿商业银行发放农村小额贷款的损失，对商业银行的信贷风险在商业银行与地方政府之间进行合理分担。但究其本质，可以理解为政府通过商业银行与风险补偿金制度间接发放扶贫专项农村小额贷款，其资金来源为地方政府财政。农村小额贷款的发放对农村信用市场的建设发展具有不可替代的作用，但当其最终的资金源于地方政府的财政资金时，金融机构实质上并未主动参与农村信用市场的建设，因具有地方政府财政的隐性担保。而对该类信贷的风险把控也未能成熟，也会加重地方政府的财政负担，阻碍地方政府对农村信用市场建设的积极性，不能形成地方政府支持、商业银行主动参与、农村主体积极响应的良性金融循环。

7. 风险补偿金的可持续性不确定

如前所述，风险补偿金制度脱胎于我国扶贫专项政策，因而当其设立之时并没有将风险补偿金作为农村信用市场发展的长久制度而设计。为减轻风险补偿金对地方财政的压力，较多地方政府在颁布的风险补偿金管理规定中对风险补偿金的适用期限作出了明确规定，如《三亚市扶贫小额贷款风险补偿资金管理办法》规定，扶贫小额贷款风险补偿资金存续期从本办法实施至扶贫贷款全部还清为止;《曲沃县扶贫小额贷款风险补偿金管理办法》第8条规定,风险补偿金使用期限至2020年。因此,当我国扶贫任务圆满结束之后,风险补偿金制度何去何从,农村小额贷款的高风险将如何分担,成为地方政府与各商业银行所共同面临的重要问题之一。

(五)农村小额贷款风险补偿金制度的完善建议

风险补偿金制度是具有政策导向的"保证金制度",是为了鼓励金融机构加大对农村小额贷款的支持力度,分担农村小额贷款的高风险。这个制度要获得良好的实施效果,应当建立统一各地区的农村小额贷款风险补偿使用办法,在具体内容上进一步细化规定。

1.统一政府与金融机构的呆坏账认定标准

政府与金融机构间在签订协议中明确风险补偿金适用呆坏账的标准,结合本区域的实际情况,从时间、金额、偿还可能等各方面进行详细约定;同时建立协调机制,适当引入第三方机构,如法院、仲裁等司法机关,当双方就风险补偿金的相关条款发生争议或出现未进行约定的情况时,可通过协调机构得以迅速解决,以防止扩大不良贷款造成的风险,维持风险补偿金制度的高效运作。

2.细化补偿金发放程序

建立详细的风险补偿金发放程序与实质审查制度,明确审查时间与审查材料、审查部门,依据提前约定的标准对风险补偿金进行实质审查,兼顾效率与实质审查。

3.完善发放后追索制度

首先,明确追索主体,贷款发放主体为银行,即使经政府风险补偿金补偿的不良贷款债权,金融机构仍然应当享有百分之百的债权追索权。政府既不是也不应当作为追索主体,如将政府作为追索主体不仅会导致追索主体分离并加大追索成本,而且会使贷款主体还款意愿降低,既不利于提升诚信履约风气,也不利于风险补偿金的追索。其次,明确追索方式,如联合催收、司法诉讼等,选择适宜本地实际情况的追索方式。再次,明确追索后的资金分配,依据实际情况确定对银行资金清偿与风险补偿金清偿的顺序。最后,建立追索奖励制度,依据相关政策银行仅对呆坏账的30%承担损失,因此有可能银行在获取风险补偿金后消极追索,造成国家财政资金的流失,同时还助长了借款人的不诚信行为。可以通过建立适当的追索奖励机制来提升银行的追索积极性,防止以上情况的发生,保证资金的高效运作。

4.保持风险补偿金制度实施的持续性

风险补偿金制度并不是一次扶贫政策的产物,更是我国"大财政、小银行"这一现况的缩影。在市场经济的高速发展过程中,政府与金融机构都是必不可少的,在我国的“大财政、小银行”的政策环境中,财政资金经常为市场发展的补贴、担保等福利政策背书。我国所施行的部分经济政策具有明显的政策性与时效性,如何能保持一项经济政策的持续性,减少经济政策的施行成本与保障经济政策完结后效益的持续性,是我国财政经济政策所面临的问题。农村小额贷款的高风险与农业天然的弱质性需要稳定的财政支持制度,风险补偿金制度就是以风险分担的方式为农村小额贷款提供财政支持,因此不应仅仅作为扶贫的一项政策。

二、发展农村、农业、农户保险

(一)农村保险的基础

保险业在农村地区最常见的即为农业保险与人身保险,在农业保险中多为当地作物农业保险。[①] 农户向银行进行政策性信贷多用于产业发展。农村地区的产业多为农作物种植业,在国家专项扶贫中,发展农村地区规模化种植业也是地方政府所提出的主要解决方案,由此各地政府也都一直推进农村地区银行业与保险业积极支持农村种植产业的发展。各保险业在农村地区多年的深耕使保险机构相对其他金融机构对农业产业发展具有更大的基础优势,广大的农村地区产业发展为保险业带来的发展机遇与银行业的信贷业务具有效益的趋同性,[②]为银行业与保险业共同促进农村地区经济发展带来了坚实的合作基础与平台。

农村地区不良资产的产生在一定程度上可以认为是农村地区产业发展与信用市场发展的风险累积。就化解风险而言,在实践中较成熟的方式可分为市场化解与政府财政信用背书,而在当下地方政府财政逐渐收缩、地方政府债务有较大存量的背景下,运用市场机制对所积累的信用风险进行消化是更稳妥的选择。而在市场对不良信用风险消化的方式中,保险业与资产管理公司较成熟,前者更倾向风险的直接消化,后者更倾向风险的释放盘活,两者均有不可替代的优势。

1. 保险公司天然的风险承担属性

众所周知,保险业本身起源于风险的预防与化解,最原始的保险即利用公众资金对产业风险进行消化,同时具有资金筹集与风险消化的功能。保险业至今已

---

① 农业保险是专为农业生产者在从事种植业、林业、畜牧业和渔业生产过程中,对遭受自然灾害、意外事故疫病、疾病等保险事故所造成的经济损失提供保障的一种保险。2016 年修订的《农业保险条例》第 2 条规定:“本条例所称农业保险,是指保险机构根据农业保险合同,对被保险人在种植、林业、畜牧业和渔业生产中因保险标的遭受约定的自然灾害、意外事故、疫病、疾病等保险事故所造成的财产损失,承担赔偿保险金责任的保险活动。本条例所称保险机构,是指保险公司以及依法设立的农业互助保险等保险组织。”

② 具有保险业所提供全面的产业险种将极大减少农户的产业发展风险,因而极大地提升了农户通过商业银行贷款发展产业的意愿,保险业也通过扩大客户群体而筹措到更多的保险资金。

经过了数百年的发展，已经发展出了多种功能或作用，甚至被视为一种盈利模式，但其最根本的风险消化功能并未消灭，[①]甚至同时发展出了社会福利属性，[②]风险分担始终是保险业的立足根本与本质特征。

2. 政府产业扶持的另一稳定来源

我国对产业进行扶持时多采用财政资金补贴或减免税收的方式，但这两种方式均会在一定程度上加大财政负担。产业扶持的目的在于现有的产业保持、发展或是促进更多相应主体的产生，但不可否认，任何产业的发展均具有较大风险，不健全的农村信用市场更是如此，当因此产生不良资产时，为保障产业的持续发展与社会环境的稳定，我国多采用诉讼强制消化或是政府财政补偿的方式对产业风险进行消化，但究其本质，风险的化解即为资金的补偿与流动，长效的风险化解分担即是对长期稳定资金输入的要求。在现有的产业支持资金来源中，最稳定的除政府财政收入外即为保险资金，保险资金筹措后如不能充分利用也会在一定程度上提高保险成本。设立合理的险种与比例将保险资金引入农村地区信用市场发展的风险消化体系中，并不与保险本身所带有的一定的福利性质相冲突，且能在农村地区不良资产消化领域减轻地方政府与银行业的压力。

3. 更符合保险机构的本质要求

更多的客户群体是产业发展的必然要求，除特殊的福利性保险外，保险业本身也在渴求更大的客户群体与更多的产业涉猎，发展出了多种新兴险种，不成熟的农村市场所带来的广阔发展空间为保险业在农村地区的发展提供了拓展的可能，保险业与农村产业共同发展进而化解产业发展风险更符合保险业的发展需求。

（二）保险支持农村小额贷款的具体方式

在高风险产业领域、地方政府的作用不可替代，政策性与福利性在一定程度上即是对市场主体趋利性的遏制，因而将保险业引入农村不良资产处置中，政府的协调作用必不可少，在商业银行进行贷款发放的同时进行风险预防的过程中，政府、银行与保险机构均不可少。政府、保险、银行可设立类似现行风险补偿金制度的产业发展基金制度，资金来源由政府财政、保险资金、银行资金共同提供，保险资金的介入，一方面可减少地方政府的财政负担与银行不良率压力外；另一方面也可为农村产业发展进行增信，引入更多的产业投资发展人。保险机构作为市

---

① 保险业虽在现代金融市场具有了营利属性，但依旧不能否认其一直是作为经济生活中的风险消化方式所存在的，如交强险、医疗险等，将保险业认为是一种金融业的盈利模式或是资金筹措方式而否认其风险消化功能实有本末倒置之嫌。

② 现代社会中发展出诸多社会保险，其具有明显的社会福利性质，如“五险一金”，其本身并不具备营利性质。

场主体具有趋利性，因而在高风险产业领域需要强制其参与，一般产业由保险公司自行设立业务。当产业失败产生不良资产时，商业银行可通过发放贷款时所预先设立的资金池获取补偿。具体模式见图 4－4。

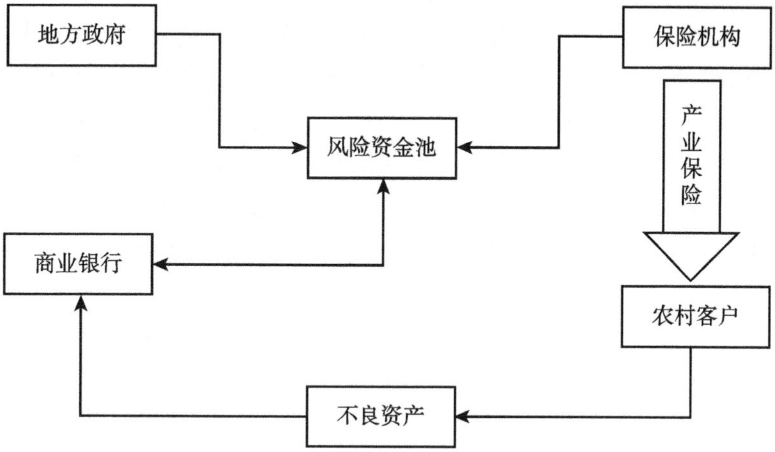

图 4－4　保险资金支持不良资产处置的具体模式

保险资金的介入在一定程度上对化解银行因农村小额信贷所形成的不良资产起到积极作用，但同样作为金融机构，保险机构本身所具有的风险承担性并不代表对该类不良资产无条件地接收消化。在目前的实践中，保险资金介入农村小额信贷资金池的方式主要为提供相关产业保险。以甘肃省为例，截至 2020 年 4 月底，甘肃省已签单实施 56 个保险品种，实现签单保费 3.33 亿元，投保农户 73.3 万户，其中包含 36.4 万户贫困户，支付赔款 2.61 亿元。在相关保险产品的设计中，应充分发扬因地制宜的方式，相关保险产品的设计是保险公司降低农村小额信贷不良资产与自身经营风险的重要关卡，承保产业范围的选择、理赔条件的选择及理赔数额的选择均是保险公司提供相关产品所应重点考虑的内容，这些内容也应与当地人民政府、银行及原扶贫办等相关机关、机构事先协调并签署三方协议（贷款人、银行、保险公司）。保险公司不是产业风险、金融风险的全部包揽者，其仅针对通过政策及相关指导的特定产业自身的风险进行补偿，弥补“靠天吃饭”的农村产业的风险损失。风险补偿金的核心是政府机关对金融机构的政策性贷款的风险分担，而产业保险则是对农户本身经营风险的补偿，当因相关产业风险而导致不良资产产生时，农户无须过多手续，需银行与保险公司在对产业风险状况进行考察评估后对资金池内资金直接进行扣划，在简化手续的同时亦保障了资金流动的顺畅性。

农业保险介入灾害处理过程、参与赔偿与救助等社会关系协调,能够架起政府、企业和贫困群众之间的沟通桥梁,有利于帮助各方增进相互了解,促进各方更好地了解贫困群众的需求,提供更精准、更有针对性的保障服务,提高产业扶贫的效率。农业保险机构根据受灾的严重程度、实际损失情况以及保险约定,合理确定保险赔付金额,对因灾受损的农民进行精准补偿,能够最大限度地解决扶贫资金平均发放产生的低效问题。在赔付资金发放途径上,农业保险强调保险公司和农民面对面、一对一直接发放,实现精准兑现,能够提升扶贫效率和资金使用效率。同时,农业保险能够兜住贫困人口从事农业生产的风险底线,增强贫困群众参与产业扶贫项目和脱贫致富的积极性、主动性、创造性,增强他们脱贫致富的信心,进而提高产业扶贫项目的运行效率。对于保险业自身来说,深入农村基层扩大业务群体也为其将来的发展提供了有力保障。

第五章　农村小额贷款制度依托之信用体系的完善

要实现对农村小额贷款不良资产的有效处理，在完善不良资产处置模式的同时，还需要相应的配套机制，以保证农村小额贷款发放、回收以及清收阶段各个主体权利义务的配置和履行得当，其中，完善农村征信体系，实现小额贷款合同双方信息对称是关键一环。近年来，人民银行持续推进中小企业和农村信用体系建设，以信用信息征集、信用评价和应用为主线，完善征信服务和金融服务，对于提高中小企业、农户的融资可获得性和便利性，支持中小企业、农户融资发展，发挥了重要作用，也取得了明显成效。①

目前，通过利用各级政务信息平台的建设成果，进一步完善了信用信息征集与评价体系，加强了评价结果的应用。搭建"数据库＋网络"的服务平台，坚持信息采集"来源于地方、服务于地方"的原则，明确信息采集标准，充分发挥信用信息"服务政府、辅助银行、惠及企业和农户"的作用。地方信息库建设原则上应坚持"农户在县、中小企业在市"，并探索这项工作的可持续机制。在政策措施上，应加强行内、行外工作沟通与协调，整合完善工作推进的各项制度和支持措施，特别是争取获得公检法部门的支持，与有关部门、金融机构形成合力，提高政策支持的针对

---

① 参见《2016年全国社会信用体系建设工作会议》，载中国人民银行官网，http://www.gov.cn/xinwen/2016-06/15/content_5082308.htm，最后访问日期：2020年10月22日。

性、有效性。①

第一节 我国农村当前信用体系的发展现状及存在问题

农村信用体系是社会信用体系建设的重要组成部分，推进农村信用体系建设可以有效解决金融机构与农户、农村小微企业主之间的信息不对称问题，是帮助农户和企业获取快捷优惠信贷支持的重要手段。农村征信系统，是指为"三农"融资提供信息支持，防范农村金融风险、保持农村金融稳定、促进农村经济金融和谐发展的一个现代信息服务系统。② 农村征信系统主要针对农户以及专业种植养殖户、农民专业合作社等组织形式，随着农村经济建设的持续发展，这些非个体形式的农村经济发展体由于组织能力、抗压、抗风险能力强，将成为未来农村经济发展的"主力军"。所谓的征信活动，是指为防范农村金融风险、提高农户信用意识、优化农村信用环境，征信机构通过对金融部门和非金融部门采集到的信息进行储存和加工，建立农户信用档案，为农村社会交易提供信用产品的一系列活动。农村信用体系建设的重要作用体现在农村金融发展和防范金融风险等传统领域，并且将会影响包括农村乡风文明、乡村治理、精准脱贫、城乡融合发展等在内的多个领域和社会层面，对乡村振兴具有关键性作用。因此，如何正确认识并进一步加强农村信用体系建设、推进普惠金融发展，对落实好乡村振兴战略、实现全面小康具有重要意义。③

征信体系面对的主体是自然人或者企业，农村信用体系的形成依托农村地区，以农户为承载主体而展开。农村信用体系主要以农村信用信息采集、使用以及信用评级与惩治机制为主。我国农村信用体系的建设与发展也是以这两个方面为着手点的。

一、我国农村信用体系的形成发展阶段

（一）面向农户小额信用贷款的信用评级制度的初步建立

我国农户征信制度的建立源于农户小额信用贷款。1999 年，中国人民银行制

① 参见杨子强：《积极作为 务实创新 构建良好社会信用环境》，载《宏观经济管理》2016 年第 8 期。

② 参见 2013 年 6 月 27 日国务院《关于农村金融改革发展工作情况的报告》。

③ 参见王花毅：《乡村振兴战略背景下农村普惠金融发展对策研究》，载《农业经济》2018 年第 12 期。

定的《农村信用社农户小额信用贷款管理暂行办法》(已失效)中,首次提出了对农户实行“资信评定及信用额度”,由信贷人员调查农户生产资金需求和家庭经济收入情况,掌握借款人的信用条件,对农户评定信用等级、确定贷款额度、核发贷款证。2001年中国人民银行在《关于农村信用合作社农户小额信用贷款管理指导意见》(已失效)中提出,农村信用社应建立农户信用评定制度,并根据农户个人信誉、还款记录、所从事生产经营活动的经营能力、偿债能力等指标制定具体的评定办法,建立完善的农户贷款档案。自此,以农村信用社为主体的农户信用信息征集体系在全国得到了大力推广,各地相继出台了以信用户、信用村、信用乡(镇)评定为核心的农村信用工程建设,逐步形成了农户征信的雏形。

(二)农村信用评价体系的初步构建阶段

2007年国务院办公厅发布《关于社会信用体系建设的若干意见》(国办发〔2007〕17号,已失效),文件明确强调了加快推进社会信用体系建设的重要性和紧迫性,以信贷征信体系建设为重点,推进全社会的信用体系建设,社会信用体系框架与运行机制要与经济社会发展水平相适应。在该意见的指导下,作为社会信用体系建设的重要一部分——农村信用体系建设作为中国人民银行一项重点工作开始被推广。2008年国务院明确中国人民银行承担“管理征信业、推动建立社会信用体系”职责,并牵头建立了由17个部门参加的社会信用体系建设部际联席会议制度。2009年中国人民银行发布《关于推进农村信用体系建设工作的指导意见》,该指导意见提出,依托农村地区金融机构为农户、农民专业合作社、农村企业等农村经济主体建立电子信用档案,建立健全适合农村经济主体特点的信用评价体系。这也标志着我国农村信用体系建设工作的全面开始。该指导意见把农村信用体系建设的主体由农村信用社一家机构扩展到所有的涉农金融机构,在统筹规划的基础上,明确农村信用体系建设的重点是推进农户电子信用档案建设,积极开展农户信用评价工作,推广信用信息产品使用,健全风险分担机制,提升信用管理水平。从国内农户征信制度的形成来看,初期以农村信用社为主导,政府牵头配合,基本形成了一个以农户小额贷款为核心载体,以农户经济档案和借还款信息为主要平台的农户征信管理和服务模式。随着信息技术的发展和涉农金融服务机构的增加,农户征信的建设重点也在向电子化、信息化、共享化方向发展,但由于农户信息采集和评价的地域差异等诸多原因,我国农户征信制度建设仍处于探索阶段。

(三)农村信用体系具体制度法治化的探索阶段

2013年中国人民银行印发的《小微企业和农村信用体系建设数据项指引》为农村经济主体信息的采集提供了一些参考指标,为农村信用体系建设征信提出了统一标准。从此以后,各地进行了不同形式的探索,经历了一个快速的发展时期,这一阶段出现了各种各样的模式,其中不乏一些具有代表性的,如浙江丽水模式、广西田东模式等。[①] 2014 年 2 月中国人民银行印发的《关于加快小微企业和农村信用体系建设的意见》规定,选择条件较好的地区(以县为主)开展试验区,强调了农村信用体系建设的目标是健全信用信息征集体系,完善信用体系评级,目的是形成各方共建、利益共享、风险分担的可持续机制,改善"三农"金融服务,促进了普惠金融的发展,这些都标志农村信用体系具体制度进入了法治化的探索阶段。

(四)农村信用体系全面建设阶段

2014 年 6 月国务院印发《社会信用体系建设规划纲要 2014—2020 年》,提出社会信用体系建设的主要目标是到 2020 年社会信用基础性法律法规和标准体系基本建立,以信用信息资源共享为基础的覆盖全社会的征信系统基本建成。该纲要的颁布对增进农村信用意识,在农村营造一个优良的信用环境,有着重要作用,对提升国家整体信用文化建设和诚信文化进步也具有重要意义。2015 年 9 月中国人民银行发布《关于全面推行中小企业和农村信用体系建设的意见》再次强调了农村信用体系建设是地方社会信用建设的抓手和重要组成部分,并且提出了要以信用信息服务平台建设为核心,建立健全信息征集、信用评价和应用制度,并且提出要鼓励各地引入社会征信机构或吸收社会资本成立独立的第三方机构,搭建地域化、市场化的信用信息服务平台,要因地制宜地搭建以"数据库 + 网络"为核心的信用信息服务平台,[②]为金融机构、政府部门及社会提供专业化的征信服务,探索利用市场化机制推进农村信用体系建设,争取形成可复制、可推广、可持续的经验模式,标志农村信用体系建设往前又迈出了一步。

2017 年 4 月中国人民银行征信工作会议提出,要加快推进社会信用体系建设,大力推进中小微企业和农村信用体系建设。各省、自治区、直辖市按照"因地制宜、科学合理;先易后难、稳步推进;改革创新、支农惠农"的原则,立足实际,探索农村信用体系建设的思路和方式,涌现了许多有特色、有成效、适合当地特点的农村信用体系建设模式。

2019 年 11 月 29 日中国人民银行、国家发展改革委、财政部、证监会四大部委联合签发《信用评级业管理暂行办法》,该办法不仅明确了国内信用评级行业的监管框架和职责,还对信用评级机构及其从业人员、评级业务流程、独立性、信息披

---

① 参见张士胜:《浅论农村信用体系建设》,载《安徽农学通报》2019 年第 18 期。

② 参见中国人民银行《关于全面推进中小企业和农村信用体系建设的意见》,载中国政府网,http://www.gov.cn/zhengce/2016-05/24/content_5076163.htm,最后访问日期:2020 年 10 月 15 日。

露等多方面提出了具体要求,也阐明了信用评级机构及其从业人员需承担的法律责任。

二、我国当前农村信用体系存在的问题

信用环境是构成金融生态的重要因素之一,优化信用环境,可以从根本上完善金融生态环境,对于我国来说,完善社会主义市场经济体系的建设必须以完善社会信用体系建设为基础。农村征信体系作为我国社会信用体系的重要组成部分,目前还处于起步阶段。随着新农村的建设和经济市场化进程的不断推进,完善农村信用体系,将传统的道德约束与现代征信手段进行有机结合,优化农村金融生态环境,对引导信贷资金更好地支持“三农”,缓解农民贷款难,防范商业银行信贷风险,有效支持“三农”经济建设和实现普惠金融有重要现实意义。

目前,我国征信体系建设整体处于快速发展阶段,城市依托于发达的信息网络和较完备的信息收集手段,在征信建设中取得的成就较显著。但征信工作在农村则面临许多现实困难,农村地域较广阔,而且比较分散,随着经济的发展,人口流动性也越来越强,农户的财产确权较难,相关的金融信用知识较缺乏,诚实信用意识不强,信用环境较差。① 农村长期以来形成的熟人文化根深蒂固,金融机构参与农村信用生活较难,发挥作用有限,信用信息采集及维护成本较高,且农村存在较多的民间借贷,甚至是“高利贷”等违法行为。因此,建设农村信用体系,还面临较多困难。

(一)农村征信基础较差,农民对征信行业的认知程度较低,征信市场发育缓慢

1. 社会信用意识不强、信用文化匮乏成为制约农村征信行业发展的主要因素

受制于农村经济种类少、农户经济活动范围小,农村地区的经济发展较缓慢,传统的农业耕作所需的资金较少,并且基本都可以通过借贷关系实现。现阶段,农村还是熟人社会,人与人之间的契约精神不足,社会信用意识不足,还未形成一个诚实守信的社会氛围。有相关研究表明,农村这种圈层结构决定了中国农村社会特殊的信任结构,使信任仅局限于圈层之内,而在圈层之外则缺乏信任。②

2. 金融排斥现象极大地制约了可获得信用信息的范围

由于农村社会这种相对保守的结构,农民往往比较传统或守旧,固守于已有

① 参见赵刚:《加强农村信用体系建设须补齐短板》,载《中国城乡金融报》2019 年 8 月 28 日,B03 版。

② 参见中国人民银行济南分行课题组:《二元结构下的农村信用体系建设模式研究》,载《金融发展研究》2011 年第 2 期。

的东西，例如，在融资方面就比较依赖熟人借款，而与商业性金融机构打交道往往缺乏理念或驻足不前，农户社会经济活动记录不足，征信信息空白必然导致征信困难。另外，金融机构在对农户进行放贷审核时由于缺少真实的信用参考，也会审慎审核，提高放贷的门槛，打击了农户的贷款积极性；即使是在信用贷款情形下进行征信信息的交流，农户与金融机构之间也缺乏足够的沟通与了解，大多数农户都因为思想保守而不愿意采用新技术来改善生产状态，也不愿意主动承担风险，对于自身的真实信息有所保留，容易造成金融机构信息的误判。双方存在的信息不对称严重阻碍了征信数据的收集和农户信用信息档案的建立，从而导致征信市场发育缓慢，成为制约农村征信体系建设和发展的根本问题。

（二）农村征信体系建设缺乏完善的法律规定

1. 农村征信立法范围小、效力低，内容不全面

我国信用方面的立法仍然滞后，构建社会信用体系建设的法律基础还很薄弱。目前，对于信用立法还尚未形成大众认知，且法律法规缺失。我国现有对于信用的相关规定散见于行政法规或者部门规章中，针对性较差，调整的范围也较小。缺少专门的信用法律规定成为制约我国农村社会信用体系进一步完善的障碍。农村信用有其特殊性，赖账、逃债等个案所涉及的金额较小，许多尚未达到刑事犯罪程度的失信行为得不到相应惩罚，规范农民个人信用信息管理、保护农民信用利益等专门的信用管理法律还是一片空白。

2. 违约贷款人失信惩戒方式单一，效力不足

我国目前征信的法治建设有待加强，就现有相关法律规定而言，大多规定都是倡导性，也没有较具体的违法行为的处置措施。仅因为违反征信相关规定尚不足以达到法律规范层面的违法处罚的要求。法律维权成本较高，相反失信成本偏低，成为当下征信法治建设着重解决的问题。

3. 征信机构职责不明确

《征信业管理条例》关于征信信息采集机构和主体上的规定含糊不明，造成信息采集过程中重复采集、遗漏采集的情形。因此，要保持政府对征信体系建设的控制力，调动全社会力量推动农户征信体系的建设。[①] 农村征信是以农户为征信的最小单位，农户征信主体，也就是农户征信所涉及的有关机构或个体，即农户征信活动的参与者，包括政府相关部门、金融机构和征信机构、农户（借款人）等。现有农户征信建设中，政府负责全面推动征信建设工作，出资搭建农户信息管理平

---

① 参见王惠凌：《农村征信体系的现状和发展建议》，载《全国商情（经济理论研究）》2009 年第 3 期。

台（也有的地方由人民银行搭建管理），要求相关政府机构将涉农信息放到信息平台上，中国人民银行负责总体协调，引导金融机构与农户信息管理平台进行对接。信息平台参与成员之间没有形成有效的信息共享机制，各部门之间没有形成合力，农户的信息没有充分挖掘收集和利用，各机构之间共创与共建意识不足。

金融机构、地方政府或委托的第三方信息采集机构在进行农户等征信信息采集时主体身份并不清晰。农户征信数据多主体、多部门管理和使用，没有对金融信息数据和社会信用数据进行有效管理及规制。在各地开展的试点实践中，我国农村主要依托两类不同的征信机构：农村信用社或第三方的中介机构，具体负责农户信用信息的收集、分类、归档、更新，开展农户信用评价，向金融机构推介贷款。但是，现有的农户征信各部门并没有实现明确的分工，对于各个征信机构的职能定位也不明确。① 现今，征信应以中国人民银行的征信数据库为基础，提高系统的智能化水平。②

4. 农户信用评级体系尚未建立

农村征信还面临的一个较大困境是，科学合理的农户信用评级体系还未完全形成。农户信用评价体系包含一系列的复杂指标，这一系列指标应该作为一个整体的集合，构成一个系统，作为支持和保障农户信用的基础数据库。只有建立一套科学、有效的信用评价体系系统，才能保证农村征信以及农村信用体系的健康发展。

相较城市而言，农村的信用环境更复杂，发展难度更大。结合“三农”信贷发展的实际情况，农户信用评价指标应当包括：农户的家庭特征，如年龄，健康状况、劳动力数量、婚姻状况以及职业等；农户的偿债能力，如年收入水平、支出水平以及家庭财产状况、负债情况、担保情况；农户的经营状况，如耕地、林地面积、非农业经营收入以及经营的风险性；农户的信誉状况，如个人品德、信用记录等；还有一些其他指标，如农户的贷款数额，借款用途等。这些指标都会对农户的信用评价产生直接或者间接影响，共同组成了评价农户信用的标准。但这些数据的收集还没有统一的具有可执行性的收集标准，就家庭财产而言，农户的财产大多都是固定资产，且基本不能实现资产形式的转化，如宅基地等，该类资产的评估定价存在实践争议。并且有一些要素无法建立统一的评价标准，甚至有一些要素含有较强的主观性，更增加了信息采集和使用的难度。

---

① 参见姜红、郑洪龙：《农村信用体系建设的探索及思考——以山东省五莲县为例》，载《征信》2017 年第 3 期。

② 参见人民银行奎屯市支行课题组：《加快征信体系建设为新农村建设服务》，载《新疆金融》2007 年第 4 期。

(三)农村征信方式传统,信息缺乏联动性,未实现共享共建

1. 农村征信建设覆盖面小、征信信息获得困难

我国大部分城市,在政府、司法机关、金融机构以及企业个人信息收集的基础上建立信息基础数据库都很容易。但在农村,信用信息的收集、整理、核准、评估、查询各个环节都存在现实阻碍和制约,农村征信建设应当从最基础的机构网点开始,促进征信信息的收集交流与利用。

传统的农村金融机构主要有农业发展银行、中国农业银行、邮政储蓄、农村信用社。但由于农村金融过于分散,回报率低而周期长,两大银行近年来不断压缩农村市场的业务,目前已基本退出了农村市场。① 只有占全部乡镇网点较大比例的农村信用社有部分征信业务活动。农村信用社(农商行/农合行)是目前农村征信体系建设的"主力军",但其征信能力极其有限。例如,农村信用社个人征信系统开发及电子化建设都较滞后,极大地制约了个人征信系统的顺利实施;其网点的工作量巨大,但工作人员较少,其中,专业技术人员的学历层次也不能满足征信义务活动的需求,极大地制约了农村信用社的业务发展和农村征信体系建设的进一步完善。由于农户提供原始资料不真实、不完整,而信贷人员在进行信息收集时的范围相对狭窄,信息真实性得不到有效验证,且信息更新不及时等多方面因素导致已入库的信息失真现象较严重,征信系统的功能大打折扣。同时,新农村金融机构如村镇银行,受机构级别、业务量等众多因素的影响未能正常接入征信系统,长期游离于社会征信体系,不能与征信机构形成良好的信息互动与分享。随着新型农村金融机构的融资和信贷资产规模的不断壮大,征信系统信息的完整性、真实性和权威性受到质疑。

2. 信用信息分散且缺少沟通

农户信用数据库所需要的基础信息,接近半数分散在公安、公用事业单位、担保公司、保险公司、通信等非银行业机构中,这些非银行业机构掌握较多的信用信息,但可供征信机构获取利用的信息数量少、不全面,与非金融机构的信用信息共享沟通是未来征信机构的重要工作之一。② 农村信用信息的覆盖面狭窄,企业和个人的信用信息难以全面采集和共享。《关于全面推行中小企业和农村信用体系建设的意见》指出,"要以数据库为基础,建立中小(微)企业、农户信用信息服务网,将政府部门政策信息、金融机构产品与服务信息、中介机构服务信息、中小(微)企业和农户生产经营信息和融资需求信息等纳入其中,形成数据库与网络相

① 参见刘沂雯:《大数据背景下的"三农"征信》,载《管理观察》2017 年第 29 期。

② 参见王克昕:《信用视角下的中小微企业融资难问题破解》,载《征信》2017 年第 12 期。

结合的信用信息服务平台"。但实际情况却不容乐观,征信数据的真实性、有效性以及关联性都达不到农村信用体系建设所需要的标准。

尽管《社会信用体系建设规划纲要(2014—2020年)》已经明确提出了"政府推动,社会共建"的原则。但是,我国目前的信用体系建设现状却与此差距较大,大部分县(区)、乡(镇)的基层政府对于信用体系建设的目的和意义没有很好的认识,对于征信现状了解也并不充分,对自身在信用体系建设之中的主体责任也存在认知不足,对信用体系建设工作重视程度不够。政府相关部门在信用体系建设方面的责任考核不够明确,在政务信息公开、信息互联互通、信用奖惩联动机制等方面的协调不够。部门利益、权利本位思想较严重,导致产生"信息孤岛"现象。①

我国农村目前的农户信用信息主要运用于农户信用档案的建立和信用等级的评价,缺少与农业、工商、民政、社保、税务等部门在涉农信息共享上的联通、共享机制,跨行业、跨部门的个人信用信息采集率低,农户信息在持续更新、勘误矫正、修复扩充等方面存在较大困难。② 另外,虽然建立了农村信用信息辅助系统等数据库,但从实际效果来看,系统适用范围非常狭小,仅在银行部门适用,由于首次农户基础信息采集后长时间未能更新,信息价值已开始逐渐丧失,加之数据库信息的不完整性和质量差异,其评价结果的参考性不够,缺乏影响力,难以深度推开,找到合适的应用场景,并且缴费、缴税、参保、新农合这些信息分别掌握在不同部门手中,有些部门参与程度不够,实现不了信息联合征集、实时更新、有效交换。

(四)信用评级的作用未能与小额贷款风险防控充分结合

对于信用评级较好的用户要有适当的政策倾斜,让农户意识到信用是有价的,会对经济生活带来切实影响,这样有助于农村信用体系的建设,使农村信用体系的建设更加完善。但是,目前金融机构所承诺的拥有良好信用评级的主体的优惠并未完全得以落实,大多都只是针对个体用户,信用乡(镇)、信用村在获得信用创建评价后却并未享受相关的直接、明显的优惠政策,与其他未获得信用评价的乡(镇)以及村所享受的政策并无明显差异,未能起到很好的鼓励信用村、信用乡镇更加积极地参与农村信用体系的创建。并且金融机构各自独立,关于信用评价的内容和标准各自不一,导致了各个金融机构的优惠措施只有在本机构评定为良好的信用户可以享受得到,而很难在其他金融机构直接使用。造成农户对于信用评价体系的不重视,乃至排斥,长此以往,甚至使信用户的评定以及农村信用体系

① 参见许为民:《农村信用体系建设的难点问题及解决路径》,载《征信》2015年第3期。

② 参见张军发:《农村信用体系建设探析——基于平凉市"三信"建设的实践》,载《山西财经大学学报》2017年第S2期。

的公信度受到了影响。近些年,我国在农村经济发展方面出台了很多经济政策和优惠,如财政贴息、相关的支农扶贫等,但是这类政策性优惠尚未与农村信用体系建设相挂钩,难以形成政策合力,达到事半功倍的效果。

(五)信用奖惩机制不完备

制度要想落实必须有完备的奖励惩处机制,农村信用建设缺乏一套以信用评定为基础的农户政策支持机制。如在资金、技术服务、保险等方面,农村还没有建立起完整有效的信贷风险补偿、奖励基金和考核奖励机制,金融机构在完善农户信贷管理流程中,根据信用评价等级确定合适的信贷准入、信贷额度以及相应的利率等方面还存有不足,相应的惩戒机制不完备,并且信用违约成本低,有不少人存在侥幸心理。并且通过司法机关将违约农户纳入失信被执行名单,对违约农户的正常生活也会造成很大影响。这种低成本的违约行为给农村信用体系的发展带来了很大阻碍,司法机关因此严厉打击逃避、拒绝承担金融债务的违法行为,着力净化农村信用环境,同时还要加强对于农户的法律服务以及加大对违法行为的执行力度,提高司法公信力,通过这些政策有效支持金融机构依法高效地收贷。另外,对于金融机构来说,要对不同信用评价等级的农户实施不同的信贷政策,对诚实守信的农户在办贷手续、贷款额度和利率等方面提供更便利和优惠的服务,对存在信用问题的农户实施谨慎放贷或者停止贷款、停止开户、停止结算等制约及惩罚措施,加大失信农户的违约成本。宣传部门要积极利用好新闻媒体手段去发掘一些诚实守信的典型事例进行宣传,曝光一些反面的典型案例,弘扬一种良好的社会信用文化,从而促进形成诚信者该奖励、失信者应惩戒的良好社会氛围。

第二节 支持农村小额贷款发展的农村信用体系创新

一、农村信用体系对发展农村小额贷款的必要性

从1999年中国人民银行在《农村信用社农户小额信用贷款管理暂行办法》(已失效)中提出了对农户实行"资信评定及信用额度"以来,以农村信用社为主体的农户信用信息征集在全国得到了大力推广,各地相继开展了以信用户、信用村、信用乡(镇)评定为核心的农村信用工程建设,逐步形成了农户征信的雏形。2009年《关于推进农村信用体系建设工作的指导意见》提出,依托农村地区金融机构为农户、农民专业合作社、农村企业等农村经济主体建立电子信用档案,建立健全适合农村经济主体特点的信用评价体系。该指导意见把农村信用体系建设的主体由农村信用社一家机构扩展到所有的涉农金融机构,在统筹规划的基础上,明确农村信用体系建设的重点是推进农户电子信用档案建设,积极开展农户信用评价

工作,推广信用信息产品使用,健全风险分担机制,提升信用管理水平。尽管农村信用体系建设早已展开,但是收集的主要是农户与农村信用社之间的基于借贷关系的一些信息。而在农村绝大多数农户与农村信用社之间是没有这种借贷关系的,那么对于这些农户来说其信用依旧是空白的。即使到今天,我国农村大部分地区依旧是"熟人社会",真正能够对农户产生一个较客观信用评价的往往是其周围的群体。换言之,由于传统乡村的信任半径较狭窄,农户的信任难以扩展到熟人圈子以外,这也是造成"正规的农村信贷市场违约率反而高于民间借贷市场违约率"这种现象的主要原因。①

完善农村征信体系建设能够较好地解决农村信用信息不对称的问题,对解决农民贷款难、防范商业银行信贷风险、有效增加面向农村的信贷投入、支持"三农"经济建设起到积极作用。目前,我国农村地区"贷款难"问题的大量出现与农村信用环境建设滞后有密切关系。要想尽快破解这一难题,就必须加快征信体系建设,逐步实现信用的城乡一体化改革。与城市不同的是,在农村开展信贷业务必须依赖大量的"软信息",由于严重缺乏获取正常信息的渠道,银行不能及时掌握农民的信用信息数据,通常为规避信用风险而拒贷。因此,完善农村征信体系建设不仅立足解决当下农村融资难题,还对改善农村金融的生态环境具有重要意义。

完善农村征信体系建设是实现普惠金融目标的必然要求。党的十八届三中全会通过的《中共中央关于全面深化改革若干重大问题的决定》正式提出"发展普惠金融,鼓励金融创新,丰富金融市场层次和产品",②小微企业和农村地区是发展普惠金融所要覆盖的重要目标。除传统贷款需求外,欠发达地区和小微企业对支付结算、财富管理、保险等其他方面的金融服务需求也十分迫切。信用体系建设的滞后,正严重制约普惠金融在中国的发展,进一步完善农村信用体系建设和征信系统,将极大地提升金融机构对于农户人群的覆盖和支持能力。

以福建农村信用体系建设的成功经验为例,说明农村信用体系对农村金融发展的重要作用:一是通过建立广泛的信用采集体系实现信用信息的收集与交流,极大地改善了农户信息反复采集的高成本这一问题。二是通过建设信用体系"黑名单"制度,较好地约束违法农户的违约行为,成功地降低了农户带来的信用风险。三是通过建立一个较健全的农村信用体系评级指标与评价因素,使农村金融服务机构可以根据农户的信用评价结果来决定不同农村授信人的信贷额度,极大

---

① 参见林江鹏、许传华:《我国农村信用体系建设制度创新研究》,载《江西社会科学》2011年第6期。

② 崔治文、张晓甜、白家瑛:《普惠金融发展区域差异及影响因素研究——以甘肃为例》,载《地方财政研究》2016年第12期。

地降低了交易成本。四是信用体系的不断完善,还促进了福建省农村小额信贷的贷款率,并能够有效地防止不良贷款的形成。农户通过金融机构提供的小额贷款获得支持,发展本地的特色旅游业、茶、药、生态畜牧业等符合当地特色的现代经济高效农业项目。农民的积极性也得以调动、创造性得以激发,以诚实守信为荣、以见利忘义为耻的社会风气逐渐形成,诚信已经成为村民自我管理、自我约束、互相监督的有效措施,成为农村社会治理的主体和动力。信用证成为农民珍惜的"道德身份证",增强了农民的荣誉感和自豪感。①

二、构建支持农村小额贷款的农村信用体系

农村信用体系建设是缓解金融资源配置马太效应、降低金融排斥、扩大金融可获得性的重要路径,②是解决普惠金融在我国的发展不均衡问题、缓解农村部分地区金融排斥现象以及应对农村信贷信息不对称难题的必由之路。因此,我国高度重视信用体系的建设,已经从国家层面开始顶层设计。中国人民银行印发的《关于做好个人征信业务准备工作的通知》中,要求芝麻信用等 8 家机构做好个人征信业务的准备工作。然而,我国目前只有中国人民银行建立了一整套征信系统,且信息收集的来源主要是银行,关于个人信贷信息的收集,对于未参与到与银行业务中的公民和组织来说,仍处于无信用信息记录的状态,远没有实现信用信息收集的全覆盖。特别是农村地区,由于缺少明确的信息收集机构、准确的信息收集内容以及可实现的信息收集方式,导致涉及征信的农村模式、涉农数据安全、农民隐私保护、信用信息的共享和互换、符合农村实际的征信产品和服务等基础服务还处于起步阶段,且发展缓慢,而信用缺失、失信惩戒机制不健全最终致使城乡信用体系建设差距愈加明显,极大地制约了农村经济的发展。征信体系从顶层设计到全面实施还需要很长一段时间,需要做大量的基础工作。特别是在农村地区,要想尽快破解农村"贷款难",促进农村金融持续发展就必须加快征信体系的建设,逐步实现信用的城乡一体化进程。

(一)继续发挥政府在农村信用体系建设中的主导作用

农村信用体系建设是实现普惠金融可持续的前提和保证。我国农村信用体系建设的推进依赖政府的引导和扶持,但是随着经济发展的中心从城市向农村转移,在构建农村信用体系的过程中,保证政府高效地协调配置,实现农村征信体系

---

① 参见林欣欣、庄怀虎:《基于精准扶贫视角的农村信用体系建设研究——以福建省莆田市为例》,载《征信》2018 年第 2 期。

② 参见顾宁、张甜:《基于普惠金融发展的农村信用体系创新研究》,载《财经问题研究》2018 年第 2 期。

的快速良性运转是重中之重。一是各级地方政府应建立高效精干的领导机构，整合各种资源形成农村信用体系建设合力。积极发挥地方政府、基层人民银行在农村信用体系建设中的核心、牵头作用，指导农村商业银行开展农村信用体系建设，各乡镇相应成立领导小组，指定专门人员（主要为乡镇挂村干部、大学生村官、村组干部），负责推进本乡镇的农村信用体系建设。二是将信用工程建设与地方党政、村基层党组织工作绩效结合，列入政绩考核。完善激励约束机制以提高一线工作人员开展信用工程建设的积极性，完善贷款优惠政策以提高农户参与信用工程建设的主动性。三是积极争取上级党委政府和相关部门参与统筹协调，在高位推进信用体系开发建设和成果应用。如广西壮族自治区田东县依托农村信用体系建设工作机制，组织开发农户信用信息采集系统，建立了完善的信息采集与应用保障机制。①

（二）健全农村信用信息征集机制，加快完善农户信用信息档案采集工作

1. 拓宽信用信息覆盖面，广泛收集信用信息

进一步拓展全国统一的企业和个人信用信息基础数据库覆盖面，将涉农信用信息全部纳入征信系统，集中开展信用信息征集和档案建设，集中开展信用评价。

征信内容应该覆盖农业银行、农业发展银行、邮政储蓄银行、农村信用社、村镇银行等新型农村金融机构及其他工商、税务、质检、法院、社保、环保、公用事业、教育等有关部门，将关乎农户信用的所有信息逐步纳入征信系统。确保对个人的信用状况有一个准确的评价保证，使征信系统数据库的采集范围和提供服务领域不断扩大。湖北省咸丰县通过整合政府部门大数据搭建信用信息平台，推动涉农信息的联通与共享，已取得明显成效。②

《征信管理条例》明确规定，征信中心可以依法向行政机关、司法机关、金融机构以外的企事业单位收集个人、法人及其他组织的相关信用信息，这为采集信息资料创造了有利条件。同时，要建立起一套完善的信息和信用等级评定的更新机制，推动信息准确性与评价结果的有效性，在《中国人民银行法》《征信业管理条例》《个人信用信息基础数据库管理暂行办法》等法律规章制度下，探索全新的农村信息采集模式，推动信息采集、更新和维护新工作方法的形成，发挥政府的主导作用与优势，以及相关部门的资源整合优势，通过大数据系统实现信息数据的实时更新，并且可以及时准确地反映农户信贷主体的征信状况变化，加强

① 参见万存知：《征信业的探索与发展》，载《中国信用》2018 年第 11 期。

② 参见李政为、吴杰：《我国农村信用体系建设的基本模式及政策建议》，载《征信》2020 年第 9 期。

评价结果的应用共享范围,强化信用信息相关部门之间的联动。根据不同的信用评价结果,建立相应的金融产品,构建起一套全新的强调信用培育的金融服务模式。

2. 加强征信活动,健全信用评价体系

开展农村征信活动,借鉴先进经验,设立征信岗位,加快征信管理方面的人才培养,严格依据有关规定加强原始信息的收集、调查、整理、保存,建立健全信用信息评估体系。建立信用信息共享平台,大力开展"信用户、信用村、信用乡"评定,引导金融机构创新金融产品与服务,将农村信用体系建设成果与精准扶贫相结合,实现信用环境整体改善,有效支撑乡村振兴战略的实施。完善信用评价标准,将个人品德、守信记录以及履约情况纳入评定系统,如将道德品质、以往履约履信情况、风险防控意识等非人身类、非经济能力类指标的权重予以提高,实现农户信用等级分类。行政村和乡镇的信用测评指标还应包括信用户比例、农户整体按期还款情况、整体坏账率。

3. 采取电子数据等方式开发新型农户信息管理

在数字经济时代,大数据产业得到了很大的发展,全方位地改变了生活,为生活带来了很大的便利,广西壮族自治区田东县在这方面的经验值得借鉴。田东县2014年农村"三信"评定工作完成,电子信用档案建设也在评定基础上完成了,7.2万户农户的信用信息数据被录入该系统,这些农户拥有了自己的信用档案。通过采用电子数据,可以更加高效地管理农户的个人信用数据,为数据的共享提供了很大便捷,各金融机构之间可以实现信息共享,有助于农村信用体系的建设。

4. 建立科学合理的农村信用体系模式

农村信用体系的建设要有一套合适的体系模式,模式的选择目前主要有以下几种:第一种模式是"政府 + 中国人民银行 + 金融机构共建平台"。以松原市为例,通过自己筹备资金研发了一个名为"农户信用信息管理系统"的数据平台,政府指导所属辖区内的11家涉及农村金融的机构加入这个系统,一起参与平台建设。此外,为了提高采集信息的准确性和完整性,该市建立了一套"以政府为主导、金融机构配合"的采集机制。第二种模式是"农业金融机构利用信贷系统创建平台",银行系统利用信贷系统中用户信息全面以及数据准确的优势,创建出一个农户信用信息平台。将信贷系统中评价较好、诚实守信的农户挑选出来,进行信用认定并颁发特定的信用凭证,认定为诚信用户可以随时按照"利率最低、一次核定、随用随贷、周转使用"的原则,办理信用贷款。第三种模式是"政府背景企业搭建平台"的模式,确定一些资金实力雄厚的国有企业,与政府、人民银行、农村信用社沟通汇报后,在省内设立了市级服务中心、县级服务总站、村级服务站,负责采集农户的相关信息,在相关金融机构需要时,可以利用脱敏后的评定数据为农户提供便捷高效的生产、生活贷款。

在选择不同模式时,需要关注很多因素。一方面,在农村信用体系建设中农户信用信息涉及面广,平台建设资金需求大,需要政府给予大力支持,因此政府必须发挥主导作用;另一方面,应明确人民银行的牵头组织作用以及各部门承担的角色,力争使人力、物力、财力的投入和建设成果达到最优化。从3种模式的对比来看,"政府+中国人民银行+金融机构共建平台"模式,数据采集专业性强、入库率高且快,可作为中国人民银行完成农村信用体系建设任务的一种选择,但因资金等因素,其平台功能开发及商业化受限。"农业金融机构利用信贷系统创建平台"模式可直接从信贷系统中获取数据,评级准确,应用性较高,但因金融机构之间的竞争关系,实现信息共享的可能性不大。"政府背景企业搭建平台"模式数据录入效率较高,平台功能完善,但数据采集的专业性不强,使用合法性以及如何监管有待商榷。综上所述,农村信用体系建设可由政府背景企业利用资金优势搭建平台,中国人民银行协调金融机构制定采集标准,并配合做好数据校验和应用监管的模式进行,以充分发挥各方在农村信用体系建设中的积极作用。

(三)将征信体系与信用奖惩制度挂钩,健全守信激励与失信惩戒机制

地方政府应该制定适合农村金融市场特殊性的地方性征信管理条例或者具体办法。这些条例或办法在行政审批、政府扶持、资质认定、市场准入等方面,与征信体系相挂钩。同时,加大以"信用户、信用村、信用企业"和创建"信用乡(镇)"等为主要内容的活动,使信用优良的企业和个人切实得到优惠和便利,失信者处处受到制约乃至惩戒。加强对守信典范与失信典型的宣传或公示,引导农村经济主体增强信用意识,培养良好的信用行为规范。以商丘市人民银行为例,该行提出"信用户、信用村、信用乡(镇)"的评定工作办法,在政府和人民银行的共同推动下,每个地方都制订了详细的实施方案。以信用户的评定为例,首先组织人员深入各村委会,根据农户的申请情况,对农户进行调查摸底,按照事先制定的"信用户等级评定百分考察表"对农户的信用等级进行评定,划分AAA、AA或A级农户。然后,根据不同的资信等级,对农户核定不同的授信额度,并建立农户档案,实行"一户一档""一户一证",并实施动态评定以保证信息的真实性。在评定得出信用等级之后,给不同信用等级的农户不同信用贷款额度。农户成为信用户后,在贷款额度内,可根据自身实际需要,直接进行信用贷款。与普通农户贷款相比,信用户的授信额度更高,贷款利率也更优惠。

(四)以村为中心环节,推进"三信"创建工作

发展农村信用体系建设,还需要在建立"政府牵头、人民银行主导、各涉农部门及金融机构配合、农村各经济主体参与”的联动工作机制的基础上，以“普惠金融信用村”的创设为重要环节，高效有序地进行“三信”的创建。

通过健全信用建设工作的顶层设计，开展“普惠金融信用村”宣传创设活动。统一标准、信用评价办法、信贷优惠措施，并将创设的条件、相关的优惠措施进行及时公示，落实到位，对于不同信用评级用户适用不同的优惠措施，真正实现“信用有价”。建立适用于农村信用体系的4个工作机制，即农村信用信息的合理收集机制、农村信用体系配套的评价机制、守信人员的优惠奖励与失信人员的惩戒机制以及农村信用担保机制。以村为单位建立农户信用信息收集与评价认定体系，在此基础上整合农户的信息资源，开展农户信用评价认定工作。还需要通过政策鼓励和引导涉农金融机构开展农村金融贷款产品的开发与创新，可以将这些产品与各项对于农户优惠的金融政策相结合，推进“三信”创建工作。在培育信用典型的工作中，对已成功创建的“三信”，要求金融机构保证存量；对未完成创建任务的乡镇，要督促其按计划推进创建工作，确保增量。将支农再贷款的使用与“三信”创建工作相结合，提高小额信用贷款受惠面，增强示范带动效应，逐步营造良好的农村信用环境。持续深入开展“青年信用示范户”评定工作，为青年创业搭建更便捷的融资平台和渠道。

（五）充分发挥大数据的共享与应用功能，积极打造信用网络平台

建立农户信息电子数据库，打造农户信用信息征集和应用平台，开发基于短信、App、PC端的农户信用信息征集系统。以相关部门信息为主、以调查信息为辅，采集农户基本信息、住房信息、生产资料信息、信贷信息以及其他信息，并建立完善的信息核查机制，提升农户信用信息征集的准确度。在广西壮族自治区那坡县，当地政府机构在面临农村信用体系建设“瓶颈”时，发挥大数据的特点，创造性地运用“互联网+”、大数据数据共享优势，对农户信用信息系统推行了一次改造，成功建设出了以“电脑端+手机App”为主的农户个人信用信息专用系统。这个全新系统通过手机应用，将农户信用信息采集端口拓展到专职采集员、农户、企业、“三农”金融服务室、金融机构、政府6类信息提供者，建立信息主体自主发起信息更新的机制，实现农户信用信息采集的分散化、动态化和交叉验证。截至2019年6月末，新系统已采集那坡县41, 164户农户的信息，覆盖面达89.5%。[①]

① 参见温源、李慧：《农村信用体系建设助力乡村振兴》，载《光明日报》2019年7月25日，第10版。

（六）提升农村诚信教育宣传的针对性和有效性，营造良好的农村信用环境

广泛开展征信宣传教育活动，坚持集中开展宣传活动，对于营造良好的农村信用环境具有培育作用。加强诚信宣传教育，充分运用新闻媒体、微信公众号、政府网站等媒介，通过举办“征信知识普及宣传月”“征信知识进乡村”等活动开展宣传，提高农村诚信意识，倡导诚实守信的社会风尚。在实践中，不少地方还创新了宣传模式，将农村金融服务站作为征信知识宣传的阵地，创办“金融知识角”，由金融工作人员及社区行政工作人员即时为农民解答农户信用信息采集的疑问和开展征信知识宣传，为营造农村信用信息体系建设创造了良好氛围。

加强农村诚信文化的提炼和传承，制作适合农村、农民的诚信教育宣传材料，推动诚信教育因地制宜、进村入户。发动和组织金融机构充分利用法制宣传日开展金融知识普及，进行贴近群众、组织形式多样的诚信宣传活动，增强广大群众守信用、用信用的自觉意识，营造良好的诚信舆论氛围。在这方面的制度建设创新上，江西省芦溪县建立了“红黑名单”发布制度，每季度通过广播电视等媒体发布一期“红黑名单”，落实褒奖诚信、惩戒失信等措施，进一步完善法院、公安、市监、税务等成员单位的诚信红黑榜数据、信息归集、双公示报送，营造“守信光荣、失信可耻”的社会环境，通过这种方式可以加强对信用体系建设的宣传。

加大对失信人员的曝光力度，将失信人员、企业及其实际控制人名单在电视台、政府相关网站等媒体平台上予以曝光，形成舆论高压。严格落实对失信人员、失信企业实际控制人的限高措施，对列入“逃废银行债务黑名单”的企业和人员实施限制资产转让等联合惩戒措施。

有效发挥乡村治理在促进农村信用环境建设中的作用。将村镇布局、生态环境、基础设施、公共服务等重点向信用环境好的村镇倾斜，发挥资源配置对农村信用环境建设的引领作用。[①] 借助新媒体方便、快捷、传播速度快、覆盖面广、互动性强的优势，拓展新媒体宣传渠道，创作“互联网＋”诚信宣传作品，推广典型事迹，通过微信公众号、微博、视频网站、门户网站等，借助广播、电视、报刊、微信等媒体，直接向相关部门和社会公众发布，更高效、更快捷地传导诚信文化，增强影响力，培育出诚信光荣的信用观念，建立起一个良好的社会信用氛围。

第三节　农村信用体系的数字化

随着经济快速增长，金融行业持续发展，金融助力乡村振兴成为大势所趋。

---

① 参见中国人民银行宁德市中心支行课题组：《普惠金融视角下农村信用体系建设的实践与思考》，载《征信》2019 年第 11 期。

但是受农业弱质性与农村基础建设落后的影响,农村金融市场表现出的金融排斥问题依旧严重,传统金融建设对解决信贷领域信息不对称的困境并无明显帮助,极高的征信成本成为制约农村征信发展的首要因素,也间接影响了农村经济的持续性发展。传统金融机构很难投入大量成本深入农村基层来建立实地网点,农村金融网点分布极少、覆盖率极低。[①] 而信用体系的建设,重点依旧是对农户基本信息和信用情况的收集,要考虑如何更准确地筛选出符合信贷条件的用户,最大限度地保证信用贷款的可回收性,从源头上有效地减少农村小额贷款不良资产的发生。要保证这一目标的实现,必须借助新的科技手段,用技术支持良好的信用氛围的形成,吸引更多的金融机构在农村地区开展业务、投放资源,满足农民更多的金融需求。农村金融应当注重以互联网为载体,通过广阔的互联网渠道突破农村地域约束和空间障碍的限制,覆盖传统金融机构网点覆盖不到的地区,鼓励更多金融资源流入农村地区。此外,通过网络平台办理农村金融业务也会更加便捷、高效,运营成本大大低于传统物理网点,提高农村金融服务的可获得性,有助于推动农村普惠金融的发展。

一、数字化背景下农村信用体系建设的理论支撑

(一)交易成本理论

所谓交易成本,是指在一定的社会关系中,人们自愿交往、彼此合作并达成交易所支付的成本。当交易成本尽可能低时,交易双方所得到的利益越大,交易达成的可能性就越高。然而,由于目前我国农村信用体系建设尚未完善,农村金融机构和民间借贷在金融活动中大多依赖借贷人周围的邻里进行信用情况的收集,缺少客观的信息收集标准。通过此种途径获得的借贷人的信用状况往往不能保证其可靠性,与此同时,放贷人面临的风险也会大大增加。一旦这种情形具有普遍性,金融机构会选择更加谨慎、严苛的放贷标准。为了回避信用风险可能带来的损失,金融机构会在挑选合适的交易对象时付出更多的成本;另外,他们为了保证自身的盈利,会将这部分成本转嫁到农户身上,贷款的利息也会相应增加,不利于激励真正贫困的农户积极寻求信用贷款,造成逆向选择和道德风险问题,违背小额贷款制度设计的初衷。完善的信用体系可以提供较客观的个人信用状况,进而大大降低小额贷款的交易成本,提高金融资源的使用效率,满足农户的贷款需求。

马克思从经济利益的角度论证了信用是经济人实现最低交易成本和自我利

---

① 参见刘沂雯:《大数据背景下的“三农”征信》,载《管理观察》2017 年第 29 期。

益最大化的必然需求。他认为,信用从经济学角度来看,是指在商品买卖活动中的延期付款或货币的借贷行为,是以偿还为条件的价值的特殊运动形式。因此他主张,信用关系是人们在经济活动中追求利益的必然结果。① 但是,在信用交易中,信用交易主体可能会为了追求自身利益的最大化而不遵守诚实守信原则,失信行为常有发生,信用关系逐渐变得脆弱,交易风险越来越大,信用环境越来越差,交易成本越来越高,当交易成本大于交易收益时,交易活动会因背离交易最大化原则而被中断。因此,理性的经济人会希望通过某种专业化的信用服务管理机构来降低交易成本,实现交易双方的利益最大化目标,促进市场经济的正常运行。信用信息成为当下经济活动中的必备因素,建设完善的信用体系是市场主体追求利益最大化的必然要求,降低信用风险是建设信用体系的宗旨。

(二)信息不对称理论

信息不对称理论,是指在市场经济活动中,各类人员对信息的掌握是有差异的,信息掌握比较充分的一方处于较有利的地位,而信息掌握比较贫乏的人员,则会处于较不利的地位。信息不对称理论指出了信息对市场经济活动产生的重要影响,揭示了市场体系中的缺陷。影响信息不对称的最主要因素是重要信息获取的难易程度。以农村信贷为例,金融机构在信贷活动中能够较准确获得的信息只有农户的基本信息,而对于信贷活动来说,最重要的信用信息则存在客观上的获取难度。就目前农村的信用环境来看,想要准确获取该信息存在多方面的困难:一是对何种信息是信用信息存在认知上的差异,在实际操作中很难把控;二是对确定收集的信用信息的来源可能存疑,仅依赖信贷人员的主观判断,存在较大的不确定性。金融机构由于缺乏必要且真实的信用信息而不能对申请的农户进行客观审查,可能会面临因道德风险造成的损失。要想减少信息不对称对农村信用贷款产生的不利影响,必须要加强农村信用体系建设,使金融机构能够较便捷、客观地获取其交易对象的信用信息,以降低信用风险。

(三)村落共同体理论

法国经济史学家马克·布洛赫是较早关注"村庄共同体"并对其含义进行阐释的学者,他在其著作《法国农村史》中提到了"村庄共同体",并把"村庄共同体"界定为:许多个人,或者许多在同一块土地上耕作、在同一个村庄里建造房屋的家庭,在一起生活,通过经济的、感情的联系而形成的这些"邻居",组成了一个小社会——"乡村共同体"。② 费孝通在其著作《江村经济》中,对当时我国江南村庄的

---

① 参见姜英淑:《信用及其社会意义》,载《党政干部学刊》2010年第2期。

② 参见[法]马克·布洛赫:《法国农村史》,余中先等译,商务印书馆1991年版,第67~70页。

社会、经济和文化生活进行了较详尽的描绘，开创了我国村庄研究的先河，介绍了一个典型的中国江南村落的信仰体系、治理结构和人际关系网络。他还在该本书中提到了带有民间非正规金融性质的互助会，这种互助会是一种由金融活动衍生而来的资金融通方式，并且随着互助会人员的流通和扩展，借贷关系和信任关系也逐步规范，形成村庄所特有的信用文化。① 这种有浓厚乡土气息的信用体制深深地根植于中国传统的农村社会，是一种非现代的金融信用关系。费孝通先生认为，这种信用关系并不是对传统契约的重视，而是发生于对一种行为的规矩熟悉到不假思索的可能性。② 由于村庄空间的封闭性和有限性，村庄成员间的信息基本是对称和充分的，并且村庄内的相关消息流通更快，一个人违反交往规则的失信行为很容易被整个村庄的村民知道，对其生活产生不良的影响。因此，在村庄共同体中，对一个人的失信行为进行惩戒和监督是非常有效的。

二、数字化信用体系建设与农村征信困境的突破

农村小额贷款作为金融与扶贫相结合的信贷模式，其实施的效果关乎农村经济发展的全局和社会的和谐稳定。而农村信用体系建设作为农村小额贷款的关键环节，在发展农村金融，实现新时代的“农业现代化，农村精准扶贫、脱贫以及乡村振兴”中承担重要责任。

然而，由于农村信用体系的不健全，农民信用意识薄弱，导致农村金融机构的坏账率较高，农村金融机构普遍存在“惜贷、惧贷、慎贷”的情形，以规避由于信用不良导致的信贷风险。导致我国农村小额贷款的覆盖率较低，不能发挥出该制度应有的作用，这就需要我们加快建设农村信用体系，助力金融扶贫，并早日实现乡村振兴。

（一）弥补农村基础金融体系不完善

农村地区的金融机构数量少、种类单一且整体覆盖率处于较低水平，尤其是落后地区的农村金融机构自身对于个人征信体系的认知不足，信息采集工作难以进行，严重制约了征信体系的发展。而即使是经济发达的农村地区，要想只依赖金融机构实现农村基础金融体系的完善，也是不现实的。在金融机构商业属性的驱使下，其大多行为是为了谋求更大的经济利益而不是从事征信这种具有公益性和社会性的基础工作，金融机构对农村信用体系建设缺乏动力。数字化征信模

① 参见王曙光：《村庄信任、关系共同体与农村民间金融演进——兼评胡必亮等著〈农村金融与村庄发展〉》，载《中国农村观察》2007 年第 4 期。

② 参见刘沂雯：《大数据背景下的“三农”征信》，载《管理观察》2017 年第 29 期。

式利用大数据、先进的信息技术实现了信息的高效捕捉和分析,减少了金融机构在相关信用信息获取上的投入,而更加专注于对信用信息进行持续性更新和完善。

(二)优化农村征信技术

目前,农村信用信息的采集内容主要包括农户基本信息、资产水平、工作情况、收支情况等。近年来,农村地区人口流动性不断加大,涉农政策较多,许多相关信息的变动频繁,金融机构人员对每家每户进行信息收集的可能性较低。一是获取信息的效率低下而且缺乏动态性的交易行为数据来评估信用,难以规避道德风险。二是由于缺乏对征信的了解,大部分农民在金融机构采集征信信息的过程中,对个人信息的填写存在主观臆断性,容易出现误填或漏填的情形,关键信用信息的真实性和准确性难以把控,甚至会有农户为了逃避还贷,采取骗贷假报信息等行为。三是部分农村信贷人员自身的职业素养较低,对信息采集过程不够重视,对征信手段不够了解,导致农户信息大量空白和失真,难以为征信服务。通过数字化信息技术,无须专业人员进行信息收集工作,缓解了基层金融机构工作人员的压力。在数字化技术的支持下,多数与信用有关的信息都是对农户自身行为的记录,具有极大的客观性,在具备信用信息的基础上利用数字化技术对信息进行归纳整理,既保证了信息的真实性,又加快了信息的获取程度。

(三)降低农村征信成本

中国人民银行的征信系统在城市地区开展状况良好,信息收集较全面。但受制于农村特殊的地理环境和较落后的技术手段,征信系统中关于农村信用信息较少,即使已掌握的少量的信用信息也还存在更新不及时、信息真假难辨、利用价值存疑的问题,利用传统的征信技术和手段实现农村信用信息的完善,所需时间之久、资金之多难以估计。此外,农村征信信息的高效流动和便捷使用也是未来农村征信面临的关键问题之一。目前,征信机构与其他管理部门间尚未建立较完善的协调机制,部门间存在显性或隐性的信息壁垒,征信机构掌握的信用信息很难实现动态调整、实时跟踪和需求反馈。而且与城市居民信用数据不同的是,农户农业的信用数据繁杂、覆盖面广,分散在不同部门中,难以精确地跨平台进行统计分析。同时,信用信息多是以隐性的村内口口相传的人情信用的形式存在的,民间信用缺乏实体的记录载体和记录机制。

在数字化征信技术引入农村金融系统后,系统中与信用相关的信息全部实现开放共享,各个主体拥有主动查阅的权利,尤其对具有放贷能力的金融机构来说,将数字化技术引入征信系统中之后,将大幅降低因采集、评估信息所耗费的交易成本,极大地避免了信息不对称所带来的交易成本问题。如利用区块链技术,基于区块链系统的开放性和不可篡改性,可采取“区块链+大数据”运行模式,通过系统中相关数据了解到实时可信的信用需求量数据,从而对信贷工作进展情况、资金发放情况等有了具体真实的掌握,进而对贷款效果进行评估,降低了征信成本。

数字化征信不仅在信用信息收集环节具有重要作用,对于后期进行信息评估分析也有不可忽略的价值。借助数字化技术分析农业行业发展规律和农产品市场需求,提前预防农业风险和农产品市场风险。通过科学的监测和历史数据分析,着重对农产品的生长规律、可能面临的自然灾害情况、市场价格波动情况等信息进行整合利用,制订更加有针对性的贷款产品。在进行涉农贷款审核时,数字化技术对“三农”客户经营、销售及资金流情况进行分析,了解客户能力及风险,既降低了放贷时的成本投入,又能够有效地避免信用风险。

三、数字化信用体系建设对农村小额贷款发展的作用

农村信用体系建设作为社会信用体系的重要组成部分,是一项浩大而长期的工程,在建设初期需要投入巨大的人力、物力和财力。加快农村信用体系建设,对于农村经济发展、城乡经济协调发展、区域经济协调发展和实现乡村振兴都具有十分重要的作用。它对农村小额贷款最重要的意义在于以农户信用作为关键的评价机制,无须农户提供其他特定的担保,能显著地降低金融机构的信用风险,使金融市场能够接受农户小额贷款风险,为农户融资提供准入机制,从而促进农业产业化升级,增加贫困农户收入,使其逐步摆脱贫困,进而实现农村地区的经济发展。

(一)提高农民信用意识,塑造良好的信用环境

农民的信用意识是影响农村小额贷款发展最根本的因素,因为无论是从农村金融机构的风险来源来看,还是从交易成本升高的原因来看,最终都可归结到农户的失信行为。对守信和失信的激励和惩戒的真正目的是培养农户的信用意识,使其重视自身信用、按时还款,也能够激励金融机构更有信心向农村领域开展信贷业务,形成“借贷—守信—再借贷”的良性循环。缺乏完善的社会信用体系、信用管理体制机制不健全,是阻碍互联网金融发展的最大“瓶颈”,其核心在于建立征信体系。[①] 加强农村信用体系建设,形成良好的信用文化氛围,提高农民的信用意识,使其认识到信用的好坏直接关系自己的切身利益,遵守信用所能获得的收益远远大于违约失信所贪得的小利,使守信成为每个信贷交易主体所坚持的常态,可实现农村小额贷款的可持续性发展。

---

① 参见李观祥:《“互联网+”背景下农村金融征信体系构建概述》,载《财税金融》2020年第15期。

(二)解决信贷双方信息不对称问题,实现小额贷款供需平衡

小额贷款如果以农户的信用为资格审查的唯一根据,一旦缺少专业的渠道获取农户的信用状况,将会使金融机构面临较高风险,因此,对于金融机构来说,了解农户的信用状况,识别欺诈和高风险用户就变得尤为重要。

利用数字化技术可以实现征信各个主体的有力配合,协调社会各方力量促进信用体系建设。数字化技术能够有效缓解信贷双方因信息享有不充分带来的放贷标准不明确、贷款能力不确定的状况,对符合贷款条件的农户和小微企业及时发放贷款。同时,数字化技术对金融机构相互之间以及金融机构与其他政府部门和相关机构之间形成信息共享,拓宽数据获取途径,提高数据质量有重要作用。随着互联网大数据的发展,农村地区通信技术互联互通都大幅提升了,农村地区居民利用第三方消费平台的记录日益增多。征信机构可以将淘宝、京东、苏宁易购等平台的消费信息作为农户征信内容之一,同时与支付宝的芝麻信用等第三方征信系统对接,将第三方征信数据纳入人民银行征信体系管理,充分弥补农户因为缺少与金融机构的信贷信息造成的信用空白。

农村信用体系为金融机构了解贷款对象信用状况提供了专业化平台,解决了信贷双方信息不对称的难题,同时也降低了金融机构为调查贷款对象的信用情况而付出的成本,促使金融机构降低贷款利率,有助于扩大征信范围、减轻农民负担、缩短审贷周期,有效地规避了农村信贷中的信用风险,大大增加对金融机构的吸引力,增强了金融机构在农村开展信贷活动的主动性,有助于提升农村金融服务的品质,实现小额贷款的供需平衡。

(三)形成制度约束与非制度约束相结合的信用风险管理机制

农村信用体系建设本质是农村的一项制度建设,应当同农村的其他基本制度一样,有其自身的规则约束,即失信惩戒机制。惩戒并不是目的而是一种制度约束,目的是使农户自身树立起守信的意识。但是由于农村小额贷款所处的地域环境、贷款对象以及金融机构信用风险管理手段等各种条件的特殊性,仅依靠建立信用制度建设仍不能为金融机构完全有效地规避信用风险。

按照上文所述的村庄共同体理论,在农村还存在无形的非制度约束,当人们对某种行为的规则熟悉到不假思索地按照该规则实施行为时,交易双方进行该活动的成本大大降低,市场活动的效率也就越快。因此,我们在进行农村信用体系建设时,还应当注重信用文化建设,不断向农民倡导诚信道德、讲解信用知识、强化信用意识,使农户认识到信用是一种无形的资产,可以为他们带来优质的金融资源,在农村逐步形成"守信光荣,失信可耻"的道德氛围,使守信逐步内化于农户的经济活动之中,形成保障农村小额贷款可持续发展的非制度约束。通过失信惩戒的制度约束和信用自觉的非制度约束相结合的方式,降低信贷活动中的信用风险。

(四)助力乡村振兴战略

党的十九大报告把乡村振兴战略与科教兴国战略、人才强国战略、创新驱动发展战略、区域协调发展战略、可持续发展战略等列为党和国家未来发展的"七大战略",足见对其的高度重视,并特别强调农业、农村、农民"三农"问题始终是全党工作的重中之重。① 乡村振兴战略的总体要求就是,坚持农村优先发展,按照实现产业兴旺、生态宜居、乡风文明、治理有效、生活富裕的总要求,推动城乡一体、融合发展,推进农业农村现代化。脱贫攻坚是乡村振兴战略的一项重要任务,为了保证该任务的顺利完成,我国出台了诸如农村小额贷款的金融扶贫政策,以助力实现乡村振兴。

中共中央、国务院《关于打赢脱贫攻坚战三年行动的指导意见》明确要求,把扶贫领域诚信纳入国家信用监管体系,将不履行赡养义务、虚报冒领扶贫资金、严重违反公序良俗等行为人列入失信人员名单,保障贫困群体的切身利益和国家扶贫政策的全面落实。我国农村中的许多贫困农户具有发展生产和务工经商的想法,但由于无法获取相对较大的启动资金而不能摆脱贫困。因此,为创业扶贫、就业扶贫、金融扶贫建立完善的农村信用体系,营造良好的信用发展环境,有助于提升贫困农户的诚信观念、规则意识和契约精神,从而形成促进稳定脱贫和防范返贫的长期机制,构建起现代农业生产体系、经营体系,推动扶贫与乡村振兴战略目标的实现。

四、数字化农村信用体系建设的整体框架

(一)发挥大数据的技术优势

由于传统农业的高风险性,传统金融机构对农村金融存在贷款门槛高、惜贷、慎贷的现象,而用于参考贷款与否的农村信用信息由于收集的客观困难往往不能为农户的金融贷款形成助力,反而会因为缺少信用信息造成农户贷款困难。新兴的互联网金融平台中金融模式的革新以及融资模式的创新,为我国农村金融的流动性提供了新的解决方案。互联网金融特有的大数据和云计算技术使其在征信领域拥有得天独厚的优势,在极大地扩展征信服务半径的同时也降低了征信人工成本,信用分析的准确率也是信用分析领域中最前沿并且最具潜力的。

1. 快速处理海量数据,低廉高效

不同于传统征信需要大量人工介入,大数据征信不受限于农村经济的分散性

---

① 参见范建华:《乡村振兴战略的理论与实践》,载《思想战线》2018年第3期。

和交通的闭塞，利用技术手段可以直接实现海量数据的快速获取和处理，数据利用的范围更广、联系更紧密；同时，系统信用分析更新速度快，农户信用报告更加及时、准确和灵活，效率大大提升。代替人类自主计算的技术手段，解放了专业人员，可以让他们从事其他更有意义的活动，技术的学习成本也会变得更低。而且从征信信息获取上来看，大数据征信能削减农村征信信息的获取成本。基于互联网信息资源库，不对称信息被模型化处理，在此基础上实现有针对性的信息筛选，大幅降低运营成本与交易成本。

2. 综合计算多种变量，精准智能

在互联网金融平台评估农户的信用时，所需数据的来源不再只局限于传统金融机构，也促使对于农村征信信息处于大量缺失状态的银行等公共征信机构加大了信用信息的收集力度和强度。近年来，计算机领域蓬勃发展的机器学习技术和大数据技术推动了大数据征信的应运而生，成为解决农村征信困境的最佳技术手段。相比传统信用模型只计算不到百条参考变量，大数据征信凭借在信息收集方式、处理方式和结果呈现等方面不同于以往传统社会统计学的征信方式的优势，使模型纳入的数据变量扩大数万个维度，更精准、稳定地评估消费者信用风险，征信报告更加准确，有效地规避了信息不对称。同时，计算机可以随着数据的积累，使自己的学习能力越来越强，不断完善农村征信模型，使信用评估报告更准确。

（二）建立数字化农村信用联合征信系统

为了把农村庞杂、分散的信息合理地整合在一起，实现农村信用信息的共享，社会中的各个主体都应积极地参与到农村信用体系的构建中来，借助互联网时代的大数据平台，建立一个数字化的农村信用联合征信系统。在征信模式的选择上，市场主导型的征信机构适合于在比较成熟的金融市场中去设立，而对中国目前不成熟的农村金融市场和不完善的征信法律体系来说是不合适的。公私兼有型的征信机构包含了政府主导型征信机构和市场主导型征信机构，两种机构互为补充、相辅相成，其中的任何一种机构不能完全替代另一种机构。由于我国目前农村信用体系建设尚处于初期阶段，公私兼有型的征信机构模式是最佳选择。

我国目前农村信用体系建设尚不成熟，各金融机构在农村开展业务的意愿并不强，因此，当前我国农村建立公私兼有型征信机构还应当由政府主导，人民银行牵头，积极组织、协调金融机构、保险机构、工商部门、税务部门、公安部门、村民委员会以及其他有关部门和机构进行联合工作，科学地划分好各个主体的相应职责，通过互联网技术，推进农村地区的信用信息基础建设，更有效地做好贷前的审查程序、贷中使用检测，改善农村信贷信用信息不对称的局面。在确定了农村信用体系建设模式的基础上，我们需要对其建设的各个环节进行具体的细化，包括信息采集的项目、信息采集的模式、信息共享的机制以及引入有利于风险的保险机制。

1.规范农村信用评价指标

农村信用体系的建设对涉农贷款机构来说最直接的作用就是可以更加直观地了解贷款主体真实的信用状况和还款能力,这就要求采集的农户信息内容必须能够对这两项内容作出科学合理的评估和预测。因此,我们必须首先确立评估农户信用的各项指标,建立一个科学的指标体系框架,只有统一的评估体系才能保证小额贷款适用标准的一致性;其次是对各项指标在综合信用评价中所占比重进行合理分配,最大限度地从源头上减少不良率的产生;最后将该信用评价指标模型纳入大数据平台,通过云计算等技术对农户的信用状况作出准确评价。

在对信用评价指标进行选取时,应当遵循几个原则:一是高度相关性,即所选取的指标必须与所评价的内容具有高度相关性,能够恰当地反映所评价的内容。二是易于获得性,对于不可能获得或者获取成本极高的指标,舍弃或选取与其功能相近且易于获得的指标予以代替。① 三是可靠性,或者称为便于验证性,要考虑所选指标是否可以验证,特别是对个人自主申报的信用资料,必须能够通过一定的验证渠道加以校验,以保证该信息的真实可靠。四是普遍存在性,即所选的指标应当是所有贷款对象普遍拥有的,以保证信用评价更加公平。此外,评价指标中应当尽量减少主观性评价内容,增加客观评价指标。

根据以上原则,农户信用评价指标可以从3个方面来设计:一是农户自身方面,包括性别、年龄、健康状况、受教育程度(如学历水平和专业技术水平)、品行表现、遵纪守法情况、当地受奖惩情况、以往信用记录(如农业信用贷款偿还情况、农业扶持资金使用情况)、生产方式、个人收入状况、对外担保状况、产业链企业对合约农户的生产经营的履约评价等;二是农户的家庭方面,包括家庭负担状况(如供养人口数量和质量、家庭年龄结构和健康状况),家庭、劳动力数量和质量,家庭财产和负债情况,家庭收支情况,家庭种植作物种类、面积,家庭总收入等;三是农户对扶贫支农信贷政策的认知程度。根据上述各项指标对农户信用能力和履约能力的影响程度,确定不同指标在整个指标体系内的权重大小,从而通过大数据平台对其信用作出评分,并自动生成客观公正的信用评价报告,之后还可以根据农户贷款到期后的实际还款情况与各个指标之间的关系,利用大数据计算,不断地对评价指标体系及其占比的权重进行优化设计。

---

① 参见吴晶妹、张颖、唐勤伟:《基于农户信用特征的WU's三维信用评价模型研究》,载《财贸经济》2010年第9期。

2. 创新农户基础数据采集模式,建立数据采集平台,提高农户信用信息质量

农户信用信息的采集是信用体系建设的基础性工程,信息采集的质量和广度,将会直接影响信用体系的公正和在民众心中的公信力。目前我国农民的人口基数庞大,农户信用信息分散,会产生庞大的工作量,由于以往的采集程序不够规范,可能会因为采集人员的原因致使农户的信息采集出现错误或者遗漏的情形,工作质量也不能保证,影响信贷业务实施的公平性。另外,被采集人员不够广泛,没有贷款意愿的农户参与的积极性不高。因此,要严格采集程序,设立专业、权威的信息采集机构,建立高效、便捷的信息采集、核查、录入和更新机制。

针对上述问题,首先,应当扩大参与信息采集对象的范围,尽可能地使农村中每个家庭都参与。其次,农村信用信息的采集主体,除乡镇政府和村民委员会外,还应当让农村金融机构、各行业、部门和网络公司参与进来,由这些部门和机构中具有良好品德修养和职业道德操守的专业人员辅助进行大数据之外的信息采集工作,确保信息采集的规范性和权威性。最后,利用互联网对农户信用信息进行录入,建立农户信用数据信息采集平台。在实践中有部分地区是通过与农村医疗保险部门合作,获得农户的基本信息,减少信息收集的工作量,对于有些已经由某一部门或机构收集过的信息,可以形成信息共享,避免了重复工作。还可以建立提供信息失真的反映举报机制,强化信息收集的真实性。尽管信息采集工作量庞大,仍然要细致认真地完成,信用体系建设是一项积累的工程,积累的时间越长,其价值就越大。

3. 构建农村信用信息共享机制

国务院印发的《社会信用体系建设规划纲要(2014—2020 年)》确立了“以政务、商务、社会、司法等四大领域为主体的信用体系建设方案”,实现了社会信用的全覆盖。信息共享是解决信息不对称的有效手段,我国各个部门和机构分别掌握各种不同类别的信息,通过建立统一的信用信息共享交换平台,拓宽征信信息的来源渠道,可以最大化地收集农户的信用信息,增强信用信息的全面性和实用性,并且可以对各部门共有信息的真实性进行验证,进一步增强所收集农户信用信息的可靠性。此外,信用信息的规范使用,还需要明确有权力获得农户信用信息的机构,要设立专门的信息管理平台对信用信息进行管理,对涉及个人隐私、商业秘密和国家安全的信息,建立信用信息安全保护措施,制订信用信息的安全管理制度和信息披露规范,以及相应的法律规范对侵犯个人信息安全的行为予以法律制裁,推进信用信息“一站式”查询,建立守信联合激励和失信联合惩戒机制。当农户的某些信用信息发生变化时,可能会影响信用评价的结果,因此,信息管理平台还要对农户的信用信息数据进行实时更新,通过信息的比对作出正确的信用评

估,避免金融风险的发生,形成动态的风险防控机制。

4. 构建农村信用保证及保险双重担保体系

大部分农民以农业种植为主要生产方式,强烈依赖自然环境,一旦遇到自然灾害,信贷违约的风险就会急剧上升,因此,引入农业保险制度对降低农村金融机构的信用风险具有重要意义。农村信用体系的设立,大大减少了贷款前调查的烦琐程序,缓解了农民"担保难、贷款烦"的难题。但是当发生诸如自然灾害等非人为因素导致的农户财产减少、不能按时偿还贷款的情形时,金融机构依旧会产生损失。非农民客观原因导致的违约损失,在目前的金融损失中并无单独分类,农户也会因为违约而在以后的贷款申请中受到影响。信用保证及保险体系是实现农业信用担保体系的重要部分,也是缓解当前我国农村金融中因担保手段缺乏导致农民融资难的关键所在。相比直接投入农村的信用贷款,担保对融资的放大效应更加明显,政策性金融通过支持信用保证和保险体系建设,可以取得更大效果。① 我国农村信用保证体系可由各级政府为农户提供信用担保,由保险公司和依法设立的农业互助保险等保险组织,通过多方保证,形成互助合力。由于农业保险具有高风险、高成本、高赔付和高亏损的特点,市场上的保险机构大多不愿意加大在农业领域的投放,这就需要政府予以财政支持,使农业保险同小额贷款一样,发挥支农、扶贫的作用。未来保险业在农村地区的发展应当加强政策性农业保险的引入和落实,推动农业保险覆盖率,提高保费补贴,并且将政府对农业保险的投入与地方主政者政绩的考核相挂钩,使农业的发展得到强有力的政策支持和金融保障。

4. 优化信息平台建设,提升农村征信系统服务功能

农村征信系统作为农村金融领域重要的基础设施,必须树立服务意识,满足信用风险监管、信贷对象识别和信用体系建设等对信用信息等的需求。信用体系建设是永无止境的,伴随经济和金融的发展必须不断地优化升级,以满足日益增长的多元化社会需求,履行信用体系应当承担的社会责任。

一是要制订信用信息数据库持续建设和规划目标,不断提高信用信息收集的质量,逐步扩大联合征信系统的范围,使各种相关机构不断接入联合征信系统,建立全面的信用信息质量控制体系。二是建立大数据信用体系技术支持平台,信用体系建设主要涉及对信息的采集、储存、加工、分析、处理和使用,对计算机和互联网技术的要求较高,我们要不断引进更先进的计算机信息处理技术,为征信服务提供更好的技术环境。三是要不断调整信用体系内部的机构设置,科学合理分

---

① 参见温信祥:《日本农村信用担保体系及启示》,载《中国金融》2013 年第 1 期。

工,优化资源配置,以提供更好的征信服务。

(三)运用区块链技术构建农村小额贷款的信用体系

1. 使用区块链技术建设农村小额贷款信用体系的特殊优势

通俗地来讲,区块链是一个去中心化的分布式账簿,也是一个拥有强大功能的数据库。区块链具有平等性、安全性、高效性和准确性等优点,这些优点正是农村信用体系建设过程中所急需的。区块链技术研究和应用领域的不断发展和延伸,有助于为我国构建农村金融信息共享平台提供基本的技术支持,也增强了利用区块链技术建立农村信用体系的可行性。

(1)提高民众的信息采集效率,实现农村小额贷款的信息共享,增强信贷信息的可靠性和安全性。区块链技术具有去中心化的特性,每个节点都可以记账,信用体系建设的信息采集环节可以利用该优势,使全民都可参与信息的记录,拓宽信用信息采集的渠道,拓展农村金融信用信息采集的宽度和维度,从而缓解农村由于人口基数大、信息数据分散而造成的信用信息采集难度。并且,通过区块链技术还能智能化地对数据平台的运行进行管理,大大提高了农户信用信息的采集效率。农村金融信用信息数据本质是一种准公共产品,利用区块链技术实现对该信息的共享其实是对这种无形物品产权的重新分配。通过利用区块链技术实现的信息共享还可以全方位地补齐被有意隐藏的或可以直接获取的重要信息。另外,是利用共识机制对收集到的信息真实性进行验证,这样不仅增加了所收集信息的全面性,也有效遏制了信息采集过程中个人信息伪造问题,保证了信息的可靠性,大大节省了人力、物力等社会资源,降低监管成本和信息采集成本,有效地缓解了传统金融中存在的政府机关、金融机构和信贷对象之间的信息不对称问题,提高信用体系建设带来的社会效益。此外,个人信息和隐私保护一直都是市场交易中备受关注的重点和难点,区块链的非对称性加密技术增强了信贷对象信用信息的安全性,降低了个人信息泄露的风险,区块链的时间戳使所有的数据信息都可追根溯源,部分节点的修改不能对其他节点产生影响,从而避免了数据信息被篡改。

(2)加强对农村小额贷款全过程的监管。区块链上的任意一个节点都具有平等的权利,为了实现对小额贷款过程的监管,我们可以使监管机构成为其中的一个节点,加之区块链技术的防止篡改和不可撤销的特性,从而实现对任何一笔发生过的历史交易记录都可进行追踪查询,保证对农村小额贷款参与各方的全程监管、有效跟踪和严格监督,具体包括资产和信用信息是否虚构、信贷资金是否挪用等内容。同时,有助于监管机构及时公开与农户切身利益相关的农村小额贷款的信息,使农村小额贷款的运行更加公开、透明和公平。

(3)降低农村小额贷款的综合成本。区块链上的各节点之间根据共识机制建立信任关系,通过使用算法技术将农村小额贷款的申请条件录入系统,之后通过与提交申请的农户在农村信用体系信息平台中采集的信息进行比对、筛选,无须第三方中介机构就能精准地识别出符合信贷条件的农户,并及时地对其发放贷款,与传统金融活动相比,信贷周期大大缩短,对帮扶对象的识别更加精准,同时还能够通过智能合约为农村小额贷款机构控制违约风险,降低人力资源成本的投入,推动更多的金融机构在对农村金融扶贫工作中由被动参与转为主动参与,不断创新金融扶贫工具,为农村地区金融扶贫吸引一批更有前景的项目资源。

2. 农村信用体系的区块链化

基于上述对农村信用体系建设和区块链技术的理论分析,区块链技术在实现农村小额贷款数据共享、精准识别、风险防控、降低成本等方面具有独特优势,所以,以区块链技术为基础构建农村信用体系平台具有很大的前景。

(1)以联盟链形式搭建农村信用体系基础平台。联盟式区块链既具有公有链开放、透明、分布式的优点,又符合当代社会的治理方式,所以,在区块链模式的选择上,以实行准入机制的联盟区块链为宜,区块链系统只对联盟内的机构成员开放。联盟链农村信用体系建设应当由中国人民银行牵头,以政府为主导,参与成员包括农村金融机构、涉农保险机构、工商机构、税务部门、公安部门、法院、农委以及相关企业等。各联盟方根据农村小额贷款实施规范和金融监管要求,共同制订区块链运行规则和智能合约。通过引入保险机构,制订科学规范的理赔规则,在共识机制的作用下,推动联盟链农村信用体系的长远发展。

(2)建立农村金融信用信息数据库。由政府对农村金融信用信息数据库的建立进行统筹规划,对农村金融信用信息的录入制订统一标准,各金融机构派各自信息采集小组对农户的信息进行采集,每个农户的信息数据都是采集链上的一个节点,之后通过共识机制对采集的信息进行验证,确保其真实性,并反馈残缺的信用信息,信息在得到区块链的共识后不可再对其进行修改,此种方式采集的信息经过核实以后,引入联盟区块链。各联盟成员通过分布式的节点与其他成员直接实现信息的对接和共享,只有各个节点的数据信息保持一致时,才能导入区块链信用信息存储系统,这样就避免信息录入的重复性,也保证了信息的可靠性。

(3)构建基于区块链技术的农村小额贷款数据信息管理平台。利用大数据技术和金融信息数据库,能够形成全面的农户画像。当金融机构对农户的信贷信息进行审批时,区块链系统可根据相应的申请条件通过智能合约自动验证,快速达成交易,自动发放资金,达到识别精准、工作高效的目的。通过建立数据信息管理平台,对农户的信息数据和信贷资金流向进行动态监管和追溯,网络节点上每一笔交易信息都可查询,而网络节点背后的身份信息被隐藏起来,以保护个人隐私。同时,通过监管平台能够及时发现高危用户,对违反资金使用规范的行为进行干预,确保信贷资金的合理使用。

(4)推动农村小额贷款实体协同创新。区块链将各参与主体平等地连接在一起,共同维护一个系统,并通过共同制订的运行规则进行大范围的协同合作。通过实施农业物联网、发展农村电子商务等方式,将区块链技术与农业保险相结合,进一步简化扶贫对象的农业保险流程。作为区块链的重要组成部分,智能合约的应用则使农业保险赔付更加智能化,特别是一旦检测到农业灾害,就会自动启动赔付程序,赔付效率得到极大提升。① 借助区块链的技术优势,金融机构可以不断地对传统金融进行创新,加强与政府或行业间的合作,开发新的金融扶贫产品和业务模式,更好地满足扶贫对象的金融需求,构建信用环境良好、运行效率高能、供需基本平衡、扶贫效果显著的金融环境,实现农村小额贷款的可持续发展。

---

① 参见柳晓明、贾敬全:《区块链视角下优化我国金融扶贫方式的路径选择》,载《淮北师范大学学报(哲学社会科学版)》2019 年第 2 期。

第六章　农户破产制度

农村小额贷款协议可能因清偿引起小额贷款关系完成,协议终止或者因借款人不能清偿引起履行不能的法律后果。在实务中农户不能清偿贷款时,常常拖延还贷期限,甚至出现拒绝还贷的消极抵抗现象。这样的弊端,一方面,是借贷关系不能及时清理,形成企业呆坏账;另一方面,是农户陷入债务泥潭,不利于重新开始生产生活,因而此处应该引入破产制度,让农户通过破产获得解脱的同时,也可通过制度设计最大可能地实现债权清偿。借款主体,即农户包括涉农企业和农户,前者属于法人的可以适用《企业破产法》,此外,虽然我国合伙企业适用破产程序受到限制,没有规定合伙企业可以进行破产和解和破产重整,但我国的合伙企业根据《合伙企业法》和《企业破产法》的规定可以适用破产清算程序。唯有农户目前尚无可以适用的破产制度。

第一节　农户破产的必要性

农户并非《民法典》中规定的法律主体,《民法典》将民事主体归为自然人、法人以及非法人组织,而“农户”这一称谓是依据农村现状——从事家庭承包经营的主体而来的。农户破产从根本上来说是自然人破产的一种。目前,我国关于破产的相关法律制度都是以法人为主的,而个人破产法的颁布也已提上日程。

当前,尽管我国没有个人破产的概念,但是个人破产的事实在现实中大量存在。当前,对个人破产制度的理解是指作为债务人的自然人不能清偿到期债务时，由法院依法宣告其破产，并对其财产进行清算和分配或者进行债务调整，对其债务进行豁免以及确定当事人在破产过程中的权利义务关系的法律规范。个人破产制度的缺位，遏制了破产债务人的创业创新动力，也不能有效地保护债权人利益。为此，台州市中级人民法院于2019年4月26日出台《执行程序转个人债务清理审理规程(暂行)》，系全国首个具备个人破产制度基本要素的个人债务清理规程。温州市中级人民法院也于2019年试行《关于个人债务集中清理的实施意见(试行)》，其初衷是为了给“诚信却不幸”的个人“东山再起”的机会，从而有效解决执行不能的案件，并非放纵逃债行为。

我国首例个人破产案件——温州自然人破产案件。该案债务人蔡某系温州某破产企业的股东，经生效裁判文书认定其应对该破产企业214万余元债务承担连带清偿责任。经调查，蔡某名下的财产，仅在其现就职的瑞安市某机械有限公司持有1%的股权(实际出资额5800元)，另有一辆已报废的摩托车及零星存款。蔡某还长期患有高血压和肾脏疾病，医疗费用花销巨大，且其孩子正就读于某大学，家庭长期入不敷出，确无能力清偿巨额债务。在第一次债权人会议时，蔡某以宣读《无不诚信行为承诺书》的方式郑重承诺，除管理人已查明的财产情况外，无其他财产；若有不诚信行为，愿意承担法律后果，若给债权人造成损失，依法承担赔偿责任。最终蔡某提出按1.5%的清偿比例即3.2万余元，在18个月内一次性清偿的方案。债权人一方在充分了解债务人经济状况和确认债务人诚信的前提下，经表决通过上述清理方案，同意为债务人保留必要的生活费和医疗费，自愿放弃对其剩余债务的追偿权，并同意债务人可以自清理方案履行完毕之日起满3年后，恢复其个人信用。① 该案是最高人民法院向全国人大常委会报告推动建立“个人破产制度”后首例具备个人破产实质功能和相当程序的个人债务清理案件，较全面地体现了温州法院个人债务集中清理试点方案的多项特色功能。

在台州市裁定受理的100多例个人债务清理案件中，不难看出，诚信原则是根本，诚实守信、如实上报自己的个人财务情况，无虚假瞒报，法院才予以考虑个人破产。现如今，我国的个人债务清理工作正在审慎的探索过程中，在诚信基础之上探索对破产个人的限制措施。根据我国第三次全国农业普查数据显示，截至2016年，全国登记的农户尚有2.3亿户、全国农业生产经营人员31,422万人、规模农业经营户农业生产经营人员1289万人、农业经营单位农业生产经营人员

① 参见《全国首例个人破产案办结214万　债务仅需还3.2万》，载新浪新闻，https://news.sina.com.cn/c/2019-10-10/doc-iicezuev1226269.shtml，最后访问日期：2020年3月25日。

1092 万人。[①] 作为国家支柱的农户基数如此之大,以至于在探究个人破产法的进程中无法忽略这一事实——农户破产。

一、农户破产制度对农村金融体系完善的意义

(一)有助于建立良性循环的金融秩序

在市场经济中,债务的正常清偿是经济流转和市场信用的保障,也是金融安全的重要内容。如果破产机制不健全,农户欠下巨额债务后仍然可以继续经营,加之农村的资金来源相比城镇来说很复杂,这样便可能出现农户虽负债累累,但仍四处举债的情况,此举会增加银行的不良债权。农户作为个人破产的主体之一,由于其处于弱势地位,不可避免地成为首要解决的问题。但是申请个人破产不等于不用还钱,在个人破产期间,债务人的所有财产都要报备。[②] 在破产机制建立后,如果农户不能清偿到期债务,就可以通过破产制度及时地对其进行重整、清算,早发现、早治理从而可以起到防范金融风险的作用。

(二)有利于建立诚信的市场竞争秩序

市场经济是竞争经济,企业在激烈的竞争中必须遵循优胜劣汰的规则,破产制度就是为了保证被淘汰的企业能够顺利地退出市场,从而维护公平的市场竞争秩序。农户破产有利于强化对债权人的保护,遏制各种“逃废债”行为。同时,市场经济也是信用经济,而债权本身就表明了一种信用,不履行债务就是不讲信用。当前,我国经济生活中不讲信用而“逃废债”的行为比较普遍,这对于我国市场经济的健康发展极为不利。因此,必须通过建立健全破产责任制度、对欺诈破产和虚假破产的惩戒机制等,以强化对债权人的保护,遏制各种“逃废债”行为的发生,建立和维护良好的社会信用。农户个人破产制度可以使被淘汰的农户顺利退出市场,它实际上是一种退出市场的法律机制。因此,国内外许多学者认为,一个国家破产制度的完善与否是衡量该国市场经济成熟程度的重要标志,破产法是市场经济中最基本的法律规范。同时,农户作为弱势群体,农户破产制度的出台能够更加保障农户的生存环境,为有效解决农户贷款难问题解决后顾之忧。

(三)有利于提高资产的利用效率,实现资源的优化配置

一方面,对那些已经符合破产条件的农户来说,不对其进行破产宣告,允许其继续借银行的钱用于各项支出,实际上就是容忍其继续浪费社会资源。另一方

① 参见《第三次全国农业普查主要数据公报(第五号)》,载中国政府网,http://www.gov.cn/xinwen/2017-12/16/content_5247683.htm,最后访问日期:2020 年 2 月 15 日。

② 参见于海斌:《论个人破产制度——兼论个人信用体系之完善》,载《长白学刊》2012 年第 6 期。

面，破产法的内容并不限于破产清算，相反，《企业破产法》中还有重整、和解等程序，通过这些程序可以使陷入经营困境的农户暂时免受债权人的追讨，获得复苏的机会，从而最终避免社会资源的浪费。所以，完善《企业破产法》对于整合社会资源、提高资产的利用效率具有重要意义。

二、农户破产制度是农户小额贷款可持续性发展的支撑

我国农村信用合作社积极响应国家号召，推广农村小额信用贷款，农业银行、农村信用合作社等金融机构都进一步增加了涉农信贷投放。小额贷款的本质是为贫困人群或小微企业提供小额金融服务，其目的是实现经济和社会的包容性发展，消除贫困，实现公平正义。农户破产对小额贷款良性发展的意义可以从两个方面来看。

一方面，对金融机构来说，农户破产，意味着要启动相应的债务清理程序，农户须如实申报自己的财产状况，这样在一定程度上有利于贷款的偿还。虽然小额贷款的金额都是非常低的，农户不需要提供任何担保财产就能申请该项贷款，但民间借贷才是普通农户融资的主要手段。因为农户的宅基地、住房、土地承包经营权在过去都不能作为抵押财产，农户能向金融机构取得的贷款是极为有限的。但提供小额贷款的一般应该是农村的信用社，这属于集体财产，因此农户破产在一定程度上可以避免集体财产流失。

另一方面，对农户来说，通过破产达到修复信用的目的，农户在符合条件的情况下可以再向金融机构借贷，以最大限度地发挥集体财产对农民生产经营的扶持作用。农户破产制度的实现是农户重新进行经济生产的前提，并且随着我国农村发展目标从“脱贫”向乡村振兴的转变，要想实现农村经济的繁荣，必须发动广大农户积极投入生产建设之中，小额贷款为农户的发展提供了基础的启动资金，但仅有这一措施还不足以实现农户脱贫致富，最重要的是保障农户在面临非人为因素情况时能够具有再次发展经济的可能，农户破产就是实现这一目标的重要制度。

基于发展小额贷款的需要以及农户破产为小额贷款带来的优势作用，农户破产制度的出台对农村小额贷款的发展意义十分重要。同时，在各地基层人民法院的实践过程中，涉农案件呈现执行难的特点，农户破产对解决因农户不能清偿小额贷款引起的社会问题显得尤为迫切。

（一）化解涉农案件普遍调解难、审判难、执行难的困境

成都市浦江县人民法院的涉农案件中，呈现调解难、审判难、执行难“三难”的显著特点。在调解阶段，由于案件类型日益多元、法律关系复杂、牵涉人员多、历

史遗留问题交错，涉农案件尤其是涉及土地的流转、置换、征收补偿等方面的案件调解难度较大，涉农案件调解成功率同比下降23.15%。进入诉讼的案件，由于案情复杂，法律适用与政策、民情冲突，加上农民诉讼能力弱、诉讼成本高，导致审理难度不断攀升，且矛盾尖锐、易扩大，产生连锁纠纷效应，同期破坏生产经营、故意伤害等刑事犯罪案件数量同比上升300%。此外，二审法院对农村土地流转背景及当地具体情况不明晰，导致对流转事实认定不一致，且缺乏审级衔接机制，导致再审、改判率提升，判决结果偏差再次引发大规模的诉讼等，影响农村经济社会稳定。在执行程序中，土地强制腾退、追索劳动报酬、民间借贷3类涉农执行案件数量占同期执行案件总数的47.12%，执行难度大、对抗性强，易引发群体性事件。抚州市东乡区人民法院每年收受案数突破4000余件，其中，每年面临大量的涉农案件，并且大量的涉农案件当事人没有履行判决，导致申请执行人到执行局申请强制执行，而这部分强制执行案件真正执行到位标的的不超过50%。① 这样的现象普遍存在于法院审判活动中，困扰着司法进程，同时也大大损害了债权人的积极性，因此农户破产制度的出台具有很大的迫切性。

(二)农户存在资不抵债的现实困难

探讨农户资不抵债的问题，首先应该明确资不抵债如何认定。在实践中，普遍采用的标准是"企业的资产不足以清偿全部债务"，即债务人的实有资产不足以清偿全部债务。需要注意的是，考察债务人的偿还能力仅以实有财产为限，不需要考虑企业信用、偿债能力等因素；同时，对于债务数额的计算不需要考虑是否到期，即包括已到期及未到期的债务。在此还有一个概念有可能会与资不抵债产生混同，那就是清偿不能。清偿不能也称支付不能，是指企业法人欠缺清偿能力，即对于已到清偿期限，而且已受清偿请求之债务的全部或主要部分，处于全面、长期的不能清偿之财产状态。资不抵债仅以债务人的资产作为考察依据，而不考虑其信用、技术和劳力等因素，因此，资不抵债并不必然导致清偿不能。只有当债务人资不抵债且明显缺乏清偿能力时，才能构成破产的原因。但是，资不抵债是公司在特定情况下破产的原因。支付不能作为破产界限应当更多地从公司的外部性出发，而资不抵债作为破产界限应当更多地从公司的内部性出发。前者重在形式，后者重在实质。②

农户作为农业生产的主要承担者，其生存和发展越来越受到关注。由于农业

---

① 资料来源：《蒲江法院分析涉"三农"案件的新特点　并针对性提出对策建议》，载成都长安网，http://www.chengdupeace.gov.cn/fzjs/20191129/2124001.html，最后访问日期：2020年3月28日。

② 关于"不能清偿"应该如何认定，参见王莹莹：《论未出资股东对公司债权人的补充责任》，载《法律科学(西北政法大学学报)》2020年第6期。

市场易受到自然环境变动的影响,自然灾害、农产品滞销或者价格不能弥补成本、产品成熟期延迟于市场需求是农产品养殖、种植常常遇到的风险,导致农户农业生产经营陷入窘境,以致不能清偿小额贷款。这些风险产生的原因主要包括以下几点。

一是农户自身发展特征的制约。首先,表现为农户经营成本的增加。随着科学技术的进步,现在农业种植大多采用机械作业,机械作业投入大,且近年来,人工成本也呈上升趋势,所以,无论农户选择机械还是人工,其成本均在很大程度上有所提高。同时,农户所需要的原材料也在逐年上涨,再由于农户的信息不对称,不能及时有效地收集所需信息等均会导致农户经营成本的增加。其次,农业经营风险大。农业是一个依靠多方因素的产业,气候、土地、水源等都会对其造成很大影响,随着科技进步,这些因素的影响会因人为干预而降低,但其影响是微乎其微的,农业生产现阶段主要还是"靠天吃饭"的状态,如遇自然灾害则会使农业遭受重大打击,同时在农业生产中时常会出现"大小年"现象,市场波动大,信息的滞后,经常会出现"谷滞伤农"的情况,农户只能作为弱势一方来承担农业经营的风险。最后,表现为农业经营收益低。随着社会发展、物价的不断提高以及农业在社会中所占比例的缩小,农业经营的收入慢慢开始不足以支撑起一个家庭的正常支出,进而导致农民种植积极性的严重下降。

二是农户外出务工部分收入不能得到保障。前文提到,农户家庭收入结构发生了明显改变,出现了兼业农户,也就出现了大量的农民工,在这种情况下农户的家庭收入由两部分组成:一部分是农业经营收入,另一部分便是外出务工收入。但由于农民工本身就业技能低、自身素质不过硬,进而导致其工资待遇水平普遍偏低,农民工缺乏市场竞争力,经常有失业现象发生,而且农民工的再就业形势也十分严峻。同时,由于农民工工作时间短且不固定,导致劳动合同签订解除相当随意,而且农民工的工资拖欠问题也层出不穷,比如,企业恶意拖欠工资、老板卷款逃跑等现象屡禁不止,农民工个人权利维护相当困难,其收入便无法保障。

三是地方惠农政策实施不完全。21 世纪以来,国家实施了诸多惠农政策、乡村振兴战略等大力支持农业的发展,但是在具体实施过程中,总会有部分政策未能完全落实的情况。

(三)农村金融机构合理处置不良资产的需要

根据我国原银监会 2010 ~ 2015 年统计数据显示,从不良资产率的角度来看,农村商业银行不良贷款率一直维持较高水平,并在 2015 年超过了 2%,[①]农村的不

① 参见侯亚景、罗玉辉:《"供给侧结构性改革"背景下我国金融业不良资产的"处置之道"》,载《经济学家》2017 年第 1 期。

良资产大多来自不良贷款，一方面，是由于金融机构盲目追求经济利益而推出了一些具有瑕疵的产品；另一方面，也是由于现如今大量的农民工外出打工，有时很难找到其下落，导致大量的逃债现象发生，另外，小额农贷无任何担保和抵押到期收回的制度，从科学的角度来看，所有贷款不可能百分之百收回，加大了不良贷款的风险。

不良贷款现象发生频繁。以往农村的大多贷款是用于购买化肥饲料和种子，如今农户的思想发生了转变，有的地区开始发展小商品经济等，这就对小额贷款发出了新的挑战。那么，如何处置不良资产成为农村金融机构要解决的难题，为此需要从源头入手即从农户入手，大量的逃债现象出现，归根到底还是因为没有制度作为保障，农民还不起钱一拖再拖甚至选择去外地逃债，如若破产制度出台，农户诚实守信地如实上报自己的个人财务情况，无虚假瞒报，确有困难还不起债务，可以准许其破产从而给予其东山再起的机会，长此以往，农户的观念开始发生转变，没钱还之后第一时间想的不是逃债，而是诚实交代自己的财产情况。农户在获得新的机会之后，更有可能偿还之前所欠债务，形成一个良性循环。同时，破产制度能够保障债权人获得公平有效的清偿机会。因此，农户破产存在必要性，是农村金融机构处置不良资产的需要。

（四）刺激农户在产业发展失败后重新开始

农户破产是个人破产的一项特殊规定，但其本质与个人破产制度的本质相同，建立个人破产制度的目的是保护那些诚信的债务人，使他们不至于因一时的商业失败或个人财务的混乱而陷入不能自拔的地步，允许他们有基本生存的空间，并能够通过自己的努力使生活重新开始。[①] 在现实经济生活中，除企业外，个人也大量地参与各项经济活动，其间必然产生大量需要依法保护的债，特别是当前个人信贷的数量和规范都急剧增长，推出公平公正的个人破产制度，可以保障和促进个人信贷业的健康发展。当这些“诚实而不幸”的人被贴上“老赖”的标签后，不仅损害了其尊严，还大大削弱了他们工作的积极性。[②] 有一些人因为经济的破产导致无力偿还所有债务，但是债权人又咄咄逼人，并采用暴力追债等一些不合法方法，使很多人因此放弃了自己的生命。这时个人破产制度可以保护每一个借款人的合法权益。

人不应永远被禁锢于过去的失败之中，破产人可以重新建立信誉，再次出发。这实际是一种信用修复机制，让破产人有机会继续为自己和社会创造财富，不至

---

① 参见陈亚东：《建立我国个人破产制度》，载《法治论丛》2004 年第 1 期。

② 参见李宏伟：《以个人破产制度进一步优化营商环境》，载《人民论坛》2019 年第 23 期。

于浪费其过去积累的经验、知识等人力资本。东山再起的大有人在，经过正面报道再加上个人破产制度甚至农户破产制度的保障，能够为解决“执行难、审判难”的案件提供出路，大大节约司法资源，促进资源的合理配置和有效利用。当然，债务人想通过破产程序免除债务也要付出相当大的代价，绝非“空手套白狼”。首先，债务人被裁定个人破产后要拍卖所有财产还债，并且在监管期（多数国家设定范围在3～6年）内，破产人不能进行高消费行为，而且所有收入都要接受破产管理人的严格监管，大部分交予法院指定的委托人用于偿还之前的债务，仅留少部分保持最低的生活水平。其次，破产记录保留在个人信用记录中可能长达10年，这段时间里破产人不能使用信用卡，也不能从银行贷款，就业可能也会受到影响。①

（五）实现从执行到破产的法律程序衔接

执行与破产的衔接发生在债务人无足额财产用于执行的情况下，早在2015年1月30日，最高人民法院发布的《关于适用〈中华人民共和国民事诉讼法〉的解释》，其中第513条至第516条确立了执行不能案件移送破产审查的制度规则，从制度上保障了执行程序与破产程序的衔接。同时陕西省高级人民法院《关于执行案件移送破产审查、审理操作规程（试行）》第23条规定，受移送法院作出不予受理或驳回申请的裁定生效后，执行法院不得重复启动执行案件移送破产审查程序。申请执行人或被执行人以有新证据足以证明被执行人已经具备了破产原因为由，再次要求将执行案件移送破产审查的，不予支持。可告知申请执行人或被执行人直接向具有管辖权的法院提出破产申请。经执行法院移送破产审查从而进入破产程序。②

1. 执行程序与破产程序衔接是公平维护债权人利益的需要

当被执行人的财产不足以清偿全部债务时，相比民事执行程序，转入破产程序能使全体债权人的债权平等受偿，从而实现债权平等，公平维护债权人的利益。

2. 执行程序与破产程序衔接是维护交易安全和社会信用的需要

被执行人的财产不足以清偿全部债务，通过破产程序对该被执行人的所有交易行为进行严格的审查和追究，既是对过去的交易安全的救济，又可通过消灭该被执行人的法律人格为将来的交易安全奠定基础。同时，通过执行程序与破产程序的衔接，可以防止债务人通过个别执行程序逃避债务，从而维护社会信用。

3. 执行程序与破产程序衔接是维护司法权威的需要

进入民事执行程序的债务人不能清偿到期债务，人民法院通过一定的程序对其进行破产清算并最终强制消灭其法律人格，有利于防止债务人采取隐匿、转移

① 参见胡玲：《个人破产与企业破产的制度研究》，载《当代经济》2011年第3期。

② 参见徐阳光：《执行与破产之功能界分与制度衔接》，载《法律适用》2017年第11期。

财产等方式逃避执行，同时又体现了公权力为维护社会公共利益、债权人的合法权益对私权领域的强行干预，有利于维护司法权威。①

执行与破产制度衔接的前提是破产制度的存在，在很多农村小额贷款案件中，执行难的现象经常发生并占据很大比例，法院没有更好的解决途径去化解这一难题，农户破产制度出台之后，能够很好地实现农村小额贷款案件从执行到破产的衔接，使债权人能够公平地获得赔偿的机会，并形成“多赢”的局面。

第二节 农户破产的现实困难与突破

一、农户破产的现实困难

（一）农户的法律主体地位有待进一步确定

在我国，农户是农业生产经营的基本单位，具有独立的主体地位，但其又不同于自然人、法人、其他组织等法律关系主体，农户并非法律意义上的主体。《民法典》中规定的主体为自然人、法人和非法人组织，而“农户”一词源远流长，早在土地公有制之前就已经出现，并且一直保留到现在，如今“农户”一词成为农村家庭的代言词，在现行法律体系中也有规定，如《农村土地承包法》第16条规定：“家庭承包的承包方是本集体经济组织的农户。农户内家庭成员依法平等享有承包土地的各项权益。”但《民法典》第55条规定：“农村集体经济组织的成员，依法取得农村土地承包经营权，从事家庭承包经营的，为农村承包经营户。”这里用了“农村承包经营户”的概念，那么“农户”是否等同于“农村承包经营户”，或者说“农户”概念是否是“农村承包经营户”的缩写。对比前述条文表述可以发现，这两个概念的内涵并非完全相同。从土地承包经营权设立的制度逻辑上来看，农户是享有家庭承包资格的农民家庭，而农村承包经营户是指已经取得土地承包经营权的农民家庭。但是，享有家庭承包资格并不一定取得土地承包经营权，自愿放弃土地承包权也是可以的。农户既包括承包经营户，又包括非承包经营户，是一个宽泛的概念。

关于农户的法律主体地位，学术界一直存在两种不同的意见：一种观点主张，农户是特殊的自然人；另外一种观点则认为，农户是一种独立的民事主体，具有独立的法律地位，在性质上属于非法人组织的一种。② 但至今仍没有立法规定来承认农户的独立地位，在破产制度出台之前，首先得明确主体的地位，如主体地位模

---

① 参见谭秋桂：《执行程序与破产程序衔接机制的理论思考》，载《人民法院报》2015年6月10日，第8版。

② 参见徐静莉、王坤：《对农户独立法律主体地位的探讨》，载《理论探索》2005年第3期。

糊,势必会影响破产制度出台的进程。在当前的实践中对农户的理解,基本沿用了户籍意义上的解释。而农户内部成员间的关系,认为是一种类似家庭成员间的“共同共有”关系,单个共有人行使权利必须取得其他共有人的一致同意,排除了农户单个成员对权利的处分。因此,家庭成员作为一个整体构成了农户的基本属性。这些仅限于理论上的探讨,关于农户的法律主体地位没有正式的定论,因此有待进一步确定。

(二)农户经济收入普遍较低,无产可破

土地作为农户的根本,自古以来发挥着重要作用。如前文所述,自家庭联产承包责任制实行之后,主要任务是解决温饱。然而,如今的社会主要矛盾早已改变,当初的温饱仅能满足自给自足而不能实现物质精神上的富裕,为此,农村的经济收入结构发生了显著变化,大量的农民开始外出打工,再加上土地流转之后农民将自己的土地转租,农民人均收入因此大致包括四个方面:(1)农民家庭经营收入;(2)农民打工收入;(3)财产性收入即土地征收补偿以及转租的租金等;(4)转移性财产收入,即子女等非常住人口寄回来的钱财以及每年国家所发的救济金、救灾款、抚恤金等。① 以上4种收入往往存在交叉,很难判断其每一项收入,因此在核实收入时往往存在很大的困难。这些收入种类看起来多,但是与城镇人口相比,农户的经济收入普遍较低。农民作为弱势群体,农村房屋和宅基地使用权是农民赖以生存的基本生活资料,是居住权的基本保证,如若将其房屋算在破产财产中,势必会引起不必要的争端,破坏社会和谐稳定。同时,即使有可以执行的房屋,在执行过程中如何对农村房屋进行变现,也是一个值得注意的问题,因为毕竟宅基地属于村集体的土地,其使用权也只能为本经济组织农民所有。② 所以,农户的房屋在用于执行的时候应该慎之又慎。

当今我国实行的是城乡二元的土地公有制结构,城市土地与农村土地的产权主体不同。③ 城市土地为国家所有,农村土地为农民集体所有。根据《土地管理法》第11条的规定,农民土地为村集体所有,④农民只享有土地使用权,况且农村

① 参见王雪丹:《关于二元经济体制对个人破产制度影响的思考——兼与朱涛博士商榷》,载《前沿》2010年第12期。

② 参见金妙芳:《农村房屋执行问题初探》,载《商业文化(下半月)》2011年第12期。

③ 参见刘守英:《中国城乡二元土地制度的特征、问题与改革》,载《国际经济评论》2014年第3期。

④ 《土地管理法》第11条规定:“农民集体所有的土地依法属于村农民集体所有的,由村集体经济组织或者村民委员会经营、管理;已经分别属于村内两个以上农村集体经济组织的农民集体所有的,由村内各该农村集体经济组织或者村民小组经营、管理;已经属于乡(镇)农民集体所有的,由乡(镇)农村集体经济组织经营、管理。”

土地和房屋不能作为银行可接受的抵押品。① 因此，如若将土地承包经营权算入可破产财产中显然是不切合实际的，在所列举的4项收入中，其中大部分收入来源都将列为免责财产，而剩下的财产又包括一些满足日常生活需要的财产，如抚恤金等。农民可供破产的财产寥寥无几，再加上农民工在外打工，经常性地上演老板拖欠工资的情形，欠农民工的钱俨然已成为一种社会问题，儿女寄来的钱财不能算作稳定的收入来源。在种种情况下导致农民无产可破。

（三）农户征信体系还不健全

随着“互联网+技术”的发展，信用体系更加趋于成熟，将身份信息录入全国联网的电脑体系中，资信情况大致可以做到清晰透明。银行业也得益于信用体系的建设来区分不同的层级，以更好地维持自身的运行。农户破产适用的前提是要存在健全的农户信用体系，否则就会成为借款人逃避债务的工具。

早在1999年，中国人民银行就发布了关于小额信贷的指示。《农村信用社农户小额信用贷款管理暂行办法》（已失效）首次提出对农村家庭实行“信用评级和信用额度”。社会工作者在对农户资产和借款进行评估后，确定农户的信用等级，然后发放贷款。2001年发布了《农村信用合作社农户小额信用贷款管理指导意见》（已失效），建议农村信用合作社建立基于农户个人信誉、还款记录、生产经营能力、债务偿付能力的农户信用评价体系。制定具体的评估方法，建立完善的贷款制度。各地区也开始逐步推行，形成了农民信用制度的雏形。2009年，《农村信用合作社农户小额信用贷款管理指导意见》（已失效）相继宣布建立电子信贷档案。然而，由于农户信息收集与评价的地域差异等诸多原因，我国农户信用调查体系的建设仍处于探索阶段。②

二、数字化征信背景下我国农户破产的实现途径

征信是依法采集、整理、保存、加工自然人、法人及其他组织的信用信息，并对外提供信用报告、信用评估、信用信息咨询等服务，帮助客户判断、控制信用风险，进行信用管理的活动。简言之，就是通过信用调查活动对个人进行评估。

只有建立良好的信用体系才能支撑金融体系的完善与发展，同时能够为个人破产制度的建立提供评判依据。农户征信系统是建设农村信用体系的重要保障。农户征信系统可消除农户与金融机构间的信息不对称矛盾，为金融机构提供一个及时、准确了解农户信用状况的平台，能有效优化农村金融生态环境，促进农村经

---

① 参见黎毅、罗剑朝、曹樂、房启明：《供给抑制下的不同类型农户信贷需求及其约束研究》，载《农村经济》2014年第10期。

② 参见何卫东：《农户征信体系建设路径探究》，载《金融理论与实践》2011年第10期。

济的健康、持续、快速发展。

(一)数字化征信背景下农村征信面临的挑战

1.大数据征信的高要求

在经济相对发达,互联网发展水平较高的大城市,信用咨询领域主要使用大数据技术。这是因为,大数据信用对网络设施有更高要求。而且,人口密集的大城市可以为大数据信用数据库提供丰富资源。在这种独特的环境中,大数据技术可以广泛应用于许多领域。信用报告方法脱颖而出并受到人们的青睐。但是,农村地区的条件无法与城市相提并论。自然,适用于城市的信贷参考模型不能完全适用于农村市场。由于居住地分散和信息通信系统不完善,农民的信息零散,如果我们不能改善农村信息基础设施,不能有效地改善和整合农民的信息,那么大数据信用报告将很难在农村地区得到应用和推广。①

2.农村征信数据来源单一

大数据信用报告的操作依赖大量多维信息的支持。但是,农村地区的公共信用机构只能提供单一来源的信息,难以满足信用评价的需要。商业银行现有的农民信息不够全面,商业银行之间没有共享信息。即使银行希望使用互联网技术来收集信息,由于老年人的误解和对互联网技术的排斥,这项工作也没有得到很好的推广,信息来源的问题暂时也难以解决。② 因此,单一信息源是农村地区实施信用报告技术的困难之一。

(二)数字化征信背景下农村征信机遇

1.数据处理效率高,低廉高效

大数据信用调查依靠计算机,计算机不受家庭分散的限制,可以节省大量的人力,并从大量数据中快速采集、整理、筛选和分析数据。此外,计算机系统的数据管理可以实现信息的及时更新和更正,使商业银行的信用报告更加及时、准确,大大提高了效率。在计算机技术的支持下,降低了对传统征信咨询人员的需求,也大大降低了员工相关技能培训的成本和商业银行的运营成本。③

2.促进信息对等,扩大农村金融覆盖范围

依靠大数据信用报告的技术优势,可以减轻农村地区金融机构的区域排斥。同时,它还可以增强农村地区对资金的吸引力。大数据信用报告还可以识别具有还款能力的潜在消费者,捕获农民的信用信息,并将那些无法通过传统信用报告

---

① 参见张磊:《农村商业银行如何加强工会建设》,载《东方企业文化》2014 年第 18 期。

② 参见张磊:《农村商业银行如何加强工会建设》,载《东方企业文化》2014 年第 18 期。

③ 参见郑雅莉、虞赟、张淑云:《大数据背景下优化农村商业银行征信的研究》,载《中国商论》2019 年第 1 期。

方法的人群添加到商业银行的服务对象范围内,从而扩大了客户群。商业银行大数据信用报告系统利用数据模型预测客户的行为特征,从而判断农民的还款能力,实现了商业银行信息对称,减少了逆向选择和道德风险。

3.改善农村信用环境,提高村民信任程度

"大数据信用报告系统不仅可以为商业银行服务,还可以通过系统提供的客户终端向客户动态展现客户的信用状况,从而实现客户自我监控和管理的目的。"①在一定程度上让农户自己也拥有信用信息。此外,这种在客户终端上公开信用信息和方法的方式已经向农民普及了信用调查的知识,降低了农民对信用调查的心理抵抗力,在一定程度上减轻了他们对抵押品、担保机构和社会关系的严重依赖,并确保征信流程的公正性、公开性和透明度。大数据信用报告系统可以帮助农村地区建立良好的信用环境,也有助于农村信息收集和更新的准确性和效率提升。

随着信息时代的到来,数字化、网络化、移动化已给各行各业带来巨大冲击,征信行业同样如此,"互联网+征信"已成为征信行业发展的一大趋势。随着我国市场经济的发展,商业活动范围的不断扩大,商业主体联系的加强,信用经济范围正不断扩张。这样的扩张不仅体现为征信信息应用场景的增多,还体现在征信信息范围的扩大,以往单一的征信信息已不能满足市场主体的需求,企业备案信息、企业运营信息、政府监管情况、媒体评价等多维信息也将成为评价企业信用状况的标准之一。在数字化征信背景下,一是可以开展农村信用宣传工作,在各乡、村、社开展大规模征信宣传活动,通过征信文艺活动下乡、金融机构日常宣传、大众媒体大力宣传等,向农户普及征信知识,增强农户征信认识,提高农户信用意识。二是在各行政村建立"信用农户光荣榜",将信用优良农户作为标杆示范,金融机构优先放贷,在农户中形成典型带动作用,使"守信光荣、失信可耻"的观念深入人心,实现农村信用宣传的日常化、多元化和长效化。目前,全国已实现个人征信系统联网运行,通过个人征信系统与农户征信系统的有效对接,农户信用信息收集可充分利用个人征信系统的原有信息,既方便采集个人金融信贷信息,实现农户家庭成员的高效整合,也可使金融机构间实现信息共享,消除信息不对称矛盾,降低金融机构的信贷风险。② 建设农户征信系统,与所有成员单位实现联网对接,在中国人民银行设立农户信用信息管理中心,按照"多方联动、严格标准、统一

---

① 郑权:《农村商业银行发展策略研究》,载《新经济》2014年Z1期。

② 参见吕逸楠:《小微企业信用体系建设若干问题的探讨》,载《对外经贸》2013年第5期。

征集、集中管理、信息共享、及时调整、授权查询”①原则，由中国人民银行负责维护、管理系统日常运行，向有权查询单位、个人提供查询服务。推进农村信用体系网络建设，实现农户信用档案电子化，逐步实现跨行业、跨系统、跨地区信息共享，为金融机构及其他相关部门提供信息支持。

由于起步较晚，行业法律条例不完善、征信标准化建设相对滞后等原因，我国信用体系的建设还任重道远。我国每年因为诚信缺失造成的经济损失约为6000多亿元②，信用环境的打造还需进一步加强。总体来说，数字化征信的作用是利大于弊的，在此基础上建立起来的农村信用体系是较准确且完善的，从而大大增强了农户破产的可实现性。

第三节　农户破产法律制度的构建

个人破产是农户破产的上位概念，个人破产法是农户人格破产法律制度的基础。我国即将制定的个人破产法律制度中应当将农户破产法律制度作为特殊的个人破产类型加以规定。

一、农户破产法律制度的理论基础：个人破产

随着时代进步，破产有罪主义逐渐为破产惩罚主义所代替，债权人的救济措施经历了3个历史阶段，即债务奴役、债务监禁及债务破产，而失权制度就是对债务人的一种法律惩戒或者资格罚。各国立法例对于破产人权利的限制有两种表现形式：一种是在破产法中直接加以规定，如法国、英国、波兰等少数国家；另一种为更多国家所采用，即将破产作为公、私法上资格或权利丧失的事由。

我国理论界在破产法立法早期曾普遍认为，由于我国信用环境还不够完善，无法实施个人破产制度。③ 然而，个人破产制度并非总是个人信用制度健全之后的产物，个人破产与信用制度目的具有趋同性、手段具有互补性，个人破产不能成为“老赖”的“保护伞”，其关键是对债务人的信用惩罚。④ 个人破产制度是完善社

---

① 吕逸楠：《小微企业信用体系建设若干问题的探讨》，载《对外经贸》2013年第5期。

② 《我国社会信用立法纳入规划　诚信缺失致经济损失每年超6千亿！》，载百家号2018年10月15日，https://baijiahao.baidu.com/s?id=1614391758286499655&wfr=spider&for=pc。

③ 参见崔闽：《个人破产制度在中国的引进及对中国信用制度的冲击》，载《山东行政学院山东省经济管理干部学院学报》2003年第5期。

④ 参见陈育、赵海程、姚艳：《个人信用与个人破产制度法律关系的分析——兼论我国建立个人破产制度的现实意义》，载《财经科学》2009年第8期。

会信用体系的重要工具之一，也是维护市场信用的手段，正是个人破产制度的缺失导致了社会信用体系的不成熟。①

其一，当前我国新时代经济社会发展迫切需要建立个人破产制度，这有助于保护市场主体权利，改善营商环境，推动诚信社会建设，维护社会和谐稳定。② 其二，建立个人破产制度是我国在经济全球化的浪潮中扮演重要角色的必然需求。其三，建立个人破产制度，与企业破产制度一起形成与《民法典》主体分类相匹配的破产法律制度。个人破产法可以与《企业破产法》合并以制定统一的破产法典，也可以单列为个人破产法。其四，个人破产制度是化解执行难的有效手段，是实现债权人公平受偿的重要制度。现行法律制度，一方面，对过度负债的个人保留不受执行的财产以及延期清偿的救济只能暂时缓解债务人的财务困难，但对于严重无力偿债的债务人的救济是不足的；③另一方面，最高人民法院关于失权的限制消费令存在违反《立法法》的缺陷，这些问题的解决都亟须个人破产制度的规范。目前，大量讨债现象的出现，并非由于个人破产制度的存在导致逃债，恰恰正是由于个人破产制度的缺失。④

基于此，理论界普遍认为，当前我国确立个人破产法律制度已经具备了立法必要性与现实可行性。国家发展改革委、最高人民法院等十三部委在 2019 年 7 月 16 日联合发布的《加快完善市场主体退出制度改革方案》要求，要完善企业破产制度、分步推进建立自然人破产制度，这就标志着个人破产从理论研究进入制度设计和制度实施阶段。

农户破产制度基于农户和农业生产的特性，具有一些特殊性，笔者在此处重点论述农户破产的特殊性，与个人破产制度相通的制度不再论述。基于农户的农业高风险性和农业生产的生存依赖性，农户的破产能力、豁免财产、失权复权以及程序都需要一些特别规定。

二、农户的破产能力

破产能力是“债务人能够适用破产制度解决债务清偿问题的资格，是适用破

---

① 参见李帅：《论我国个人破产制度的立法进路——以对个人破产“条件不成熟论”的批判而展开》，载《商业研究》2016 年第 3 期。

② 参见马哲：《论个人破产余债免除制度在我国的适应性及其构建》，载《中国政法大学学报》2019 年第 4 期。

③ 参见殷慧芬：《个人破产立法的现实基础和基本理念》，载《法律适用》2019 年第 11 期。

④ 参见郭兴利：《建立个人破产制度：化解个人债务纠纷的新路径》，载《山东师范大学（人文社会科学版）》2010 年第 2 期。

产制度的前提条件”。[①] 那么,农户破产的前提就是农户能够适用破产制度解决债务清偿问题的资格。为此需要解决以下两个问题。

(一)“资不抵债”在农户破产中的内涵

从农户的角度来说,其之所以破产是因为其所承担的债务超过了其清偿能力,对负债原因的考量就是确定其是否有资格进行破产的关键要素。在农村小额贷款中,负债原因应当是基于农户自身发展进行的债务负担,不应当是消费。农户之所以不同于城镇居民就是因为其能够通过耕地获得财富或者是通过土地征收获得征收款。如若其债务大多来自消费,那么其与普通消费者无任何区别,再加上如果农户盲目追求生活品质,因购买奢侈品而背负债务,给予其破产资格显然是不合理的,也是不符合常人观念的。因此,应当将承担债务的条件设置为基于农户自身发展进行的债务负担。

那么,基于自身发展的范围包括什么?正如前文所述,家庭联产承包责任制实施之初,从农村信用社的贷款情况分析,大量的贷款是为了购买良种和肥料等,农民的收入来源单一,仅靠种植土地自给自足。随着农业的现代化发展,老式的靠人力的农业耕作模式虽然在我国部分地区依旧持续,但农村产业已经在很多地方逐步形成,农产品的深加工、销售都日益形成地方产业。随着经济的发展,农户贷款用于自身发展的范围也在发生变化,不再局限于良种和肥料的贷款,一些农户开始进行小商品经济的贷款,或将资产用于促进生产发展,但由于客观原因不能实现回本,如自然灾害之类不可抗力原因。

归根结底,允许农户破产,其负债原因也需要受到限制,否则债权人的利益将受到损失,如若放开这种限制,小额贷款的初衷将无法实现。

(二)破产农户必须是“诚实而不幸”的人

农户破产制度有利也有弊,如果过分地扩大农户破产的资格,那么债权人的利益将得不到保障。破产制度本应该是协调债权人与债务人的制度,能够使债权人获得公平受偿的机会,也同时给予迫不得已的债务人以喘息的机会。破产制度的建立应该是一个审慎的过程,毕竟是从无到有,一切都得慎重。从科学的角度来说,农户贷款用于投资之后不能保证百分之百回本,必然会出现亏本的情况,但是出现亏本的原因有很多种。农户破产制度要保护的是“诚实而不幸”的农户,因此需要考察农户的征信记录,在破产前或者在贷款前,都应对农户的征信记录进行考察,那么农户信用需要考察的信息如下:(1)个人基本信息:包含被征信当事人的姓名、性别、年龄、工作单位。(2)银行信用:此项会详细地列示每一笔贷款业

---

① 张艳丽:《破产能力探究》,载《北京理工大学学报(社会科学版)》2004年第1期。

务的情况，具体展现被征信当事人以往的负债历史。征信机构和授信银行往往从这些信息中分析消费者的行为方式、消费偏好，从消费者以往的还款意愿，判断其未来的还款能力。这项信息很重要。(3)非银行信用：记录消费者在通信、水、电、煤的缴费情况，如手机使用状态是否正常、公用事业有无欠费等。(4)异议记录：被征信当事人对报告中所反映的内容有争议时，可以添加声明的方式在该部分予以反映，个人有权提异议体现了对个人正当权益的保护，也是征信机构信息校正、更新的重要途径。

三、农户的财产豁免

根据《土地管理法》第62条的规定，人民法院在执行农民的住房时，应当慎之又慎，并根据以下原则确定是否进行执行：(1)当被执行人为农民且只有农村房屋居住时，不应执行其住宅。农民转让住房后，再申请宅基地的，不予准许。如果转让农民仅有的住房，其宅基地使用权势必会一同转让，在此种情况下，如果将其住房予以强制转让，则有可能使农民永久地丧失宅基地使用权，导致基本的生存权得不到保障。① (2)被执行人虽然只有农村住房，但被执行人已死亡的，可以执行。但执行过程中，应注意同住家庭成员的权益保障问题，避免侵害他们的合法权益。(3)被执行人迁出原集体经济组织的农村住房，可以执行。(4)被执行人虽未迁出集体经济组织，但另有住房的，可以执行。②

对于确实无财产可供破产的，应当经过程序给予豁免，这样既能给农户继续生产的可能性，还为金融机构处置不良资产疏通了途径。农户破产法需要保证债务人基本的生存权利，让债务人保留基本的物质生活资料。设置债务人的财产豁免制度是必要的，但豁免的范围过大，对债权人不公平，豁免的范围过小，影响了债务人基本生存权。农户因其具有特殊性，并非所有财产都可用于执行，其中最

---

① 参见赵丽霞：《农村宅基地房屋买卖风险大》，载《大众理财顾问》2012年第7期。

② 《土地管理法》第62条规定："农村村民一户只能拥有一处宅基地，其宅基地的面积不得超过省、自治区、直辖市规定的标准。人均土地少、不能保障一户拥有一处宅基地的地区，县级人民政府在充分尊重农村村民意愿的基础上，可以采取措施，按照省、自治区、直辖市规定的标准保障农村村民实现户有所居。农村村民建住宅，应当符合乡(镇)土地利用总体规划、村庄规划，不得占用永久基本农田，并尽量使用原有的宅基地和村内空闲地。编制乡(镇)土地利用总体规划、村庄规划应当统筹并合理安排宅基地用地，改善农村村民居住环境和条件。农村村民住宅用地，由乡(镇)人民政府审核批准；其中，涉及占用农用地的，依照本法第四十四条的规定办理审批手续。农村村民出卖、出租、赠与住宅后，再申请宅基地的，不予批准。国家允许进城落户的农村村民依法自愿有偿退出宅基地，鼓励农村集体经济组织及其成员盘活利用闲置宅基地和闲置住宅。国务院农业农村主管部门负责全国农村宅基地改革和管理有关工作。"

关键的是土地承包经营权是否可以作为免责财产，笔者认为其应当作为免责财产。“土地是农民的根”，根据土地政策规定，农村的土地归集体所有，农户仅享有承包经营权即使用权，而没有所有权，如若将土地用于执行，必然会影响集体的利益，造成不必要的麻烦。同时，如果仅将经营承包权用于执行，允许集体中的其他农户代为经营，对破产农户来说，失去了保障自给自足的根本来源，其社会保障功能将不能实现，也不利于社会的稳定和谐。

为农户保留基本生活生存的资料。农户破产不同于企业破产可以将所有财产都用于清偿，企业法人破产之后便消亡了，但是农户破产之后，还需要继续生存，与城市居民不同的是，农户的生存需要生产资料，如若将其基本生产资料剥夺，农户将失去生存的基础。立法必须考虑其基本生活需求以及其收入来源。最后由法院判断哪些财产属于豁免财产。同时，各地区发展的不平衡，生活方式也有所差别，豁免财产范围应充分考虑该因素。例如，在美国有34个州采用了其本州制定的破产豁免规则而没有采用联邦规则，我国在这个问题上也可以考虑采取因地制宜的办法。

四、确立农户破产具体程序

(一)设置必要的前置程序

个人破产制度通过设计必要的前置程序，对个人破产申请进行有效筛选，防止滥诉，减轻法院审判压力，高效利用司法资源。借鉴德国法的相关规定，我国可将债务人必须与债权人进行庭外和解作为适用个人破产制度的前置程序。庭外和解原则上应是债务人与全体债权人和解，在债权人数量较多的情况下，可以推举几位债权人代表组成债权人委员会，由债权人委员会代表全体债权人与债务人进行和解。达不成和解时，再由债务人申请启动破产程序。

(二)创设失权复权制度

创设严格的失权和复权制度。破产失权制度是个人破产制度经现代人权思想洗礼后保留下来的为数不多能体现破产惩戒主义的制度之一。由于破产人的破产无疑会给债权人和社会造成一定的损害，因此对其进行适度的惩戒符合公平原则，也是对其必要的警醒。失权表现为一定期限内对其各种公法、私法权利和资格的限制。复权制度，是指破产人已按债务清偿计划完成清偿、剩余债务被免除或失权期限已满，对其权利、资格、行为的限制被解除。破产人不能终身失权，否则有失人道主义精神，亦不利于破产人重新振作和积极偿还债务。关于复权的时间点即失权期限，我国立法宜采当然复权为主、申请复权为辅的模式。[①]

（三）建立农户破产简易程序

在农户的信用评价为良好时，法院可以应债权人选择采取简易程序，尽量减少破产消耗的时间成本。农户破产与商自然人破产在债务复杂程度、风险预见能力、滥用可能性等方面都应有所区别。

首先，商自然人的债务复杂程度与企业的债务复杂程度类似，而农户小额贷款的债务类型相对简单，与域外的消费者破产案件十分相似。鉴于农户破产案件具有债权债务关系简单清晰、案件数量较多的特点，可选择设置快速结案的简易程序，同时避免法院的审判压力。农户可用于偿还债务的财产数量通常很少，只有少数案件可以为债权人提供受偿，因此可以借鉴消费者破产案件程序，简化债权人会议、债权人提交和核实以及其他形式的债权人参与。

其次，商自然人与企业一样，都是完全理性的经济主体，并且是在得知完整和足够的信息后才承担或应承担债务。农户和消费者一样因为其有限理性而陷入过度负债是普遍现象。许多国家为了提高消费者理性，通过破产程序中债务人信用咨询和教育制度的设计来提高农户的理财能力，这个做法值得农户破产制度采纳。

最后，破产被滥用的可能性不同。对于商自然人来说，债务人与债权人之间往往有持续性的交易关系，或者较紧密的人际关系，信誉就是他们的生命，因此，绝大多数商人都会爱惜商誉，甚至对申请破产免除债务持回避、拒绝的态度。与之相比，农户滥用破产程序可能性更大，其并不会像商自然人那样珍惜信誉，因此在面向农村小额贷款的债权债务关系之中，信用奖惩设计必须充分考虑农村的实际人情关系。比如，美国破产法2005年修正案就特意针对消费者设计了“收入测试”标准来决定债务人可以选择的程序。若法院认定授予消费者债务人以破产法上的救济将导致破产法的实质性滥用，法院就可驳回债务人的清算申请或将案件转换至其他程序。[②]

---

① 参见吴涛：《论我国建立个人破产制度的必要性》，载《科技致富向导》2013年第12期。

② 参见侯海军：《美国企业破产重整制度对我国的启示》，载《中国市场》2019年第18期。

结 语

农业是国民经济的基础，"三农"问题是关系我国经济社会全局的重大问题。经过40余年的改革开放，我国社会经济水平总体上有了极大提升。为全面建成小康社会，实现共同富裕的目标，党的十九大报告指出，要坚决打赢脱贫攻坚战，帮助广大农村地区贫困人口脱离贫困，提高贫困地区农民生活水平；实施乡村振兴战略，支持和鼓励农民就业创业，拓宽增收渠道。农村金融基础设施不健全、金融市场不完善、农户融资难题限制了农户投资、创业与扩大再生产，且制约了我国农村经济的发展。农村小额贷款为破解这些难题提供了有效的解决途径。农村小额贷款的发展能够有效缓解农村地区资金供求矛盾，对完善农村金融体系，活跃农村经济具有重要的现实意义。农村小额贷款的健康发展，有助于加快农业产业化调整，全面落实有效的惠农政策和强农措施，增加农民收入，建设农村信用工程，提升农民综合素质，鼓励农民贷款创业，为农村、农业的健康发展创造良好的金融生态环境。

农村小额信贷健康持续发展的关键在于，提升农村金融服务的市场化，市场化的核心是在完善的农村信用体系基础上实现农村小额贷款供给主体的市场化。首先应减少政府的不良干预。在市场化条件下，政府对农村小额信贷供给主体的监管是必要的，但应当限制在合理范围内，以使其顺应市场化潮流，实现真正的自主经营，从而走向自负盈亏、自我约束、自担风险和自我发展的良性轨道，成为真正意义上的现代金融机构。其次是优化资产质量。要加强信贷管理，在贷款的审批、使用、偿还等各个环节上降低不良贷款比率。金融监管部门要制订符合农村小额贷款特点的差异化监管规则,加强对资本充足率、不良贷款率等指标的长期监控,确保农村小额贷款的稳定安全运行。同时,将农村小额贷款不良资产处置与现代科技充分结合,创新不良资产处置方式,加强司法清收实效。随着利率市场化和融资多元化,农村小额贷款供给主体应通过产品定价和风险控制,找到风险和收益的平衡点,将信贷目标投入国家重点扶持的产业中去,如"'三农'市场"将业务从低效市场转入到高效市场中。①

① 参见牛淑静:《试析如何降低农村信用社经营成本》,载《财会学习》2018 年第 25 期。

后 记

2019年那个炎热的暑假，受陕西省地方金融监督管理局的委托，西北政法大学经济法学院开展了对农村小额贷款制度的调研。我和学院辅导员蔡琦轩、李冬冬带着近10名本科生、6名硕士研究生赴秦岭深处，美丽的商洛市山阳县和柞水县，走访了2县6镇中的14个村庄，涉及农户住家及小微企业600余户，掌握了最原始的一手资料，对农村小额贷款制度的实施状况有了较全面的了解，切实感受到农村小额贷款对农村经济发展的重要性和紧迫性，也意识到当前遇到的发展“瓶颈”亟须制度性突破，这些原因催生了本书的撰写。

感谢陕西省地方金融监督管理局为课题提供的资金支持和实务指引，感谢西北政法大学经济法学院强力教授作为金融法学界专家前辈为我们课题调研提供的各种无私帮助，没有他们对农村小额贷款制度的深切关注和对高校学生参与实务、科研活动的热忱支持，本书就不会出版。感谢参与2019年西北政法大学经济法学院暑期实训及陕西省山阳县、柞水县小额贷款制度调研的全体师生们，该调研活动收集的数据资料为本书的实证研究奠定了扎实基础。

本书的撰写过程中，凝聚了西北政法大学青年创新团队“地方不良资产管理法律问题研究”课题组成员的智识和贡献，他们是西北政法大学经济法学院硕士研究生王天昱、陈奕丞、杨琪、杨亚芬、樊永霞、李彦波、郭守芳、雷晨；另外，杜玉娟、郭富杰、焦彬、崔向达、靳鹏辉、申浩林、任丽敏、邢雨晨、寇雨涵也为研究做了重要的资料收集、整理工作。

我国当前农村小额贷款制度如何发展是目前迫切需要解决的问题。书中一些观点有不妥当之处还请诸位读者多多批评指正,若能起到抛砖引玉的作用,我们内心也是欣慰的。

2020 年 11 月于长安